# BLV GARTENBERATER

Christiane Widmayr

# Alte Bauerngärten neu entdeckt

Geschichte, Anlage, Pflanzen, Pflege

Vierte Auflage

BLV Verlagsgesellschaft
München Wien Zürich

CIP-Kurztitelaufnahme der Deutschen Bibliothek

**Widmayr, Christiane:**
Alte Bauerngärten neu entdeckt: Geschichte, Anlage,
Pflanzen, Pflege / Christiane Widmayr. –
4. Aufl. – München; Wien; Zürich:
BLV Verlagsgesellschaft, 1987.
  (BLV Gartenberater)
  ISBN 3-405-12925-7

*Bildnachweis*

Fotos von Plankemann, außer
Apel: 14, 81, 102, 103, 129, 130, 131, 135 ul
Dittmer: 22
Eisenbeiss: 70, 93, 147 u
Haase: 113, 135 ul
Jesse: 58, 83, 127
Pforr: 76, 111, 122 M, 123 l, 141
Seibold: 61, 62, 73, 78, 79, 85, 89, 90, 107, 110, 116,
    118 r, 138
Seidl: 86, 109
Stehling: 19, 59, 119
Streicher: 91 u
Votteler: 2, 7, 35 o, 45 or, 48, 49, 52, 55, 65, 66, 82,
    91 o, 96, 139, 140, 150

Titelfoto: Werner Dittmer

Grafiken: Barbara von Damnitz

Stiche Seite 9 und 10: »Der Bauer in der deutschen
    Vergangenheit«, Eugen Diederichs Verlag, Jena
    1924, Heimatmuseum Garmisch-Partenkirchen
Stich Seite 15: »Werdenfelser Stichechronik –
    eine Reise durch Alt-Werdenfels«, Band 1,
    Buchdruckerei und Verlag A. Adam,
    Garmisch-Partenkirchen
Stich Seite 21: nach Merian

© 1984 BLV Verlagsgesellschaft mbH, München 1987

Gesamtherstellung: Pustet, Regensburg

Printed in Germany · ISBN 3-405-12925-7

## BLV Gartenbücher

## BLV Gartenberater

## BLV Garten- und Blumenpraxis

# Inhalt

# Inhalt

Der Bauerngarten – für wen birgt dieses Wort nicht schöne Erinnerungen an die Kindheit, an Ferien auf dem Lande. Das ist der Geschmack von gartenfrischem Gemüse und Beeren, der Duft würziger Kräuter und die üppige Blumenfülle, die Augen- und Nasenfreude zugleich schenkt.

Viele Jahrhunderte hat der Bauerngarten überdauert und sich dabei dem ständigen Wechsel von Stil, Mode und Material entziehen können. Bis heute hat er sein Aussehen ohne große Veränderungen bewahrt. Damit wurde er unbestreitbar zu einem bedeutsamen Kulturgut. Aber gleichzeitig gibt es wohl kaum einen Garten, der so vielseitig und abwechslungsreich ist und dabei den modernen Anforderungen gerecht wird.

Der Bauerngarten ist nicht nur ein Garten zum Ansehen, sondern im besten Sinne des Wortes »Lebensraum« – ein Wohnzimmer unter freiem Himmel. Sein Gemüse war einst eine lebenswichtige Nahrungsgrundlage, und durch die Anzucht von Heilkräutern diente er dem Bauern als Apotheke. Die bunte Blumenpracht sorgt für zusätzliche Sinnesfreude. So verbindet sich im Bauerngarten Nutzen und Zierde in schönster Harmonie.

Er ist ein Ort zum Arbeiten und schenkt gleichzeitig Erholung. Hierher zieht sich auch die Bäuerin zurück, um bei ihren Pfleglingen ein wenig Ruhe zu finden und Ärger und Plage des Tages zu vergessen. Eine Reihe von typischen Bauerngartengewächsen hat in Volksglauben und Brauchtum eine große Bedeutung. So ist der Garten auch für die Brauchtumspflege unentbehrlich.

Immer stärker wächst die Sehnsucht nach einer heileren Umwelt, nach einem Leben im Grünen. Für manchen Städter ist der Traum, ein Bauernhaus zu besitzen, in Erfüllung gegangen. Das liebevolle Restaurieren beschränkte sich aber meist nur auf das Gebäude selbst. Erst jetzt erwacht das Interesse für den Raum davor. Sogar auf den Balkonen und Fensterbänken der Städter gedeihen inzwischen Küchenkräuter und Blumen. Auch in den Stadtgärten erleben die Bauerngartengewächse eine Renaissance.

Der alte Bauerngarten, der inzwischen fast in Vergessenheit geraten war, wird neu entdeckt. Die Vorstellungen darüber, wie ein »echter« Bauerngarten aussehen muß, sind jedoch meist nur sehr vage.

Sind Sie auch auf den Geschmack gekommen und möchten mehr erfahren über diesen traditionellen und doch so jungen Garten? Vielleicht haben Sie Lust dazu, ein wenig aus dem jahrhundertealten Erfahrungsschatz unserer Vorfahren zu schöpfen oder möchten sich selbst einen Garten anlegen, der nicht wie »von der Stange« wirkt. Und wünschen Sie sich nicht auch einen naturnahen Garten, der aber nicht gleich wie eine ungebändigte Wildnis aussehen soll? Dann ist der Bauerngarten genau das Richtige für Sie.

Auch als Gartenbesitzer in der Stadt brauchen Sie vor diesem Vorhaben nicht zu resignieren. Begeben Sie sich nur mutig auf den Boden altbewährter Beobachtungen und Erkenntnisse. Der Zauber dieses Gartens hat auch im 20. Jahrhundert seine Kraft noch nicht verloren, im Gegenteil, sie ist so stark wie nie zuvor.

Der Bauerngarten – ein naturnaher Garten, in dem Weisheit und Erfahrung von Jahrhunderten steckt.

# Etwas Geschichte

## Die Entwicklung des Bauerngartens

Viele Rätsel gibt uns die Geschichte des Bauerngartens noch auf. Nur von den Gärten der Mächtigen und Gelehrten sind uns Aufzeichnungen erhalten. Hier wurde das Wissen über den Gartenbau schriftlich weitergegeben und entwickelten sich die unterschiedlichen Richtungen der Gartenkunst.

Der Bauerngarten wurde dagegen jahrhundertelang als so selbstverständlich, ja geradezu gewöhnlich angesehen, daß sich die gebildete Welt damit nicht beschäftigen mochte. Die Bauern, als Kronzeugen, haben aber ihre Gärten nicht geschildert. So sind wir überwiegend auf »Hintergrundforschung« in Nachlässen aus alter Zeit, wie Schriften der Gelehrten, Urkunden, Chroniken und Bilder aller Art angewiesen. Über den Ursprung des Bauerngartens geben archäologische Ausgrabungen und Pollenanalysen Hinweise. Auch aus den verschiedensten Bereichen der Geschichte des Gartenbaus lassen sich Parallelen ziehen und Querverbindungen knüpfen. Verschiedentlich sind wir sogar auf bloße Vermutungen angewiesen.

Auf so manche Frage werden wir wohl heute keine Antwort mehr finden, denn die Spuren haben sich verwischt, die meisten der alten Gärten sind verschwunden.

So könnten die Bauerngärten vor 4000 Jahren ausgesehen haben – einfach und ganz ohne Blumenschmuck.

## Die ersten Bauerngärten

»Die Arbeit richtet sich bei ihnen nicht aus nach der Ertragsfähigkeit und der Ausdehnung des Ackerbodens, so daß sie etwa Obstgärten anlegen, Wiesen abgrenzen und Gärten bewässern, einzig Getreide will man von seinem Boden haben.« Diesen Satz widmete Tacitus im Jahre 98 n. Chr. in seiner »Germanica« dem Gartenbau der Germanen.

Weit waren also die gartenbaulichen Fähigkeiten unserer Vorfahren bis dahin noch nicht gediehen. Besonders, wenn man, wie Tacitus, die Maßstäbe der hochentwickelten römischen Gartenkunst ansetzte. Für ihn müssen die Gärten von geradezu erschreckender Primitivität gewesen sein. Wie haben sie aber nun wirklich ausgesehen?

Die älteste Kunde vom Garten gibt uns das Wort »Garten« selbst. Sprachwissenschaftler haben herausgefunden, daß dieser Begriff in seinem Ursprung auf das Indogermanische zurückgeht. Dies ist die Ursprache aller europäischen und indischen Sprachen und führt in die Zeit von ca. 3000–1000 v. Chr. zurück. Das indogermanische Wort »gher« hatte damals die Bedeutung von »fassen«. Daraus entwickelte sich dann »ghortos«, das wörtlich mit »das Eingefaßte, das Umfaßte« zu übersetzen ist.

Der Zaun war es also, das dem Garten zu seinem Namen verhalf. Das war zu der Zeit, als die Menschen seßhaft wurden. Felder, Wald und Wiesen gehörten der Allgemeinheit und wurden auch gemeinsam bewirtschaftet. Das Stück Land aber, das sich der Germane selbst absteckte und umzäunte, wurde dagegen zu seinem Sondereigentum. So galt dieses »Zaunland« dann auch als heilig und unverletzbar. Wer den eingefriedeten Hofbereich unbefugt betrat, wurde bestraft. Und, was damals bestimmt genauso wichtig war, auch das Hineinschießen von Pfeilen und Wurfgeschossen wurde geahndet.

Im ältesten germanischen Gesetz, dem »Pactus legis salicae«, wird die Beraubung des Hauslandes dann auch schwerer gewichtet und bestraft als Diebstahl in der Feldmark.

Der Zaun schützte den Hof aber nicht nur vor Feinden und wilden Tieren, sondern er hielt auch nachts das Vieh zusammen, wenn es von der Weide heimgetrieben wurde. Der reichliche Dünger sorgte dafür, daß an dieser Stelle die Pflanzen besser gediehen als anderswo. Außerdem war es natürlich einfacher, hier die Gewächse zu ernten, als sich in den schier undurchdringlichen und furchteinflößenden Wäldern beim Pflanzensammeln in Gefahr zu begeben. So wird dann einem unserer findigen Vorfahren eingefallen sein, ein Stück dieses Hofraumes extra einzuzäunen, um das genäschige Vieh fernzuhalten. Allmählich wurde die Bezeichnung »Garten« dann nur noch für diesen Teil der Siedlung verwendet.

Diesen Garten müssen wir uns als schlichtes Nutzland vorstellen. Von Blumen keine Spur. Pflanzen waren anfangs nur wichtig als Nahrungsmittel, um bei Krankheiten zu helfen und um böse Geister zu vertreiben. Blumen als Zierde des Daseins kamen erst, als das Leben gesichert war. Vorerst aber sorgte die rauhe Wirklichkeit dafür, daß für so hübsche Nichtigkeiten wie Blumen keine Zeit blieb. Jeder hatte genug damit zu tun, einfach nur zu überleben.

Entdeckungen von Pfahlbauten am Bodensee haben uns viel Aufschluß über den damaligen Pflanzenbau gegeben. So fand man beispielsweise Mohnöl aus der Jungsteinzeit. In bronzezeitlichen Eichensärgen wurden Äpfel entdeckt, die, dank der Gerbsäure des Eichenholzes, noch gut erhalten waren. Es ist schon verblüffend, wieviele alte Bekannte, selbstverständlich in wilder, ursprünglicher Form, wir hier treffen. Gemüsepflanzen, wie Linsen, Erbsen, Bohnen (Saubohne!), Rüben, Möhren, Pastinak und Feldsalat standen bereits auf

Kein Garten ohne Zaun, hieß die Devise. Wie ein Flechtzaun entsteht, zeigt der Holzschnitt von 1502.

dem Speisezettel. Wie Abfälle verraten, haben damals schon die Frauen eine Art steinzeitlichen Gemüseeintopf aus Erbsen, Bohnen und Linsen kreiert. Zu den ebenfalls begehrten Nahrungspflanzen gehörten auch verschiedene Ampfer-Arten, Wegwarte, Guter Heinrich, Wegerich und Brennessel. Dafür können wir uns heute allerdings weniger begeistern. Interessanterweise verwendete die Hausfrau aus der Jungsteinzeit bereits Kümmel und Petersilie als Heilpflanzen und Speisewürze. Und wenn Sie heute Kohl in Ihrem Garten ziehen, dann denken Sie daran, daß Sie dabei kaum anders handeln als die Gärtnerin vor mehr als 3000 Jahren.

Übrigens sorgten immer schon allein die Frauen für die Pflege des Gartens. Alte Frauennamen, wie Hiltgart, Luitgart, Irmingart oder Wendelgart sind ein Beweis dafür.

Es beruht also auf alter Tradition, wenn die Bäuerin auch heute noch den Garten als ihr ureigenstes Reich betrachtet, wo sie schalten und walten kann, ohne daß ihr einer hineinreden darf.

Das Pfropfen lernten unsere Vorfahren von den Römern.

## Als die Römer kamen

Es sieht also noch recht mager aus, was bisher im germanischen Bauerngarten sprießt. Er ist ein schmuckloser, reiner Nutzgarten. Mit dem Eindringen der Römer sollte sich aber auch im Bereich des Gartens vieles ändern.

Die Legionen Roms stießen bis an Rhein und Donau vor. Süd- und Westdeutschland wurden dabei als Provinzen dem römischen Imperium angegliedert. Und bald folgten auch die ersten römischen Siedler. Durch Berichte der römischen Schriftsteller, wie Plinius und Columella (1. Jahrhundert n. Chr.), können wir mehr über diese Zeit erfahren. Sie schildern uns in ihren Schriften ihre eigenen Erfahrungen mit Land und Leuten. Für sie muß Germanien ein barbarisches, abstoßendes Land gewesen sein – und so schilderten sie es auch. Die riesigen, unwegsamen und dunklen Urwälder, die damals das Land fast völlig überdeckten, wirkten besonders bedrohlich auf die Eindring-

linge aus dem Süden. Plinius, der sich sogar mehrere Jahre in Germanien aufhielt, faßte seine Empfindungen in einem knappen und doch so vielsagenden Satz zusammen: »Wälder bedecken das ganze Germanien und verbinden die Kälte mit dem Dunkel.«

Daher kann es uns eigentlich nicht wundern, wenn die Römer neben ihren Lebensgewohnheiten auch viele Gewächse aus ihrer sonnigen Heimat in dieses unwirtliche Land mitbrachten. Die römischen Schriftsteller bezeugen auch, daß die römische Gartenbaukunst tatsächlich in den Ländern nördlich der Alpen bekannt war. Und wenn wir heute unsere Gemüsebeete mit Hilfe von schmalen Wegen unterteilen und dabei die Beete nur so breit anlegen, daß sie von dort aus bequem bis jeweils zur Mitte bearbeitet werden können, so handeln wir damit nicht anders, als es Columella bereits beschrieben hat. Aber nicht nur Nutzpflanzen, wie Kürbis, Gurken, Spargel, Sellerie, Knoblauch und Rüben gediehen in den römischen Gärten. Die Einwanderer aus dem Süden behielten auch ihre Würzgewohnheiten bei. Auf diese Weise kamen Würz- und Heilkräuter wie Raute, Anis, Dill, Kerbel, Senf und Koriander zu uns. Sogar Blumenbeete, die recht häufig mit Buchs eingefaßt wurden, gab es damals. Verschiedentlich hat man den Buchs zu Figuren – besonders beliebt waren Tierformen – geschnitten.

Von Plinius wissen wir, daß die Rose, von der bereits mehrere Arten bekannt waren, im Blumenbeet dominierte. Ebenfalls gern zog man Lilien, die fast ebenso beliebt waren. Die von Plinius beschriebenen gelben, roten und weißen Violen waren vermutlich Goldlack oder Levkojen. Blühende Gärten tauchten wie bunte Inseln überall dort aus dem Waldmeer auf, wo sich die Römer ansiedelten.

Auch hochwertige Obstsorten aus dem Süden wurden in Germanien eingeführt. Bei Ausgrabungen römischer Siedlungen fand man Reste von Pfirsichen, Aprikosen, Süß- und Sauerkirschen, sowie Walnüssen. Aber auch die Namen vieler Obstarten machen deutlich, daß sie ursprünglich aus dem Lateinischen stammen. So entstand das Wort »Pflaume« aus »prunum« und aus »ceresia« wurde »Kirsche«.

Die Germanen hielten zwar mittlerweile selbst ziemlich holzige und saure Äpfel, doch die Veredlungstechnik, die wir als »pfropfen« bezeichnen (lat. propagare = fortpflanzen) lernten unsere Vorfahren von den Römern.

Den meisten Nutzen aus dem Wissensschatz der Römer haben sicher die germanischen Grenzvölker gezogen. Denn es gab nicht ständig Kampf untereinander. Germanen standen sogar in römischem Kriegsdienst. Und zeitweise ging es auch ganz friedlich zu.

Nach dem Zerfall der römischen Macht wurden die damals besetzten Gebiete langsam von neuem besiedelt.

Diese Erstbesiedler stießen dabei natürlich auch auf südliche Gartenpflanzen und Obstarten. Für die zwar schönen und farbenprächtigen Blütenpflanzen hatte der praktisch denkende Germane vermutlich kein Verständnis. Ihm ging es allein um die wirtschaftliche Nutzung des Gartens. Und so kam es, daß diese erste, fremde Gartenpracht in unserem Land fast spurlos dahinschwand.

## So hat es Kaiser Karl befohlen

Auch für die Zeit des frühen Mittelalters fließen die Quellen, durch die wir Nachricht über die damaligen Bauerngärten erhalten könnten, nur spärlich.

Die Bauern lebten und arbeiteten damals als Leibeigene oder Hörige in starker Abhängigkeit vom Grundherrn. Sie haben nicht aufgeschrieben, wie ihre Gärten aussahen und welche Pflanzen sie darin zogen. Aber ohne Zweifel gingen sie schon damals nach bestimmten Regeln vor. Diesen Erfahrungsschatz gaben sie durch mündliche Überlieferung von Generation zu Generation an die Nachkommen weiter. Auf diese Weise hat sich ihr Wissen bis zum Beginn des 20. Jahrhunderts lebendig erhalten. Und auch heute noch finden sich Spuren davon.

Wie tief verwurzelt derartige Überlieferungen waren, veranschaulicht uns eine Begebenheit, von der Alwin Seifert berichtet. Der berühmte Münchner Architekt Gabriel von Seidl hatte sich in Bad Tölz ein Haus gebaut, und wollte dazu auch ein »richtiges altbaierisches Bauerngartl« haben. Da er selbst keine rechten Vorstellungen davon hatte, wie so etwas aussehen müßte, bat er eine alte Frau aus dem Ort um Hilfe. Diese legte das Gärtlein nach alter Vorschrift an und als alles fertig war, sagte sie zu Gabriel von Seidl: »So ist es richtig, so hat es Kaiser Karl befohlen.«

Was hatte wohl Kaiser Karl mit den Bauerngärten zu tun?

Um dies herauszufinden müssen wir uns auf eine weite Reise durch die Geschichte begeben, die uns über ein Jahrtausend zurückführen wird.

Die Wirtschaft jener ersten Periode des Mittelalters war rein agrarisch aufgebaut. Sogar der König selbst lebte als oberster Grundherr von den Erträgen seiner Güter, die ihn und sein zahlreiches Gefolge ernähren mußten. Aus dieser Situation heraus entstand die Landgüterverordnung, das »Captiulare de villis et curtis imperialibus«. Hierin wurden sehr detaillierte Vorschriften zur Verwaltung der Krongüter gegeben.

## Pflanzenliste des Capitulare de Villis

In dem betreffenden Kapitel heißt es: »Volumus quod in horto omnes herbas habeant, id est« –
Wir wollen, daß man im Garten alle Kräuter habe, nämlich:

| | | | |
|---|---|---|---|
| 1. lilium | – Weiße Lilie | 38. diptamnum | – Diptam |
| 2. rosas | – Rosen | 39. sinape | – Senf |
| 3. fenigrecum | – Bockshornklee | 40. satureiam | – Bohnenkraut |
| | *Trigonella foenum-graecum* | 41. sisimbrium | – Krauseminze |
| | | 42. mentam | – Wasserminze |
| 4. costum | – Frauenminze | 43. mentastrum | – Waldminze |
| 5. salviam | – Salbei | 44. tanazitam | – Rainfarn |
| 6. rutam | – Raute | 45. neptam | – Katzenminze |
| 7. abrotanum | – Eberraute | 46. febrefugiam | – Mutterkraut |
| 8. cucumeres | – Gurken | 47. papaver | – Mohn |
| 9. pepones | – Melonen | 48. betas | – Mangold |
| 10. cucurbitas | – Flaschenkürbisse | 49. vulgigina | – Haselwurz |
| 11. fasiolum | – Saubohnen | 50. mismalvas | – Eibisch |
| 12. ciminum | – Kreuzkümmel | 51. malvas | – Malven |
| 13. rosmarinum | – Rosmarin | 52. carvitas | – Möhren |
| 14. careium | – Kümmel | 53. pastinacas | – Pastinak |
| 15. cicerum Italicum | – Kichererbse | 54. adripias | – Gartenmelde |
| 16. squillam | – Meerzwiebel | 55. blidas | – Amarant |
| 17. gladiolum | – Schwertlilie | 56. ravacaulos | – Kohlrabi |
| 18. dragantea | – Drachenwurz | 57. caulos | – Kohl |
| 19. anesum | – Anis | 58. uniones | – Bärlauch |
| 20. coloquentidas | – Koloquinten, kultivierte südliche Kürbispflanzen | 59. britlas | – Schnittlauch |
| | | 60. porros | – Porree, Lauch |
| | | 61. radices | – Rettich |
| 21. solsequium | – Cichorie | 62. ascalonicas | – Schalotten |
| 22. ameum | – Ammi | 63. cepas | – Zwiebeln |
| 23. silum | – Laserkraut | 64. allia | – Knoblauch |
| 24. lactucas | – Salat | 65. warentiam | – Krapp |
| 25. git | – Schwarzkümmel | 66. cardones | – Artischocken oder Weberkarden |
| 26. eruca alba | – Rauke, Weißer Senf | | |
| 27. nasturtium | – Kresse | 67. fabas majores | – Große Bohne |
| 28. parduna | – Klette oder Pestwurz | 68. pisos Mauriscos | – Felderbse |
| 29. peludium | – Poleiminze | 69. coriandrum | – Koriander |
| 30. olisatum | – Schwarzes Gemüse | 70. cerfolium | – Kerbel |
| 31. petresilinum | – Petersilie | 71. lacteridas | – Springkraut |
| 32. apium | – Sellerie | | *Euphorbia lathyris* |
| 33. leuisticum | – Liebstöckel | 72. sclareiam | – Muskatellersalbei |
| 34. savinam | – Sadebaum | Et ille hortulanus | und der Gärtner |
| 35. anetum | – Dill | habeat super | soll auf seinem |
| 36. fenicolum | – Fenchel | domum suam | Hause haben: |
| 37. intubas | – Endivien | 73. jovis barbam | – Hauswurz |

Außerdem wird noch der Anbau folgender Obstsorten angeordnet:
Apfelbaum, Birnbaum, Pflaumenbaum, Speierling, Mispelbaum, Edelkastanie, Pfirsich, Quitte,
Haselnußstrauch, Mandelbaum, Maulbeerbaum, Lorbeerbaum, Pinie, Feige, Nußbaum,
Kirschbaum.

Im 70. Kapitel sind 73 Nutzpflanzen und 16 verschiedene Obstbäume aufgezählt, die in den Gärten der kaiserlichen Landgüter gepflanzt werden sollten. Eine Reihe von Arzneipflanzen, mit viel Gehalt an ätherischen Ölen, befinden sich unter den genannten Gewächsen. Die meisten von ihnen, wie Raute, Eberraute und Rosmarin, sind in Südeuropa beheimatet oder wurden, wie die Gurke, die vermutlich ursprünglich aus dem Gebiet des Himalaja stammt, schon lange hier gehalten. Im oberbayerischen Chiemgau werden die Gurken heute noch, zumindest von den alten Leuten, »Gugumer« genannt. Diese Bezeichnung hat große Ähnlichkeit mit dem lateinischen »cucumeres« der Landgüterverordnung. Ein Beweis, wie lange sich alte Namen und Überlieferungen im Volk erhalten können.

Außerdem wurden noch einige Pflanzen, beispielsweise Beifuß, Wermut und Hasel, die zu jener Zeit im Volk hochgeachtet waren, aus der freien Natur in den Garten übernommen. Einige, bei uns bis dahin unbekannte Nutzpflanzen, verdankte Karl der Große seinem Freund, dem Kalifen Harun-al-Rashid. Diese Kostbarkeiten wurden zunächst in dem Garten, der neben dem Hofe seiner Pfalz lag, an unser Klima gewöhnt und dann in der Landgüterverordnung weiterempfohlen.

Einige der aufgezählten Obstbäume, wie Feige und Lorbeerbaum, können sich aber in unserem Klima nicht entwickeln. Verschiedene Experten sehen darin einen Beweis, daß die Landgüterverordnung nicht von Karl dem Großen im Jahre 812 stammt, sondern von dessen Sohn, Ludwig dem Frommen, bereits im Jahre 796 verfaßt wurde. In dessen Königreich Aquitanien, das in Südfrankreich lag, könnten diese sonnenhungrigen Gewächse natürlich gut gedeihen.

Das ganze ist also ein wenig verwirrend. Aber, wie dem auch sei, durch das »Capitulare« haben wir einiges über die damals in den Gärten gebräuchlichen Gewächse erfahren.

Zwei weitere kleinere Pflanzenverzeichnisse erhalten wir aus den Inventaren der Hofgüter Treola und Asnapium, die ebenfalls im 9. Jahrhundert verfaßt wurden.

## Der Klostergarten als Vorbild

Öde und leer blieb ein Großteil des einst besiedelten Landes zurück, als die Stürme der Völkerwanderung vorüber waren. Und der Wald eroberte sich zurück, was die Menschen ihm mühevoll abgerungen hatten, als sie ihre Siedlungen gründeten, die Äcker bestellten und das Vieh weideten. Die römische Gartenpracht war verlöscht. Nur wenig war also von der einstigen Kultur übrig, als Mönche, aus dem Orden der Benediktiner und Zisterzienser, über die Alpen kamen, um das Christentum zu verbreiten.

Diese tatkräftigen Männer sorgten aber nicht nur für das geistige Wohlergehen der Menschen, sondern hatten es sich als Ziel gesetzt, die Wildnis in fruchtbares Land zu wandeln. Denn die »Regula monachorum« des hl. Benedikt schrieb den Mönchen geistige und körperliche Arbeit vor. So trugen sie neben dem Kreuz auch ständig Messer und Sichel bei sich, gemäß ihrem Gelübde, die Erde zu bebauen.

Einen Teil ihres Wissens über die Gartenkultur erlangten sie aus den umfangreichen antiken Schriften, die in mühevoller Arbeit abgeschrieben und in den Klosterbibliotheken aufbewahrt wurden. Aber praktische, bäuerliche Gartenkenntnisse haben bestimmt auch ihren Teil beigetragen.

Da die Mönche weitgehend als Selbstversorger lebten, war von Anfang an eine Klosteranlage ohne Garten einfach undenkbar. Bei den Kartäuser-Mönchen sorgte eine besonders strenge Ordensregelung gleich für eine ganze Reihe von Gärten. Die Mönche lebten innerhalb der Klostermauern fast wie Einsiedler und sollten möglichst wenig Kontakt untereinander haben. Deshalb hatte jeder Mönch, neben dem großen Gemeinschaftsgarten, auch ein eigenes kleines Gärtlein vor seiner Klause zu betreuen.

Aus den Mutterklöstern, jenseits der Alpen, brachten die Mönche viele Ableger und Samen mit. Auch innerhalb Deutschlands standen die Klöster in reger Verbindung und tauschten untereinander allerhand Gewächse aus. So erbaten sich auch um 1150 die Mönche des Klo-

Garten am Kreuzgang eines mittelalterlichen Klosters. Seine kreuzförmig angeordneten Wege mit dem Brunnen im Zentrum dienten dem Bauerngarten als Vorbild.

sters Tegernsee von Benediktbeuern Samen und Schößlinge. In den Klostergärten wurden die Gewächse aus dem Süden zunächst an unser rauhes Klima gewöhnt und die Zucht durch strenge Auslese verbessert. Auch im Veredeln der Obstbäume waren die Mönche wahre Meister.

Unter dem Schutz des Königs gelang es den Klöstern, schon im frühen Mittelalter ihre Macht weiter auszubauen und zu festigen. Und so kamen sie mit der Zeit zu großem Grundbesitz, der häufig besser verwaltet wurde, als die weltlichen Grundherrschaften. Die Meierhöfe der Klöster waren oft regelrechte Musterbetriebe.

Sicher haben die von den Mönchen abhängigen Bauern viel Wissenswertes über den Gartenbau und die richtige Pflanzenverwendung gelernt.

So, wie es auch heute noch auf dem Land üblich ist, daß man untereinander Ableger und Samen austauscht, hat wohl auch der mittelalterliche Bauer vom Pater Gärtner das eine oder andere nützliche Gartengewächs bekommen.

Im Salzburger Kloster Ranshofen hatte es sich sogar eingebürgert, daß der für den Garten zuständige Pater alljährlich eine weite Wanderung durch das gesamte Klostergebiet unternehmen mußte, um die Bauern in Obstzucht und Gartenbau zu unterweisen. Bis zum Jahre 1911 wurde dieser schöne alte Brauch fortgesetzt.

Es ist auffällig, wie sehr der Pflanzenbestand in den Bauerngärten, zumindest innerhalb Mitteleuropas, bis hinauf in den Norden, übereinstimmt. Sicher ist dies auch auf den Einfluß der Mönche zurückzuführen, die mit der Verbreitung des Christentums auch im Gartenbau für neuen Aufschwung sorgten.

Im Mittelalter war die Heilkunst eng mit religiösen Vorstellungen verbunden. So kann es uns eigentlich nicht wundern, daß man sich in den Klöstern sehr eingehend damit beschäftigte. Und besonders auch die kranken Bauern aus den umliegenden Höfen und Dörfern kamen in den Genuß der Klostermedizin.

Wie mir eine Schwester des Franziskanerinnenklosters Reutberg (gegründet 1617) in Oberbayern erzählte, war das Kloster für lange Zeit die einzige medizinische Versorgungsstelle im Umland. Ärzte und Apotheken gab es hier noch nicht. Durch die Aufschriften auf Gefäßen und Schubladen eines Materialkastens in der Reutberger Klosterapotheke erfahren wir heute, mit welchen Heilpflanzen die Kranken im 17. Jahrhundert behandelt wurden. Aus Minze, Beifuß, Löwenzahn und Schlafmohn stellten die Schwestern Sirup her.

In Vierkantgläsern wurde unter anderem Huflattich- und Melissenwasser aufbewahrt. Heilsamen Tee bereitete man beispielsweise aus Brennessel, Basilikum, Eberraute, Weinraute, Andorn, Minze, Fenchel, Endivie, Schafgarbe, Malve, Eibisch und Dill. Mit Ausnahme von wildwachsenden Pflanzen, wie Löwenzahn, Huflattich, Brennessel und Schafgarbe, sind dies alles uralte Bauerngartengewächse. Sogar die Betonie, von der wir zuletzt zur Zeit Karls des Großen hörten, begegnet uns hier wieder.

Nach einer erfolgreichen Behandlung durch die Kräuter aus dem Klostergarten wird sich so mancher Bauer einen Ableger für seinen eigenen Garten erbeten haben. Und so dürfen wir als sicher annehmen, daß die Gewächse aus den Klöstern auch auf diese Weise ihren Weg in die Bauerngärten gefunden haben.

Mönche hüteten Jahrhunderte lang das Wissen um die Heilkraft der Kräuter. Viele nützliche Pflanzen gaben sie aus ihren Gärten an die Bauern weiter (Benediktinerkloster Ettal, Kupferstich von Merian, 1644).

# Etwas Geschichte

## Der Klosterplan von St. Gallen

Wie hat nun so ein frühmittelalterlicher Klostergarten eigentlich ausgesehen? Eine genaue Vorstellung davon erhalten wir durch ein, ein wenig sonderbares, Dokument aus dem 9. Jahrhundert. Sonderbar deshalb, weil es uns heute noch viele Rätsel aufgibt.

Die Rede ist vom St. Gallener Klosterplan aus dem Jahre 816, der in der St. Gallener Stiftsbibliothek aufbewahrt wird. Über Herkunft und Zweck dieses Planes blieb bisher vieles ungeklärt. Stellt er ein allgemeines Schema für Benediktiner-Klöster dar, oder war es tatsächlich eine geplante Anlage? Sicher ist eigentlich nur, daß der Plan nie zur Ausführung gelangte.

Vier unterschiedliche Gärten sind darin dargestellt: der Garten am Kreuzgang, der Gemüsegarten, der Wurzgarten und der Baumgarten, der gleichzeitig zum Friedhof bestimmt war.

Die im Plan aufgezählten 49 Pflanzenarten zeigen eine geradezu verblüffende Übereinstimmung mit der »Landgüterverordnung«. Vielleicht ist es auch der selbe gartenkundige Mönch gewesen, der für die Eintragungen in beiden Dokumenten verantwortlich war. Oder aber eine uns noch unbekannte Quelle wurde als Grundlage für beide verwendet. Die dritte und wahrscheinlichere Lösung ist, daß die Pflanzennamen einfach aus dem Capitulare abgeschrieben wurden.

Während aber die Pflanzen in der Landgüterverordnung wie »Kraut und Rüben« aufgezählt werden, erfahren wir hier zum ersten Mal etwas über die Einteilung der Gärten und Anordnung der Gewächse. Sehen wir uns zunächst einmal den Kreuzgang näher an. Nahezu sämtliche Gebäude, die auf dem Bauriß dargestellt sind, gruppieren sich um einen zentralen Hof, den Kreuzgang. Ringsum ist er von Arkaden umgeben. An jeder der vier Seiten ist jeweils die Mitte durch einen größeren Bogen gekennzeichnet. Dies sind die Eingänge zum Garten hin. Von hier aus verlaufen auch die geraden Wege, die die Fläche in vier gleichgroße Quadrate teilen. In der Mitte des Hofes stoßen die Wege auf eine kleine quadra-

tische Fläche, die selbst noch von einem zusätzlichen Weg umschlossen ist. Hier ist in einem kleinen Kreis das Wort »savina« zu lesen. Vielleicht könnte damit der Sade-(Seven-)baum (*Juniperus sabina*), ein Verwandter des Wacholders, gemeint sein, der eine besonders starke symbolische Stellung im Pflanzenreich einnahm. Dieser dunkle Geselle gehörte lange Zeit zu den geheimnisumwitterten Gewächsen im Bauerngarten und wir werden uns später noch näher mit ihm befassen.

Bei den meisten Klosteranlagen bildete aber keine Pflanze, sondern ein Brunnen das Zentrum des Wegekreuzes. Diese schlichte und klare Gliederung mit Betonung der Mitte nahmen sich die Bauern zum Vorbild für ihre Gärten. Über Jahrhunderte hinweg hielt sich dieses Wegekreuz im Bauerngarten. Ab und zu entdeckt man sogar heute noch einen Garten, der diese alte Tradition fortsetzt. Über die Bepflanzung der vier Quadrate finden wir im Plan keine direkten Angaben. Mit Gras oder Efeu waren sie aber sicher bewachsen. Die feingezeichneten Ornamente lassen Blumenschmuck, zumindest als Einfassung, vermuten. Madonnenlilien wären hier denkbar. Zusammen mit den Rosen hat man sie auch sicher damals schon als Kirchen- und Altarschmuck verwendet.

Der Gemüsegarten befindet sich direkt neben der Wohnung des Gärtners.

Säuberlich getrennt liegen die insgesamt 18 Beete in zwei Reihen gegliedert vor uns. In jedes Beet ist ein Pflanzenname geschrieben. Welche Freude man damals am Gedeihen der Gemüsepflanzen hatte – bei uns nehmen heute die Blumen diese Stelle ein – zeigt ein Satz, der zwischen den Reihen eingefügt wurde: »Hier grünen die hübsch aufwachsenden Gemüsepflanzen.« (Hic plantata holerum pulchre nancentia vernant.) Das Gemüse war aber auch für die Mönche, deren Nahrung möglichst vegetarisch sein sollte, von besonderer Wichtigkeit.

Allerdings hat man es damals, wie Sie an den Namen leicht erkennen können, mit der Trennung von Gemüse- und Gewürzpflanzen nicht so genau genommen.

Gemüsegarten

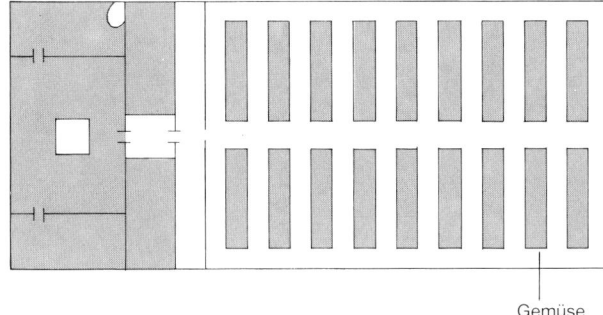

Gemüse

## Gemüsegarten

| | | |
|---|---|---|
| cepas | – | Zwiebeln |
| porros | – | Lauch |
| apium | – | Sellerie |
| coriandrum | – | Koriander |
| anteum | – | Dill |
| papaver | – | Mohn |
| radices | – | Rettich |
| magones | – | Mohn |
| betas | – | Mangold |
| alias | – | Knoblauch |
| ascolonias | – | Zwiebeln |
| petrosilium | – | Petersilie |
| cerefolium | – | Kerbel |
| lactuca | – | Salat |
| sataregia | – | Bohnenkraut |
| pastinachus | – | Pastinak |
| caulas | – | Kohl |
| gitto | – | Schwarzkümmel |

Kräutergarten

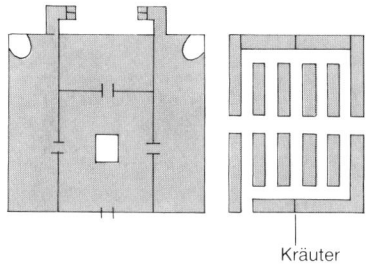

Kräuter

## Kräutergarten

Auf den Beeten in
der Mitte des Gartens gedeihen:

| | | |
|---|---|---|
| salvia | – | Salbei |
| ruta | – | Raute |
| gladiola | – | Schwertlilie |
| pulegium | – | Poleiminze |
| sisimbria | – | Krauseminze |
| cumino | – | Kreuzkümmel |
| lubestico | – | Liebstöckel |
| feniculum | – | Fenchel |

Auf die Rabatten am
Rande sind gepflanzt:

| | | |
|---|---|---|
| lilium | – | Weiße Lilie |
| fasiolo | – | Saubohne |
| costo | – | Frauenminze |
| rosmarino | – | Rosmarin |
| rosas | – | Rosen |
| sataregia | – | Bohnenkraut |
| fena-graeca | – | Griechisch Heu |
| menta | – | Wasserminze |

Baumgarten

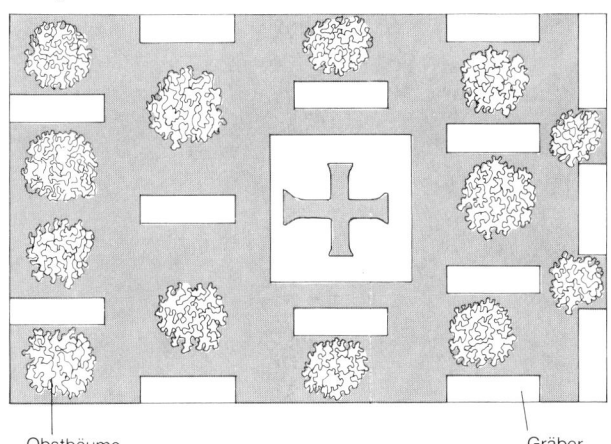

Obstbäume                    Gräber

## Baumgarten

Im Obstgarten, der gleichzeitig als
Friedhof gedacht war, sind folgende
Bäume verzeichnet: Apfelbaum,
Birnbaum, Speierling, Pflaume, Mispel,
Edelkastanie, Pfirsich, Quitte,
Haselnuß, Mandelbaum, Lorbeer,
Pinie, Feige, Nußbaum und Kirsche.

17

Die anmutige Madonnenlilie zählte im Mittelalter zu den wichtigsten Heilpflanzen.

Von den feinen Gemüsearten getrennt, gedieh zusätzlich auf den Feldern die grobe Kost. Erbsen, Bohnen, Linsen, Kraut und Rüben fanden in dem mittlerweile »fein« gewordenen Garten keinen Platz mehr. Der Garten war nun in den Bereich der »kunstvollen« Pflege gerückt. Die Einteilung in wohlgeordnete Beete ist ein Hinweis darauf. Die Gewächse, die hier gezogen wurden, sind empfindlicher und brauchen daher mehr Pflege, als das Grobgemüse auf dem Feld.

Damals hatte man schon schon sehr anschauliche Vorstellungen darüber. Lange Zeit kannte man keinen Unterschied zwischen »Beet« und »Bett«. Von »Wurzbetten« und »Garten-Bettelein« war die Rede. Das vermittelt die hübsche Vorstellung, daß sich die Pflanzen in ih-

ren Beeten gemütlich und weich wie in einem Bett fühlen. Kein Wunder, daß sie hier besonders gut gedeihen.

»Herbularius« wird ein Gärtlein bezeichnet, das sich hinter dem Arzthaus befindet. Hier wachsen die Heil- und Gewürzkräuter.

Zwei Beetreihen, zu je vier Beeten, bilden die Mitte. Außenherum stellen ebenfalls acht Beete eine Art Rahmen dar. Insgesamt haben wir nun 16 kleine Abteilungen vor uns. Zwischen den einzelnen Beeten verlaufen, genau wie im Gemüsegarten, Wege, so daß die Pflanzen leichter gepflegt und geerntet werden können. In jedem dieser kleinen »Quartiere« wurde eine bestimmte Arzneipflanze gezogen. Ihre Namen finden Sie in der Tabelle der vorhergehenden Seite.

18

Ganz ungeniert haben sich mitten unter die Heilpflanzen einige Blumen – Rose, Lilie und Schwertlilie – gemischt. Dies heißt aber nicht, daß man sie ihrer Schönheit wegen pflanzte. So galt damals die Rose als wirksame Heilpflanze. Allerhand Arzneien wußte man aus ihr zu bereiten. Und schon Plinius zählte über 30 Medizinen auf, die man aus der Rose gewann. Gerne wurde sie auch zur Verbesserung von übel schmeckender Arznei verwendet, die man damit leichter hinunterbekam. Auch der Duft der Blüten hatte eine wichtige Bedeutung. Man hielt nämlich nur stark riechende Pflanzen für heilkräftig genug, um Krankheiten zu bekämpfen. Die Hagebutten der Rose enthalten viel Vitamin C, und da Skorbut über Jahrhunderte hinweg eine regelrechte Volkskrankheit war, taten unsere Vorfahren recht daran, der Heilkraft der Rose zu vertrauen.

Es war aber noch gar nicht so lange her, da wollte man von Rosen und Lilien nichts wissen – sie fielen in Ungnade. Die Rose, einst der Venus geweiht, war, wie die Lilie, eine heidnische Kultpflanze. Die frühen Christen hatten sie deshalb verdammt. Aber es dauerte nicht allzu lange und die Pflanzen kamen zu neuen Ehren. Aus den einstigen Kultpflanzen der Griechen und Römer wurden christliche Symbole – man weihte sie der Jungfrau Maria. Und so kommt es, daß wir sie bereits im 8. Jahrhundert in einem Klostergarten wiederfinden. So ändern sich die Zeiten.

Die Arzneigärtlein der Klöster, die zunächst allein auf den Nutzen ausgerichtet waren, bildeten den Grundstock für die eigentlichen Blumengärten. Und bis in die Renaissance hinein behielten die Ziergärten den Namen »Arznei- oder Wurzgarten« als Hinweis darauf, wo sie ihren Ursprung fanden.

Der Dreiklang von Gemüse, Kräuter und Blumen sollte später dann für den Bauerngarten bestimmend werden.

Der Baumgarten war nicht nur wegen seines Obstes für die Ernährung wichtig, sondern er war auch gleichzeitig der Friedhof des Klosters. Aber nicht etwa aus Raummangel geschah dies, sondern aus einer stark symbolischen Denkweise heraus, die in ihrem Ur-

sprung wohl noch auf den Baumkult der Germanen zurückzuführen ist. Die Mönche sahen besonders in den Obstbäumen mit ihrem immerwährenden und jährlich zu beobachtenden Lebensrythmus von Winterruhe, Blüte und Frucht ein Sinnbild der Auferstehung. Sie verkörperten dadurch die Hoffnung des Menschen auf ein neues Leben nach dem Tod. Bis in unsere Zeit hinein hat sich diese besondere Verbindung zwischen Obstbaum und Mensch auf dem Land erhalten. Es ist noch gar nicht so lange her, da wurde der Tod des Bauern nicht nur dem Vieh im Stall, sondern auch den Obstbäumen angesagt.

Doch zurück zum St. Gallener Baumgarten. Die Wahl der Baumarten erinnert uns so lebhaft an die Landgüterverordnung, daß der Schluß naheliegt, sie wären vollständig daraus abgeschrieben. Besonders deutlich wird es auch dadurch, daß wieder Baumarten wie Feige und Lorbeer genannt werden, ohne daß man sich darum kümmert, ob sie in diesem Klima überhaupt gedeihen können.

## Die Physika der hl. Hildegard von Bingen

Einer weisen Frau haben wir es zu verdanken, daß wir heute einiges über die Pflanzen in den Gärten des 12. Jahrhunderts wissen. Die Bücher der hl. Hildegard von Bingen (1098–1179)

Von der hl. Hildegard geschätzt – die Pfingstrose.

geben uns darüber Auskunft. Sie, die Äbtissin des Klosters auf dem Ruprechtsberg bei Bingen, war gleichzeitig die erste Ärztin und Naturforscherin Deutschlands. Durch ihre ärztliche Tätigkeit interessierte sie sich besonders für die Pflanzenwelt. Denn aus den Pflanzen gewann man damals die wichtigsten Heilmittel. Ohne spezielle Vorbildung war sie dabei auf ihre eigenen Beobachtungen und Erfahrungen angewiesen. Aber auch Überlieferungen aus dem Volk nahm sie in ihren Wissensschatz mit auf. All dies hielt sie in einem achtbändigen Werk fest.

Das erste Buch der sogenannten »Physika« beschäftigt sich mit den in jener Zeit bekannten und verwendeten Kräutern. Dabei wurden aber Kultur- und wilde Pflanzen in einem bunten Durcheinander aufgezählt. Über 200 Kräuter sind hier insgesamt beschrieben. Die meisten von ihnen haben sogar schon einen deutschen Namen, der Rest ist »Küchenlatein«. Allerdings kommen uns diese deutschen Bezeichnungen heute schon fast genauso fremdartig vor. Oder hätten Sie in »Biboz«, »Wullena« und »Ebich« auf Anhieb unsere altbekannten Gewächse Beifuß, Königskerze und Efeu vermutet? Auf die Verwendung von Melisse als Bienenfutterpflanze deutet der hübsche Name »Biensuga« hin. Und sogar heute noch habe ich von einer alten Bäuerin den Namen »Bienensaug« für den Boretsch gehört, der ebenfalls bei den Bienen sehr beliebt ist. Die meisten der in der Physika besprochenen Pflanzen kennen wir schon aus den frühmittelalterlichen Dokumenten. Aber auch einige neue Gewächse sind darunter, die inzwischen zu den traditionellen Bauerngartenpflanzen gehören. Da die hl. Hildegard eine praktisch denkende Frau war, galt ihr Augenmerk vor allem den Nutzpflanzen. Wir hören erstmals vom Portulak, der eine wichtige Gemüsepflanze war. Auch allerhand Heil- und Gewürzkräuter gehören dazu: Meerrettich, Alant, Basilikum, Bibernelle, Eisenkraut und Lavendel. Aber auch die Blumen hat die Äbtissin nicht vergessen. Die medizinische Wirkung steht jedoch hier genauso noch im Vordergrund. Ringelblume und Pfingstrose sind ihr, als wichtige Heilpflanzen, besonders ans Herz gewachsen. Doch zum ersten Mal werden Rose, Lilie, Schwertlilie und Veilchen nicht mehr zusammen mit den eigentlichen Heilpflanzen erwähnt, sondern als vor allem zierende Gewächse für sich besprochen.

## Wurzgärten auf den Burgen

Heute noch sind in der Nähe von Burgen oder Burgruinen verwilderte Gartengewächse, wie Raute, Salbei oder Immergrün, zu finden. Sie sind Überbleibsel aus den Burggärten längst vergangener Zeiten. Es wird wohl damals kaum eine Burg ohne Garten gegeben haben, denn Gärten bedeuteten Leben.

Warum der Garten für die ritterliche Gesellschaft so wichtig war, wird uns klar, wenn wir uns ihre Lebensbedingungen einmal genauer betrachten.

Ritterburgen sollten ihren Insassen Schutz vor Feinden bieten. Deshalb baute man sie auf steile, schroffe Felsen oder umgab sie mit Wassergräben. Hohe und fensterlose Mauern sollten sie zusätzlich möglichst unbezwingbar machen. In den langen Wintermonaten fühlte man sich hier wie begraben. Die Bewohner waren auf engstem Raum zusammengedrängt. Kriechende Kälte, ewige Düsternis und muffige Luft machten das Leben schwer. So sehnte man das Frühjahr herbei, um endlich diesem Verließ zu entkommen. Dadurch wuchs die Liebe zum Garten. Denn er verkörperte das Gegenteil. Er verhieß Licht, Luft, freie Bewegung und frisches Gemüse und Kräuter.

Viel Platz stand dafür allerdings nicht zur Verfügung, denn der eigentliche Burggarten wurde innerhalb der Mauern angelegt. Nur der ausgedehnte Obstgarten befand sich außerhalb der Befestigung.

Burggarten – das klingt nach Lebensfreude, heiterer Geselligkeit, Gesang, bunten Blumen und – vor allem nach Liebe. Denn Liebe und Garten waren damals eng verknüpft. Auch die Lieder der Minnesänger geben uns davon Kunde. Sie erzählen uns von den Blumen und von Gärten, wo die »Buntblümelein« gedei-

*Landscron im Sundgaw.*

Einfach und bäuerlich wirkt der Garten, der zur Burg Landscron (Elsaß) gehörte.

hen. Und um das Jahr 1000 spricht Notker von dem »bluomengarten, dar rosa und de ringelen (Anm.: Ringelblumen) und violae wahsent.« Näheres darüber, wie diese »Lustgärten« aussahen, erfahren wir durch die Malerei aus jener Zeit. Der Garten ist stets von einer Burgmauer umgeben. Ein wegloser, dichter Rasenteppich, der mit unzähligen Blumen durchwirkt ist, bildet das Kernstück des Gartens. Veilchen, Maßliebchen, Maiglöckchen, Akelei, Pfingstrose, Vergißmeinnicht, Schwertlilie, Fingerhut, Rittersporn, Brennende Liebe, Madonnenlilie, Rose und Goldlack – das »Gelbveigelein« des deutschen Volksliedes, bringen den Garten zum Blühen. Rasenbänke und ein meist sechseckiger Steintisch laden zum Verweilen ein. Ein in Stein gefaßter Brunnen oder eine Quelle sorgen für wohltuende Erfrischung, und oft spendet ein früchtetragender Baum erquickenden Schatten. Am Rande des Gartens sind Hochbeete

angelegt, wo Kräuter wie Salbei und Raute ihren würzigen Duft verströmen. Alle diese eben genannten Gewächse zählen mittlerweile zum festen Bestand des Bauerngartens. Romantische Vorstellungen sind es, die uns hier vermittelt werden. Das war die eine Seite – doch die kaum besungene oder gemalte Wirklichkeit sah häufig anders aus. Die Ritter bezogen ihre Einkünfte aus der Landwirtschaft, daher war ihr Leben zwangsläufig eng mit dem Bäuerlichen verbunden. Die Burgbewohner lebten nicht viel anders als die Bauern. Deshalb dürfte auch der Nutzgarten auf der Burg eine wesentlich wichtigere Rolle gespielt haben als der Lustgarten, der nur dem Vergnügen diente. Und wie H. G. Wackernagel nach einer Aufzeichnung aus damaliger Zeit schildert, arbeitete die junge Frau eines Ritters mit einer Helferin im Krautgarten der Burg, angezogen wie eine einfache

21

Magd und barfuß. Wie es schon lange Tradition war, gehörte die Pflege des Gartens zum Aufgabenfeld der Burgherrin, die ihn zusammen mit ihren Töchtern und den Mägden bearbeitete. Deshalb wurde er auch häufig unter der Kemenate der Edelfrauen angelegt.

Dieser meist rechtwinklig angeordnete, in Beete geteilte Wurzgarten lieferte Gemüsepflanzen für die Küche. Aber auch viele Heilkräuter wurden, nach Anweisung der Mönche, hier gezogen. In dieser kampfesfreudigen Zeit war das auch dringend vonnöten.

Mit dem Ende des 11. Jahrhunderts begannen die Kreuzzüge. Gewaltige neue Eindrücke stürmten dabei auf die Kreuzfahrer ein. Im fernen Morgenland entfaltete sich vor ihnen die Pracht der Kalifengärten. Einige der orientalischen Gewächse, vor allem Gewürzpflanzen wie Schwarzkümmel und Ysop, nahmen die Ritter mit in ihre Heimat. Und von den Burggärten aus fanden die Pflanzen dann schließlich auch ihren Weg in die umliegenden Bauerngärten.

Auf der Marksburg bei Braubach am Rhein kann ein im alten Stil angelegter Garten besichtigt werden.

## Bauerngärten in der Stadt

In den mittelalterlichen Städten ging es noch recht ländlich zu. Dies ist auch nicht weiter verwunderlich, denn das neu entstandene Bürgertum bildete sich größtenteils aus der bäuerlichen Bevölkerung. Bäuerliche Züge herrschten deshalb vor. Sogar Vieh wurde innerhalb der Stadtmauern gehalten. Kühe liefen frei herum, und die Schweine suhlten sich auf den Wegen. Misthaufen vor den Haustüren machten die Idylle perfekt. Aber anscheinend waren nicht alle Bürger mit diesen Zuständen einverstanden. Denn wie A. Hauser feststellte, verbot der Rat der Stadt Bern am 22. April 1313 die Schweineställe vor den Haustüren der Hauptgassen. Im Jahre 1530 waren sie dann auch in den Nebengassen nicht mehr erlaubt. Aber in den deutschen Städten sah es nicht anders aus. Wie eine 1798 entstandene Ansicht von Köln beweist, grasten damals noch Rinder in unmittelbarer Nähe des Doms.

Dementsprechend zeigten auch die Gärten der Städter einen stark bäuerlichen Einschlag. Darstellungen von Städten aus jener Zeit lassen überwiegend einfache Gemüsepflanzungen innerhalb und außerhalb der Stadtmauern erkennen. Auch Obst- und sogar Weinbau betrieb man emsig. Jedes unbebaute Fleckchen Erde wurde genützt, denn Gartenbau war wichtig für die Ernährung der Bevölkerung. Über lange Zeit hinweg blieben die Nutzgärten in der Stadt erhalten. Auch auf dem »Plan der Haupt- und Residenzstadt München«, der 1806 angefertigt wurde, sind einfache Nutzgärten zu erkennen. Und die Schriftstellerin Lena Christ berichtet uns, wie es in München noch zu Beginn unseres Jahrhunderts aussah: »Und entlang dem Lilienberge lehnen noch allerhand Hütten und Häuschen ... Ein winziger Geißenstall, ein morscher Holzschupfen, ein alter Röhrlbrunnen oder eine mürbe Holzaltane und ein wilder Holunderstrauch in dem armseligen Wurzgärtlein weist noch dem Beschauer die Genügsamkeit der Bewohner.« Aber es waren nicht nur arme Leute, die sich aus Not ihr Gemüse selbst zogen. Unter den wohlhabenden Bürgern fan-

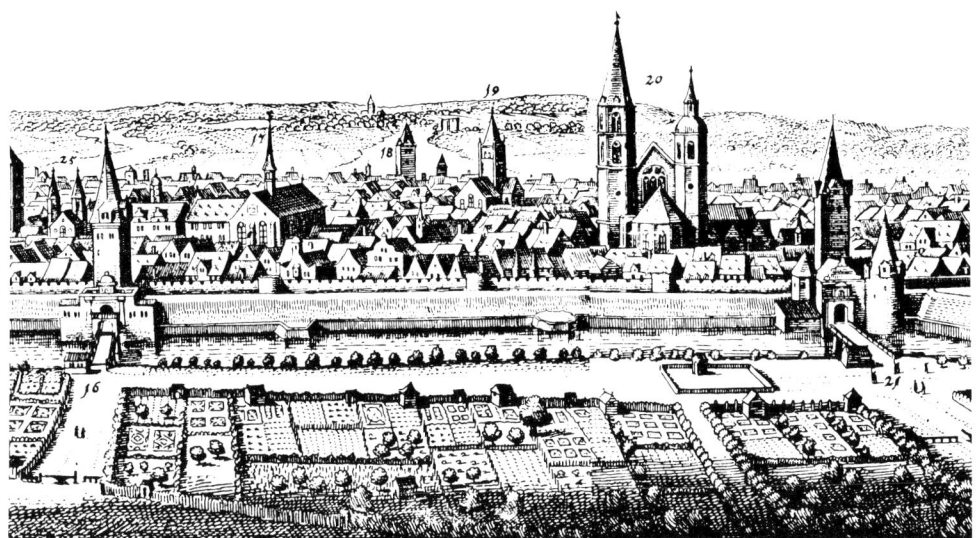

Oben: Bürgergärten vor Braunschweig – in bunter Mischung liegen Gemüseländer und Ziergärten nebeneinander. Aber auch in der Stadt, wie hier in Mainz, wurden Gemüse und Obst gezogen (rechts).

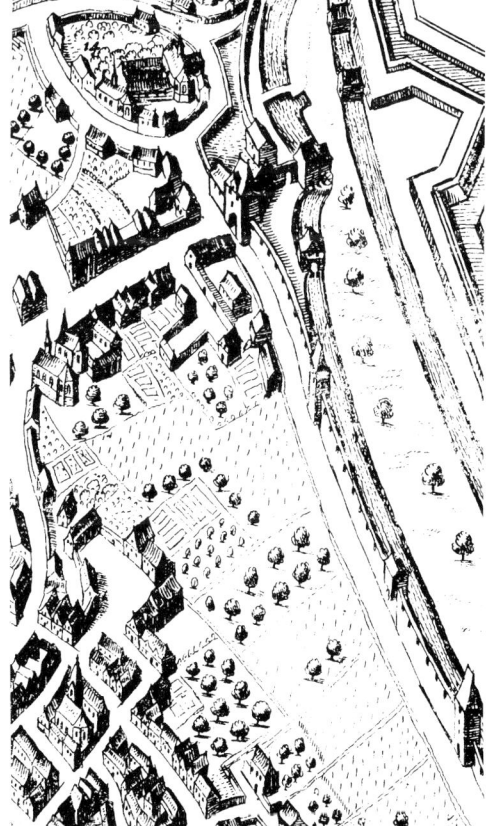

den sich viele Gärtner aus Leidenschaft. Es war damals geradezu »in«, Gemüse und Kräuter aus eigenem Anbau auf den Tisch zu bringen. Und weil die Städte ständig weiterwuchsen, war innerhalb der Stadtmauern bald kein Platz mehr für Gartenanlagen. Deshalb kauften sich die Vermögenderen in den Vorstädten oder außerhalb des Stadtbereiches ein Stück Land, wo sie in ländlicher Umgebung ihrer Gartenleidenschaft frönen konnten. Neben den einfachen Krautländern, Obst- und Gemüsegärten, bis hin zu Anlagen, die allein der Zierde und Erholung dienten, war dort draußen alles vorhanden. Bald umschloß ein ganzer Kranz von privaten Nutzgärten die Stadtmauern. Schon damals bildete sich anscheinend heraus, was heute nicht nur den Verkehrsplanern Kopfzerbrechen bereitet. Unter dem Motto »Zurück auf's Land« fühlte man sich dem Ländlichen besonders verbunden. Bauerngärten in der Stadt? – So abwegig ist also der Gedanke nicht, wie man zunächst vermuten könnte. Wie Sie sehen, ist es noch gar nicht so lange her, daß es auch in den Großstädten bäuerliche Gärten gegeben hat.

23

# Etwas Geschichte

## Neuer Aufschwung durch die Renaissance

Die Renaissance, die Wiedergeburt der Antike, stand im Zeichen eines neuen Lebensgefühls. Der Forscherdrang erwachte wieder in den Menschen jener Zeit. Jetzt fühlte man sich nicht mehr als hilfloser Spielball der Natur, sondern stellte sich gewissermaßen forschend und beobachtend neben sie. Und man ging den Dingen auf den Grund.

Das wachsende Interesse für die Naturwissenschaften brachte es mit sich, daß auch die Pflanzen in ganz neuem Licht gesehen wurden. Im ausgehenden Mittelalter und zu Anfang der Neuzeit waren zunächst noch die Heilkräuter von ganz besonderem Interesse.

Besten Einblick in die Denkweise dieser Zeit geben uns die Kräuterbücher. Mit der Erfindung der Buchdruckerkunst, einem umwälzenden Ereignis zu Anfang des 15. Jahrhunderts, fing eigentlich alles an. Jahrhundertelang hatten vorher die Mönche die Geheimnisse der Kräuterkunde in ihren Klosterbibliotheken gehütet. In mühseliger, schier endloser Arbeit wurden die Bücher zwar immer wieder abgeschrieben, aber natürlich reichte es zu einer größeren Verbreitung nicht aus. Doch jetzt sah es ganz anders aus. Bald nach den ersten Bibeldrucken entstanden die Kräuterbücher. Zur Illustration der Bücher verwendete man den Holzschnitt.

Die Neuauflage des bereits um 1350 geschriebenen »Buch der Natur« von Konrad von Megenberg scheint das erste Buch mit Holzschnitten von Pflanzen gewesen zu sein. Im Jahre 1482 ging es in Druck.

Besonders naturgetreu sind die Pflanzendarstellungen im »Contrafayt Kreuterbuch« des Otho Brunfels (1530). Das ist deshalb so außergewöhnlich, weil bisher die schönen antiken Abbildungen immer und immer wieder abgezeichnet wurden, bis von ihnen nichts mehr übrig blieb als vollkommen unverständliches Gekritzel. Aus lauter Bewunderung vor den antiken Werken kam vorher keiner auf die Idee, die Pflanze selbst abzuzeichnen. Genauso, wie die Pflanzenbilder in seinem Buch waren, so schrieb Brunfels auch. Seine volkstümliche Art der Schilderung beruht hauptsächlich auf eigenen Beobachtungen und Erfahrungen. Und das macht sein Buch für uns so interessant. Brunfels, der zuletzt Stadtarzt in Bern war, erhielt den ehrenvollen Beinamen »Kräutervater«. Genau wie Leonhard Fuchs und Hieronymus Bock.

Leonhard Fuchs war zuerst Leibarzt des Markgrafen von Ansbach und wurde schließlich Professor in Tübingen. Nach ihm wurde die Fuchsie benannt. In der ersten Auflage seines »New Kreuterbuch«, das 1543 erschien, beschrieb er bereits 500 Gewächse.

Ein überaus fleißiger Kräutersammler muß Hieronymus Bock gewesen sein. Er nahm insgesamt 800 Pflanzen in seinem »Kreuterbuch« von 1539 auf. Und was das Buch für uns besonders bedeutsam macht – Bock war der erste, der nur Pflanzen aufnahm, die er auch wirklich selbst gesehen hatte.

Wichtig für jene Zeit sind auch die Bücher von Petrus Andreas Matthiolus (1544) und Jakobus Theodorus Tabernaemontanus (1588).

Inwieweit die Kräuterbücher nun vom einfachen Volk gelesen wurden, läßt sich heute nicht mehr feststellen. Dafür ist aber der umgekehrte Weg zu verfolgen. Denn neben dem Wissensschatz der Antike und persönlichen Beobachtungen und Experimenten werden auch häufig Rezepte und Erfahrungen aus dem Volk wiedergegeben. Theophrastus von Hohenheim, genannt Paracelsus, bekennt sich in seinen Schriften sogar mehrmals dazu, daß er viel von seinem Wissen aus der einfachen Bevölkerung bezogen habe.

Und noch etwas wichtiges lesen wir aus den Kräuterbüchern heraus: Bisher fanden eigentlich nur Pflanzen Beachtung, die einen gewissen Nährwert hatten, über Heilkräfte verfügten oder sonst irgendeinen Nutzen brachten. Nun aber hatte auch die Schönheit eine Daseinsberechtigung. Der Mensch zu Beginn der Neuzeit war »aus dem Gröbsten heraus«, das Leben gesichert. Jetzt konnte er sich den Luxus leisten, Pflanzen nur wegen ihres interessanten Wuchses oder um der schönen Blüte willen zu pflegen. Ein gewaltiger Fortschritt!

Gärtchen eines eifrigen
Pflanzensammlers. Holzschnitt
von Hans Weidlitz, 1557.

Diese neue Entwicklung macht uns Tabernaemontanus in dem um 1588 gedruckten Kräuterbuch deutlich. Er schrieb über die Jakobs-
oder Himmelsleiter (*Polemonium coeruleum*),
daß man sie weder innerlich noch äußerlich zur
Heilung verwenden könne. Aber als Zierde
für Sträuße und Vasen sei sie in Gebrauch.
Wiederum kam diese neue Gartenbewegung
aus dem Süden. Nur, daß man diesmal in
umgekehrter Richtung und friedlicher Absicht
über die Alpen zog, um römische Gärten von
neuem nach Deutschland zu bringen. Denn die
Bewegung der Renaissance nahm ihren Anfang, wie könnte es auch anders sein, in Italien.
Wie schon gesagt, Lernen und Forschen wurde
groß geschrieben in jener Zeit. Und die deutschen Ärzte und Botaniker fühlten sich fast
magnetisch angezogen durch die prächtigen
Gärten Italiens. Die große Vielfalt von bisher
bei uns unbekannten Gewächsen versetzte sie
in Begeisterung. Möglichst viele dieser seltenen Pflanzen wurden mit nach Hause genommen. Aus der Neigung zum Sammeln entwik-
kelte sich bald eine wahre Sammelwut. Waren
es zunächst vor allem Ärzte, die sich einen
botanischen Garten anlegten, um die unbekannten Heilpflanzen zu studieren und zu er-
proben, so wurde bald eine neue Mode
daraus

Durch die Ausdehnung des Handelsverkehrs
mit Italien kam besonders das gehobene Bürgertum der süddeutschen Städte zu großem
Reichtum. Es dauerte nicht lange, und es gehörte bei den Wohlhabenden direkt zum guten
Ton, ebenfalls einen botanischen Garten zu
besitzen. Je seltener und kurioser die Gewächse, desto besser. Vor allem, wenn der Nachbar
sie noch nicht besaß. Weil man sich gegenseitig
überbieten wollte, wurden die Gärten immer
prächtiger und die Pflanzenauswahl immer
größer.
Besonders berühmt waren damals die Gärten
der Fugger in Augsburg. Unter den über 700
Rosenstöcken gedieh hier auch die erste Mo-
schusrose. 1584 wurde es den Augsburger Bürgern schließlich zuviel. Sie beschwerten sich,
daß die Fuggergärten sich zu weit ausdehnten
und ihnen zuviel vom Gemüseland weg-
nähmen.
Durch eine Reihe von Entdeckerfahrten kamen zu dieser Zeit auch viele neue exotische
Gewächse zu uns. Aus Amerika stammen beispielsweise Sonnenblume, Kapuzinerkresse
und Kartoffel.
Aber auch die Türken haben ihren Teil als
Lieferanten von bisher unbekannten Gewächsen beigetragen. Ihnen haben wir unter anderem Flieder, Jasmin, Tulpe und Hyazinthe zu
verdanken.

# Etwas Geschichte

Eine große Attraktion war es, als im Garten des Augsburger Ratsherrn Johann Heinrich Herward 1559 die erste Tulpe erblühte.

Die Sammelleidenschaft nahm bei den Tulpen bald ungeahnte Ausmaße an. Das Wort »Tulpomanie« wurde dafür geprägt.

Horrende Summen wurden für eine seltene Tulpe geboten, und nicht wenige brachten sich bei den Spekulationen um Hab und Gut. Für die wohl teuerste Tulpenzwiebel, eine Semper Augustus, wurden 13 000 Gulden bezahlt. Für eine andere wechselte ein Wagen mit zwei Pferden den Besitzer.

Ein wenig sonderbar klingt es für uns heute schon, wenn wir hören, was für eine Seltenheit um 1590 im Garten des Arztes Dr. Laurentius Scholz in Breslau gepflegt und gehätschelt wurde. Es war nämlich eine ganz besondere Ehre, wenn man dazu eingeladen wurde, eine der ersten Kartoffeln zu besichtigen. Heute ist aus dieser einstigen Seltenheit ein Volksnahrungsmittel geworden.

Ansonsten gediehen in seinem Blumengarten auch Mohn, Kornblume, Lilie, Tulpe, Löwenmaul und natürlich, nicht zu vergessen, die Rose.

Nun war es aber nicht so, daß es damals nur noch Blumengärten bei den Bürgern gegeben hätte. Der Gemüsegarten wurde zwar ein wenig abseits angelegt und teilweise hinter Mauern und Hecken verborgen, aber er verlor keineswegs an Bedeutung. Auch in der Gartenanlage des Dr. Scholz waren ein Küchen- und ein Kräutergarten vorhanden.

Auch die reichen Nürnberger Bürger ließen das Gemüse damals nicht außer acht. Wie wir durch ein 1650 erschienenes Buch, verfaßt von Johann Helwig, einem »Arzeney Doctor«, erfahren, hatten sie vor den Toren der Stadt »kostbare Wurtz- und Lustgärten«. Die »Blumenbethlein« waren »mit grünem Bux oder Weinrauten besteckt«. In den Beeten gediehen unter anderem Tagetes, Lilien, Türkenbund, Ringelblume, Fingerhut, Löwenmaul, Kornblume, gefüllter Rittersporn, Akelei und Malve. »In übrigen Feldlein wuchsen der stetsgrünende Rosmarin, der starkriechende Lavendel, die anmuthige Melissen, die dienstliche Camillen, der nutzbare Salbey, das heilsame Löffelkraut, und tausend andere, sowohl zur Speise als Artzeney bequemliche Kräuter.«

Auf den Feldern gediehen Melonen, Gurken (»Cucumern«), Endivien, Kraut, gelbe und rote Rüben, Rettich, Meerrettich, Petersilie, Fenchel, Spargel, Schnittlauch, Knoblauch und Zwiebeln. »Ferner waren hin und wieder kleine Bethlein mit Majoran, Kümmrich, Coriander, Krauser Münz, Poley (Anm.: Polei-Minze), Borragen (Anm.: Boretsch), Wegwartten, und dergleichen besämet und besetzet.«

Durch den Fürstbischof von Eichstätt, Johann Conrad von Gemmingen, erhalten wir Nachricht von einer ganz neuen Entwicklung im Garten. Er zahlte 3 000 Gulden dafür, daß die in seinem Garten gezogenen Gewächse in Kupfer gestochen wurden. Acht einzelne Gärten bildeten die Gesamtanlage, von Conrad von Gemmingen selbst als sein »wenig enges Gärtlein« bezeichnet. Über 1000 Blumen wurden auf 367 Stichen abgebildet. Durch dieses Prachtwerk aus dem Jahre 1613 wissen wir, daß sich inzwischen zu den bis dahin überwiegend südlichen Gartenpflanzen auch heimische Gewächse aus Wäldern und Wiesen gesellt haben. Fingerhut, Bergflockenblume, Schneeglöckchen, Maiglöckchen, Türkenbund, Mondviole, Weidenröschen und die Pfirsichblättrige Glockenblume haben sich einen Platz im Garten erobert.

Die neue Gartenentwicklung wirkte sich natürlich auch auf den Bauerngarten aus. Ein wenig schielte man vom Land aus immer in Richtung Stadt, um zu sehen, was es dort für Neuheiten gebe. Auch bei den Bauern entwickelte sich nun eine gewisse Vorliebe für Zierpflanzen. Pflanzen, die, wie Rose und Lilie, vorher hauptsächlich zu Heilzwecken dienten, wurden jetzt mit ganz anderen Augen angesehen. Sogar um ihrer selbst willen pflanzte man sie jetzt. Auch aus der freien Natur holte man sich Schmuckpflanzen in die Gärten. Fingerhut, Akelei, Schneeglöckchen und Türkenband behaupten hier auch heute noch ihren Platz.

Mit der Zeit fand eine stattliche Anzahl von Blumen aus den Bürgergärten ihren Weg in die Bauerngärten. Dies ging aber nicht von heute auf morgen. Denn die einst eifersüchtig gehüteten Seltenheiten mußten erst einmal die »soziale Stufenleiter« hinuntergelangen, bis sie dann volkstümlich wurden.

Selbstverständlich nahm die Bäuerin nicht kritiklos jedes neue Gewächs in ihren Garten auf. Sie hatte gar keine Zeit, sich mit den Fremdlingen besonders abzugeben. Was sich nicht bewährte, verschwand eben wieder. Aber einige davon, wie Tulpe, Kapuzinerkresse, Studentenblume und Flieder, haben sich inzwischen einen festen Platz erobert und sind aus dem Bauerngarten nicht mehr wegzudenken. Im Unterschied zur Stadt gab es aber auf dem Land keine Trennung in Blumen- und Nutzgärten. Gemüse, Kräuter und Blumen wuchsen weiterhin in kunterbuntem Durcheinander. Der einstige reine Nutzgarten hat sich in einen »verzierten« Nutzgarten verwandelt. Und daran hat sich auch bis heute nichts geändert.

Klassischer Bauerngarten mit Buchsbordüren und einer, nach barocker Manier, geschnittenen Eibe.

# Der herrschaftliche Garten und sein Einfluß

Nach den Wirren des Dreißigjährigen Krieges (1618–1648) war die Gartenkultur in Deutschland wieder einmal in einer Talsohle angelangt. Von den einst so prachtvollen Gärten war nicht mehr viel übrig. Wie das in Kriegszeiten so üblich ist, hatte das Gemüse Hochkonjunktur. Wo einst die seltensten Blumen gehegt und gepflegt wurden, wuchsen jetzt Kohl und Rüben. Sogar dem herrlichen Garten des Fürstbischofs von Eichstätt ist es damals nicht anders ergangen.

Auch aus dem Bauerngarten ist die erste zaghafte Blumenzier wieder verschwunden. Wem steht schon der Sinn nach Blumen, wenn er kaum dazu in der Lage ist, das mühselig herangezogene Gemüse vor Plünderung zu retten.

Und doch sollte sich bald wieder eine neue Gartenpracht entfalten. Auch jetzt kam der Anstoß dazu aus dem Ausland. Diesmal war es aber nicht so sehr der Einfluß Italiens. Von nun an bestimmten vor allem Frankreich, aber auch Holland, die neue Kunstrichtung.

Der Sonnenkönig, Ludwig XIV, wurde mit dem Bau seines Schlosses in Versailles zum Wegbereiter der barocken Idee. Die Gartenanlagen waren jetzt nicht mehr nur schmückendes Beiwerk, sondern ein ganz wesentlicher Bestandteil der Gesamtanlage des Schlosses. So stark wie nie zuvor wurde der Garten zur Darstellung der Macht eines Herrschers eingesetzt. Und sogar die Natur mußte sich unterordnen. Die Gärtner verhinderten den natürlichen Wuchs von Bäumen und Sträuchern und zwangen sie in Kugel- und Säulenform oder dressierten sie gar zu Tierfiguren. Die Natur erstarrte zur Geometrie. Am beliebtesten waren deshalb jene Gewächse, die es vertragen, daß sie immer wieder gestutzt und zugeschnitten werden. Eibe und Buchs hatten »Hauptsaison«. Und besonders die Blu-

# Etwas Geschichte

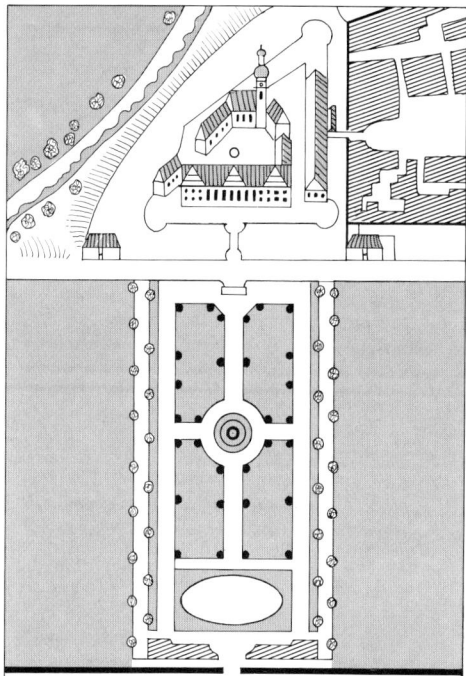

Am Beispiel dieses herrschaftlichen Barockgartens läßt sich leicht erkennen, woher der Bauerngarten einige typische Elemente bezogen hat. Das Blumenrondell im Zentrum des Wegekreuzes und die Buchsbordüren sind ein Abglanz jener noblen Gärten. (Barockgarten in Weikersheim an der Tauber, 1709).

menbeete wurden gerne mit geschnittenem Buchs umfaßt. Tulpen, Hyazinthen, Nelken und Löwenmaul prangten damals auf den Beeten der noblen Gärten. Heute sind die einstigen »aristokratischen« Gewächse in jedem Bauerngarten zu finden.

Kunstvolle Arabeskenbeete, Springbrunnen am Schnittpunkt der Wege und Rondelle zogen die Blicke auf sich.

Wer von den hohen Herren in Deutschland auf sich hielt, mußte natürlich auch so einen Garten haben. Gärtner wurden nach Paris gesandt, um von dem großen Vorbild möglichst viel zu lernen und abzuschauen. Und so verbreitete sich die Idee von Versailles bei uns bald im ganzen Land.

Zunächst waren es dann die reichen Bürger, die dem Adel nacheiferten. Bald waren auch barocke Anlagen in den Wohnvierteln der Bürger keine Seltenheit mehr. Allein in Nürnberg hat es zur Zeit des Hochbarocks über 400 Luxusgärten gegeben. Und zu Beginn des 19. Jahrhunderts reihte sich im Stadtkern von München ein klassischer Barockgarten an den anderen.

Auch viele Klostergärten wurden der neuen Kunstrichtung entsprechend umgestaltet oder neu angelegt. Durch ein Gartenbüchlein eines Klosters erfahren wir auch, welche Pflanzen zu jener Zeit bekannt waren und in den Gärten gehalten wurden. Die Äbtissin Eva Magdalena des Dominikanerinnenklosters zu Windhag in Oberösterreich hat es geschrieben. Es trägt den Titel »Gartenbichl wie sollICHe Garten in der Clausur begriffen, sollen fundiert und fortgepflanzt werden beschrieben 1694«. Alle Gemüsepflanzen, Kräuter, Blumen und Obstbäume, die sie in ihren ingesamt 7 Gärten beherbergte, sind darin aufgezählt. Und das war eine stattliche Anzahl. Allein 86 verschiedene Gewächse wurden auf den Beeten im Klostergarten gezogen. Dazu gehörten Lavendel, Ringelblume, Alant, Andorn, Pimpinelle, Zichorie, Ysop, Rosmarin, Wermut, Fenchel, Weinraute, Hauswurz, und sogar dem Sadebaum begegnen wir hier wieder.

Gut sortiert war auch der Küchengarten. Hier wurden unter anderem Spinat, Spargel, Kraut, Kresse, Knoblauch, Zuckerrüben, Rote Rüben, Meerrettich, Erbsen, Bohnen, Melonen und Kürbis geerntet. Sogar die Kartoffel, die man vor kurzem noch als Seltenheit hätschelte und pflegte, hat sich inzwischen zu einer Gemüsepflanze gemausert.

An Salat und Rettich war das Angebot besonders reichhaltig: »Böberlsalat, rotten Salat, gesprangten Salat, Mistböt-Salat, Zigorisalat, Feltsalat, Somer- und Winder Antifisalat, Heibelsalat, früe oder Mistböt Rätig, rotter francesischer Rätig, Somer und Winder Rätig.« Auch die Auswahl an Blumen war erstaunlich groß. Dabei gab es bereits die unterschiedlichsten Züchtungen, die in Form und Farbe schon stark variierten. Mit »dick« wurden in diesem

Büchlein die gefüllten Blumen bezeichnet. Sehen wir uns zunächst einmal einige Frühjahrsblüher näher an. Es gab »allerley gefarbte Dulipänen, weiße dicke und dine Narcisen, gelbe dine und dicke Narcissen, blabe Hiacindl, weiße Hiacindl, Hiacinden Stolati, Hiacinden Daborosa, krause Hiacinten blabe und soliche fleischfarbe«.

Die Auswahl an Lilien war ebenfalls recht groß: »Spänische Lilien, Schwertlilien, feyerfarbe Lilien, goltfarbe Lilien, aschafarbe Lilien, persianische Lilien, braune Feuerlilien«.

Die Levkojen, hier »Lamberter Veigl« genannt, und die Nelken waren damals besonders beliebt. Auch hiervon gab es vielerlei Varianten. Sogar von Rittersporn, Lupinen und Mohn kannte man bereits mehrere Sorten.

In »Scherm und Kibeln« standen auf den Steinstufen, wie es um diese Zeit üblich war, unter anderem Lorbeer, Zitronenbäumchen, Oleander, aber auch Nelken und Anemonen.

Doch nicht nur Adel, Kirche und Bürgertum ließen sich von der neuen Kunstrichtung mitreißen. Auch auf dem Land trieb die barocke Idee schließlich Blüten.

Der Pflanzenbestand des Bauerngartens hatte sich bisher unentwegt verändert und erweitert. Der »verzierte« Nutzgarten war entstanden. Doch die Gartenanlage selbst blieb über Jahrhunderte hinweg die gleiche – einfach und praktisch. Doch jetzt sollte sich auch hier einiges ändern. Seit langem wurde der Bauernstand geknechtet und unterdrückt. Doch mit der Zeit erreichten auch die Bauern mehr Unabhängigkeit und kamen zu einem gewissen Wohlstand. Und wie ließe sich das wachsende Selbstbewußtsein, der neugeborene Bauernstolz am besten darstellen? Die zu Kugeln und Säulen dressierten Eiben und Buchsbäume, die Wahrzeichen der Gärten des feudalen Adels, waren dazu gerade recht. Auch die mit Buchs umfaßten Blumenrondelle an den Schnittpunkten der Wege sind ein Abglanz der höfischen Gärten. Und sogar das einfachste Gemüsebeet sah gleich nobler aus, wenn es von einer geschnittenen Buchseinfassung umgeben war.

## Das Ende vom Lied?

Einen weiten Weg, durch viele Jahrhunderte, haben wir den Bauerngarten in seiner Entwicklung begleitet. Doch auch in der neueren Zeit fließen die Informationsquellen noch recht spärlich. Im Jahre 1855 weiß Karl von Leoprechting für den bayerischen Raum immerhin zu berichten: »Vor dem Hause ist der kleine Wurzgarten, darin werden Blumen, Rettig, Rahnen (Anm.: Rote Rüben) Salat und die kleinen Krautpflanzen, die später auf die Krautäcker versetzt werden gezogen. Jedermann hat die Blumen gerne und pflegt deren im Winter so viele in der Stuben als er Platz hat. Ein schöner oft vier Schuh hoher Buxbaum fehlt in keinem Wutzgarten. Desgleichen steht da häufig in den Zaun verflochten der Sävling (Anm.: Sadebaum).« Das klingt doch eigentlich recht beruhigend. Noch immer, wie seit urdenklichen Zeiten, gehören Bauernhaus und -garten zusammen, bilden eine untrennbare Einheit. Der Garten liefert, was die Familie zum Leben benötigt. Auch die Blumen haben sich einen festen Platz im Herzen der Bäuerin erobert.

Zu Ende des 19. Jahrhunderts wurden dann die ersten Listen der damaligen Bauerngartengewächse veröffentlicht. Das gewöhnliche Gemüse übersah man dabei aber völlig. Dafür erfahren wir umso mehr über die Blumen jener Zeit. Sie sind inzwischen zu einer stattlichen Anzahl angewachsen. Zu den altbekannten Gewächsen haben sich auch schon wieder viele Neulinge gesellt. Denn zu Ende des 18. Jahrhunderts öffneten sich endlich die alten Gartenländer Japan und China dem Pflanzenhandel. Das Tränende Herz ist eines jener Gewächse, die auf diese Weise zu uns fanden.

Bis in die 20er Jahre unseres Jahrhunderts bewahrte sich der Bauerngarten seinen ursprünglichen Charakter. Denn das Festhalten am Überlieferten und Altbewährten war lange Zeit eine besondere bäuerliche Tugend. Das Leben auf dem Lande war noch recht naturverbunden. Bauern- und Wetterregeln wurden beachtet, und auch die Lostage hatten eine große Bedeutung. Doch es sollte nicht mehr

# Etwas Geschichte

lange dauern, und sie wurden als Unfug belächelt. (Mittlerweile ist interessanterweise durch zahlreiche Forschungen belegt, daß tatsächlich gewisse Zusammenhänge zwischen dem siderischen Mondumlauf und dem Wachstum der Kulturpflanzen bestehen.) Inzwischen wurden die Weichen für eine neue, moderne Zukunft gestellt. Und auch der Bauerngarten wurde davon betroffen. Bisher hatten sich die Bewohner des Bauernhofs weitgehend selbst versorgt. Jetzt trug die ganze Welt zur Ernährung des einzelnen bei. Gemüse und Obst aus der Konserve machten es möglich. Als Ergänzung kam schließlich noch Tiefgekühltes aus der Gefriertruhe hinzu. Und im Laden um die Ecke bekam man das ganze Jahr über frisches Gemüse. Wie sollte der Bauerngarten damit konkurrieren?

Auch auf Großmutters alte Hausmittel mochte man sich jetzt nicht mehr verlassen. Im Krankheitsfall vertraute man schon lieber auf Medikamente aus der Apotheke. Kein Wunder, daß die Kräuterecke immer mehr zusammenschrumpfte. Bald erinnerten nur noch Petersilie und Schnittlauch an die Kräuterschätze der Vergangenheit.

Nur in schweren Zeiten, während des Krieges und danach, kamen Gemüse und Kräuter aus dem eigenen Garten kurzfristig wieder zu Ehren. Das ging allerdings auf Kosten der Blumen. Sie hatten in diesen schweren Zeiten kaum eine Daseinsberechtigung. So schrieb 1946 auch I. Genthe: »Der bäuerliche Garten muß unter heutigen Verhältnissen in erster Linie der Ernährung der Bauersfamilie dienen.« Und weiter heißt es: »Die Aufteilung des Gartens sei so einfach wie möglich. Viele Wege bedeuten viel Arbeit durch Sauberhalten, sowie unnötigen Verlust an Land und somit Ertrag.« Wieviele alte barocke Gartenanlagen mußten wohl damals der Not weichen?

Doch zurück zu den Neuerungen auf dem Lande. Viele mühsame Arbeitsgänge konnte man sich inzwischen auf dem Bauernhof ersparen. Die neuen Errungenschaften der Technik und preiswerte, industriell gefertigte Massenprodukte machten das Leben leichter. Doch für

viele alte Kulturpflanzen bedeutete dies das Ende. Da die Kleidung nicht mehr selbst angefertigt wurde, hatte man natürlich auch keinen Bedarf mehr an Gespinst- und Färbepflanzen. Flachs, Färberwaid und Krapp gerieten in Vergessenheit. Als auf dem Hof kein Brot mehr gebacken wurde, verschwanden auch die Brotgewürze, wie der Brotklee, aus dem Garten. Und statt der Wurzel des Seifenkrauts verwendete die Bäuerin freilich lieber das einfacher zu gebrauchende Feinwaschmittel aus dem Handel.

Gerade zu jener Zeit des Umbruchs, als der Weiterbestand des Bauerngartens in ernsthafte Gefahr geriet, wurde er von der Allgemeinheit entdeckt. Aber das ist eigentlich nicht weiter verwunderlich, sondern eher eine typisch menschliche Eigenart. Denn etwas, das massenhaft vorhanden ist, war noch nie besonders interessant.

Gleich in die erste Begeisterung hinein fielen dadurch einige Wermutstropfen. So beklagt sich damals H. Scherzer: »Wie nun die alles gleichmachende Gegenwart die althergebrachten Volksbräuche und Trachten zu vernichten und zu verwischen droht, so beginnt sie auch unsere guten alten Bauerngartenblumen zu verdrängen.« In diesen Worten klingt etwas an, das zusätzlich schlimme Konsequenzen für den Bauerngarten hatte.

Im 20. Jahrhundert setzte die Landflucht noch einmal verstärkt ein. Und bald blieb die Bauernschaft als kleine Minderheit zurück. Das hatte weitreichende Folgen für die Lebensweise auf dem Lande. Bisher hatte man ja immer ein wenig nach der Stadt geschielt und sich für ihre Neuheiten interessiert. Und so manche Mode wurde schließlich übernommen. Auch der Bauerngarten hat davon profitiert. Aber bisher wurde alles Neue kritisch begutachtet und überprüft. Mit sicherem Gespür hat man darauf geachtet, daß sich die Neuerungen harmonisch in das Bestehende einfügten. Und gerade beim Garten ist dies den Bäuerinnen immer gut gelungen. Doch jetzt wurde das Leben in der Stadt mit all den modernen Errungenschaften zum großen Vorbild. Auf dem Land kam man sich dagegen bald »minderwertig« und »zurückgeblieben« vor. Deshalb suchte man sich möglichst schnell den Städtern anzugleichen. Dem Fortschritt – oder was man dafür hielt – wurde bedenkenlos Tür und Tor geöffnet. Vieles, was über Generationen hinweg in Ehren gehalten wurde, gehörte plötzlich zum alten Eisen. Die alten Trachten verschwanden. Großmutters Truhen und Kästen wanderten auf den Müll. Von altüberliefertem Brauchtum und Traditionen wollten die meisten nichts mehr wissen. Und der alte Bauerngarten hatte bald ausgedient.

Auch die von der Denkweise des 3. Reichs beflügelten Theorien zum »deutschen« Bauerngarten konnten daran nichts ändern. Aber für uns klingt es heute schon fast erheiternd, wenn A. Wetzel 1935 schreibt: »Wer künftig Bauerngärten gestalten will, denke daran, daß er nur Pflanzen wählen sollte, die in die Landschaft passen. Das bedeutet grundsätzlich Bevorzugung der deutschen oder doch deutsch wirkenden . . . Arten.«

Sicher dürfte es einige Schwierigkeiten bereitet haben, zu entscheiden, welches Gewächs »deutsch« wirkt und welches nicht. Und hätte man diesen Rat tatsächlich befolgt, wäre der Garten bald leer gewesen. Die Bäuerinnen haben es schon seit langem besser gewußt. Sie pflanzten einfach, was sich bewährte, und so bevölkerten inzwischen Gewächse aus aller Herren Länder den Bauerngarten.

Ein neuer Gartentyp kam jedoch jetzt in Mode. Es war ein Abklatsch des städtischen Gartens mit Terrasse, Zierrasen und Maschendrahtzaun. Plastikgeflecht und Beton eroberten den Garten. Wo einst Buchsbaum und Flieder standen, machten sich jetzt Zuckerhut- und Blaufichten breit. Und die altbewährten Bauerngartenblumen mußten den empfindlichen, pflegeaufwendigen Hybrid-Züchtungen weichen.

In den 40er Jahren eroberten schließlich noch die Gartenzwerge den Bauerngarten. Als dann vor einigen Jahren der »rustikale« Trend in Mode kam, wurde der Kitsch perfekt. Alte bäuerliche Arbeitsgeräte wurden zu Pflanzbehältern umfunktioniert. Mit Blumen »verschönte« Mistkarren, Mostpressen und Wagenräder sollten »Urwüchsigkeit« vermitteln. Im Zeichen der neuen Zeit wurden sogar Blumen in Auto- und Traktorenreifen gepflanzt. Das erinnerte dann allerdings mehr an einen Schrottplatz als an einen Bauerngarten.

Inzwischen hat aber ein Umdenken eingesetzt. Die Menschen haben erkannt, daß unsere hochtechnisierte Gesellschaft auf die Dauer nicht gegen die Natur leben kann. Die Sehnsucht nach einem Leben in möglichst unverfälschter Natur wurde immer stärker. Die »biologische Welle« kam ins Rollen und »natürlich« leben ist wieder »in«. Es hat sich herumgesprochen, daß frisch geerntetes Gemüse aus eigenem Anbau gehaltvoller und gesünder ist, als das gekaufte. Man greift nicht mehr beim kleinsten Wehwehchen zu schweren Medikamenten, sondern erinnert sich wieder an Großmutters alte Hausmittel. Doch nicht nur deshalb sind die würzigen Kräuter wieder so beliebt. Auch die passionierte Köchin ist auf den Geschmack gekommen.

Möglichst naturnah soll er also sein, der neue Garten, um den heutigen Idealen zu entsprechen. Und welcher Garten würde diesen Ansprüchen wohl besser gerecht als der Bauerngarten?

Er bringt sogar neue Anstöße für die Gestaltung des Stadtgartens. Denn der sterilen, charakterlosen Anlagen ist man längst überdrüssig geworden. Und auf dem Land hat er wieder viele Freunde. Nicht nur die Bauernhausbesitzer aus der Stadt wünschen sich einen echten Bauerngarten. Besonders auch die jungen Bäuerinnen haben ihre Liebe zu ihm entdeckt.

Viel von den alten Gartenweisheiten ist jedoch unwiederbringlich verloren. Doch zum Glück gibt es noch Bäuerinnen, die ihre Gärten, nach alter Tradition, bis heute erhalten haben. Von den anderen ehemals belächelt, haben sie die »altmodischen« Gewächse unbeirrt weitergepflegt. Und diesen klugen Frauen haben wir es auch zu verdanken, daß viele Geheimnisse des alten bäuerlichen Wissensschatzes bis in unsere Zeit hinein bewahrt wurden. An ihren Gärten, den Zeugen aus alter Zeit, können wir uns heute orientieren.

# Gestaltungsmerkmale

## Gestaltungsmerkmale des alten Bauerngartens

Die Bauernhäuser Deutschlands sind so unterschiedlich und vielgestaltig, daß eigens der Begriff »Hauslandschaften« dafür geprägt wurde. Anders ist das bei den dazugehörigen Bauerngärten. Von Flensburg bis Berchtesgaden zeigen sie alle gemeinsame Hauptmerkmale. Und nicht nur das. Sogar auf die ländlichen Gärten Mittel- und Westeuropas läßt sich dies ausdehnen. Auch in der Auswahl der Pflanzen stimmen sie in verblüffender Weise überein. Dafür sind aber die volkstümlichen Namen für die einzelnen Gewächse umso unterschiedlicher. Bei meinen Nachforschungen quer durch Deutschland hatte ich manchmal erhebliche »Verständigungsschwierigkeiten«.

Freilich gibt es regional bedingte Unterschiede. Beispielsweise in der Größe der Gärten. Und auch nicht alle Bauerngartenpflanzen gedeihen überall gleich gut.

Wenn sich auch die Bauerngärten der verschiedenen Gegenden Deutschlands sehr ähneln, so gibt es doch für den Garten selbst allerhand Variationsmöglichkeiten. Denn im Laufe seiner Entwicklung unterlag er ja den unterschiedlichsten Einflüssen. Deshalb läßt sich auch das Aussehen des Bauerngartens in keinen starren Rahmen pressen. Und vom einfachen Gärtchen des armen Häuslers bis hin zur herrschaftlich anmutenden Gartenanlage des Großbauern gehört alles dazu.

Doch zeigen alle diese Gärten so viel Übereinstimmung, daß man sie durchaus zu einem eigenständigen Gartentyp zusammenfassen kann.

Vor allem eines haben alle alten Bauerngärten gemeinsam – die Verwendung von natürlichem Baumaterial. Verwendet wurde überwiegend das, was in der näheren Umgebung zu finden war. Dazu gehörte vor allem Holz, aber auch Steine. Wirtschaftliches Denken und Handeln war von jeher eine bäuerliche Tugend. Dies gab auch bei der Wahl des Materials den Ausschlag. Denn »Mutter Natur« lieferte am billigsten. Das Holz kam meistens aus dem eigenen Wald. Steine holte man aus Steinbrüchen und Bachläufen. Sogar die Steine, die von den Feldern gesammelt wurden, waren noch im Bauerngarten als Beeteinfassung nützlich.

Aber auch das feine Gespür des Bauern für seine Umwelt hat bei der Materialwahl eine wichtige Rolle gespielt. In der landschaftsgebundenen Bauweise der alten Bauernhäuser wird es heute noch deutlich. Sie fügen sich ohne Widerspruch in die umgebende Natur ein. Auch für den Garten trifft das zu. Natürliches Baumaterial verbindet sich mit den Gartengewächsen, bildet eine Einheit mit ihnen. Dadurch wächst der Garten in die Landschaft. Er ist kein Fremdkörper, wie so viele unserer modernen Gärten mit Plastik und Beton. Nehmen wir uns doch ein wenig Zeit und bleiben wir bei den alten Bauerngärten stehen. Betrachten wir uns einmal näher, was den Reiz und die Atmosphäre dieser Gärten schafft. Machen wir uns die Gartenweisheit von Jahrhunderten zunutze!

## Ein Platz an der Sonne

Moderne Hausgärten umgeben die Häuser wie kleine grüne Inseln. Denn inmitten der Betonwüste unserer Städte und Vorstädte will man das bißchen Natur, das unsere beengten Wohnverhältnisse noch erlauben, wenigstens ganz nah um sich haben.

In den noch heil gebliebenen Dörfern ist das anders. Hier hat man es noch nicht nötig, den Garten um das Haus zu drapieren, um von zuviel Beton, Teer und Plastik abzulenken. Es gibt auch so genug Natur vor der Haustüre. Zum Beispiel in Form von Bäumen, Büschen und Wildkräutern auf der gekiesten Hoffläche. Deshalb ist es auch manchmal gar nicht so leicht, einen Bauerngarten gleich auf Anhieb zu entdecken. Häufig liegt er einige Meter vom Haus entfernt. Manchmal trennt sogar ein Weg oder eine Straße Haus und Garten voneinander. Oft liegt er auch ganz versteckt im Schutz des Stalles, der Scheune oder eines anderen Wirtschaftsgebäudes. Und manchmal

Viel Licht und Luft braucht die bunte Pflanzen-Gesellschaft, damit sie sich gut entwickelt.

schmiegt er sich sogar noch an einen alten, ausgedienten Backofen. Freilich kann sich der Garten auch direkt an das Bauernhaus anschließen. Etwa als eine Art Vorgarten zwischen Straße und Haus, oder aber, falls das Haus unmittelbar an der Straße steht, neben dem Haus. So vielseitig die Lage des Bauerngartens auch sein mag, zwei Faustregeln wurden seit jeher beachtet. Zum einen sollte der Garten in der Nähe des Hauses liegen. Die Bäuerin erspart sich dadurch eine Menge Zeit bei seiner Pflege und Überwachung. Zum anderen fällt auf, daß alte Bauerngärten so gut wie immer nach Süden oder Osten orientiert sind. Und das hat seinen guten Grund. Denn die meisten ihrer Pflanzen waren ursprünglich in warmen, sonnigen Ländern zuhause. Viele von ihnen stammen aus dem Mittelmeerraum oder sind gar weitgereiste Exoten. Kein Wunder, daß sie sich nach der Sonne sehnen.

Besonders die Küchenkräuter sind wahre Sonnenanbeter. Ihre wichtigen Inhaltsstoffe, wie ätherische Öle, Glykoside, Alkaloide, Mineral- und Gerbstoffe, entwickeln sich am besten im vollen Licht. Diese Wirkstoffe sind auch für den charakteristischen Duft der Gewächse verantwortlich.

Welch starken Einfluß die Sonne hat, haben Sie an einem heißen Sommertag sicher schon selbst festgestellt. Je intensiver die Sonneneinstrahlung, umso würziger und betörender ist der Duft, den die Kräuter verströmen. Ein wahres Feuerwerk von Wohlgerüchen wird hier versprüht. Ist der Sommer dagegen verregnet und kühl, bemerken wir nur einen schwachen Abglanz davon.

Wie die Kräuter mögen auch die meisten Gemüse- und Blumenarten des Bauerngartens keinen nassen, schattigen Standort. Möglichst viel Luft und Licht ist auch hier das wichtigste Gebot.

33

Eine grüne »Mauer« aus Bohnenblättern und blühenden Blumen ist ein besonders dekorativer Windschutz.

In Bayern dagegen sind Hecken um die Bauerngärten nicht üblich. Nur einige Ziersträucher, vor allem Flieder, Schneeball, Buchs, und auch die Beerensträucher haben sich einen festen Platz erobert. Hier sorgen zusätzlich hohe Stauden und Einjahresblumen am Rande für ein günstiges Kleinklima im Innern des Gartens. Am Zaun rankende Kapuzinerkresse (*Tropaeolum majus*) und Feuerbohnen eignen sich dazu besonders gut. Zugleich sind sie durch ihre Blüten ein schöner Blickfang. Früher waren Bohnen am Gartenzaun überhaupt ein alltäglicher Anblick. Auf diese Weise konnte man es sich ersparen, extra Bohnenstangen aufzustellen. Feuerbohnen waren auch bei den Kindern sehr beliebt – sie wurden als Spielgeld, beispielsweise als Einsatz beim Kartenspielen, verwendet.

Auch Gartenmauern geben einen hervorragenden Wetterschutz ab. Vor einer sonnenbeschienenen Südmauer herrschen stets höhere Temperaturen als im übrigen Gartenbereich. Die Pflanzen in der Nähe behalten auch nachts mehr Wärme, die Frostgefahr ist verringert. Gebäudewände haben natürlich den selben Effekt. Empfindliche Gewächse, wie Tomaten, oder auch Spalierobst und Wein, zeigen sich für so eine Wachstumshilfe besonders dankbar. Es wurde sogar festgestellt, daß die Obstblüte vor einer Südwand ungefähr 4 bis 5 Tage früher einsetzt, als in freier Lage.

Wenn Sie sich selbst einen Bauerngarten anlegen möchten, dann suchen Sie sich also ein möglichst warmes, sonniges Plätzchen dafür aus. So haben Sie viel mehr Freude daran.

Das ist auch der Grund, warum die Bäuerin keine weitausladenden Bäume in ihrem Garten duldet. Größere Zier- und Beerensträucher werden an den Rand des Gartens verbannt. Hier erfüllen sie dann gleich eine wichtige Aufgabe als Windschutz. In den rauheren Gegenden im Norden Deutschlands verbirgt sich deshalb der Bauerngarten häufig hinter einer geschlossenen Hecke. Besonders an der sturmgepeitschten Nordseeküste sind die Windschutzhecken verbreitet. Ein typischer Anblick sind sie aber auch für die alten Bauerngärten Westfalens, der Eifel und der Heidelandschaft um Lüneburg. Hinter diesem grünen Schutzwall gedeihen die empfindlicheren Gewächse besonders gut. Allerdings dürfen sie von der Hecke nicht zu stark beschattet werden. Vor allem Liguster, Hartriegel, Hainbuche und Feldahorn sind zu diesem Zweck gut geeignet, weil sie einen jährlichen Schnitt vertragen. Ansonsten brauchen sie keine weitere Pflege. Der Weißdorn war früher sehr beliebt zum Ziehen von Torbögen und zur Betonung der Ecken. Besonders lebendig wirkt eine üppig blühende und duftende Hecke aus Wildrosen. Sogar in der kalten Jahreszeit hat man noch seine Freude an den zahllosen knallroten Hagebutten.

## Vom Gärtchen zum herrschaftlichen Bauerngarten

Lassen Sie sich nicht entmutigen, wenn Sie nur ein kleines Plätzchen für die Anlage Ihres Bauerngartens erübrigen können. Denn Bauerngärten gibt es in allen Größen. Freilich auch bedingt durch regionale Unterschiede. In Alpennähe sind die Gärten eher klein. Das liegt in erster Linie an dem verhältnismäßig rauhen Klima. Die Winter sind lang und im Stauraum der Alpen gibt es viel Niederschlag. Es ist daher nicht so einfach, einen guten Ernteertrag zu erzielen. Aber für ein wenig Gemüse, ein paar Kräuter und Blumen reicht es allemal.

Auch in den Dorfkernen fallen die Gärten häufig recht klein aus. Die Bauernhäuser drängen sich eng aneinander und für das Grün bleibt dazwischen nicht mehr viel Platz. Weil aber das Grobgemüse, vor allem das Kraut, häufig auf den Feldern angebaut wird, reicht der Platz schon aus.

Um einiges größer, in der Regel zwischen 100 und 200 m², sind dagegen die Bauerngärten im vom Klima begünstigteren niederbayerischen Rottal und in Teilen Frankens.

Sogar soziale Unterschiede spiegeln sich in den alten Gärten wieder. Reiche Bauern hatten nicht nur die größeren und prächtigeren Höfe, auch der Garten fiel entsprechend aus. Große Anbauflächen waren schon allein nötig, um die zahlreichen Familienmitglieder und das viele Gesinde satt zu bekommen. Aber natürlich wurde auch mit dem Garten renommiert. Je größer und schöner die Gartenanlage, desto wohlhabender und mächtiger mußte ihr Besitzer sein. Das war beim »Bauernadel« auch nicht anders als bei den adeligen Herrschern vergangener Zeiten. Die leider schon sehr selten gewordenen Gärten im fruchtbaren Münsterland und im Alten Land vor den Toren Hamburgs sind Zeugen jenes Reichtums.

Wenn Sie Ihre Familie überwiegend mit selbstgezogenem Gemüse versorgen wollen, dann sollte Ihr Garten schon 100 bis 200 m² groß sein. Aber auch auf ganz kleinem Raum können Sie sich einen Bauerngarten anlegen. Der Platz dafür braucht nicht größer zu sein als die Stellfläche für 2–3 Autos. Und gerade diese kleinen Gärtchen haben ihren ganz besonderen Reiz. Denken Sie daran, daß Ihnen ja nicht nur die Bodenfläche zur Verfügung steht. Geben Sie Ihrem Garten Höhe! Räumliche Wirkung schaffen Sie beispielsweise durch Sonnenblumen, Fingerhut, Stockrosen und Rittersporn oder durch einen Fliederbusch am Rande. So zaubern Sie sich auch auf kleinstem Raum ein Gartenparadies.

So reizend kann ein kleines Gärtchen aussehen. Und wenn es drinnen zu eng wird, läßt man eben ein paar Blumen und Kräuter nach draußen wachsen.

Viel Platz beansprucht diese nützlich-schöne Gartenanlage. Dafür findet sich aber auch alles, was Leib und Seele zusammenhält.

## Geometrisch geordnete Natur – Garten- und Beetformen

Alte Bauerngärten zeigen uns, was unsere modernen Hausgärten brauchen – ein klares, einfaches Ordnungsschema. Je kleiner der Garten, desto klarer sollte das Konzept sein. Das zu beachten ist gerade heute besonders wichtig, denn die Grundstücke werden immer kleiner. Und so ein winziger Handtuch-Garten sieht dann schnell aus wie ein gehäkeltes Sofakissen.

Wie ist es nur möglich, daß der Bauerngarten trotz seines wild-romantischen »Pflanzendurcheinanders« stets ordentlich und niemals überladen wirkt?

»Geometrie« und »Symmetrie« heißen die Zauberwörter, die dies zuwege bringen. Sie sorgen für den Ausgleich und bilden das Gegengewicht zu der kunterbunten Pflanzenvielfalt. Kurz, sie schaffen Ordnung im Bauerngarten.

Andere Gärten paßten sich den unentwegt wechselnden Geschmacksrichtungen an und veränderten sich dabei ständig. Nur der Bauerngarten blieb über Jahrhunderte hinweg fast derselbe. Nur einige wenige typische, klasische Formen sind im Lauf der Zeit entstanden. Denn die Bäuerin strebte nach Schönem, Wertvollem und ging weniger nach der Mode. Dabei ließ sie aber auch praktische Überlegungen nicht außer acht. Geometrische Formen im Garten zeugen von ihrem Ordnungssinn. Diese Garten-Rezepte haben sich über viele Generationen hinweg bewährt und erhalten – bis in unsere Zeit hinein. Und wenn Sie Geduld und etwas Glück haben, dann finden Sie vielleicht noch einen dieser alten Gärten – verborgen hinter Flieder und Holunderbüschen und umweht vom Duft blühender Bauernrosen.

Wenn Sie sich alte Bauerngärten genauer betrachten, werden Sie feststellen, daß sie fast immer rechteckig oder quadratisch angelegt sind. Nur wenn die Umgebung nicht mitspielt, gibt es Abweichungen von dieser Grundregel.

# Gestaltungsmerkmale

Die Geometrie setzt sich auch im Innern des Gartens fort. Schnurgerade sind die Wege. Dieses Prinzip ist nicht neu. Das war schon beim frühmittelalterlichen Klostergarten so. Und auch der große Bruder des Bauerngartens – der Schloßgarten – wurde auf diese Weise gestaltet. Jetzt sorgen die Wege im Bauerngarten für Ordnung und Übersicht. Aber sie haben gleichzeitig noch einen weiteren Vorteil. Wer wie die Bäuerin den lieben langen Tag auf den Beinen ist, der hat kein Verlangen nach verschlungenen Brezel-Wegen. Die Wege im Bauerngarten führen geradewegs zum Ziel, und höchstens um ein Blumenbeet ist ihnen ein eleganter Bogen erlaubt.

Insgesamt sind es drei verschiedene Wege-Gruppen, die den Bauerngarten säuberlich einteilen.

Der Hauptweg verbindet stets zwei gegenüberliegende Gartenseiten miteinander. Dabei läuft er in der Regel durch die Mitte des Gartens. Um seiner Aufgabe gerecht zu werden, braucht er mindestens eine Breite von 0,50 m. In großen Gärten sind aber auch Wegbreiten von 1,20 m nicht zuviel. Schließlich soll man ja auch mit dem Schubkarren durchfahren können, ohne gleich überall anzuecken. Und auch eine volle Gießkanne läßt sich bequemer tragen, wenn man beim Gehen genügend Platz hat.

In vielen Bauerngärten gibt es zusätzlich noch einen Nebenweg. Nur in kleinen Gärten fehlt er manchmal. Dieser schmale Pfad läuft parallel zum Gartenzaun um den ganzen Garten. Der Abstand zur Umzäunung beträgt dabei, je nach Gartengröße, ungefähr 0,50 – 1,50 m. Das hat praktische Vorteile. Denn die große Anbaufläche für Gemüse und Kräuter im Zentrum des Gartens wird durch den Hauptweg sinnvoll untergliedert und gleichzeitig vom Nebenweg umschlossen. Die Gewächse sind deshalb bei der Ernte besser zu erreichen, und das Unkrautjäten verursacht ebenfalls weniger Mühe.

Zu Guterletzt müssen nur noch die Anbauflächen in einzelne Beete aufgeteilt werden. Dazwischen befinden sich schmale »Trampelpfade«. Von hier aus kann man die Beete gut

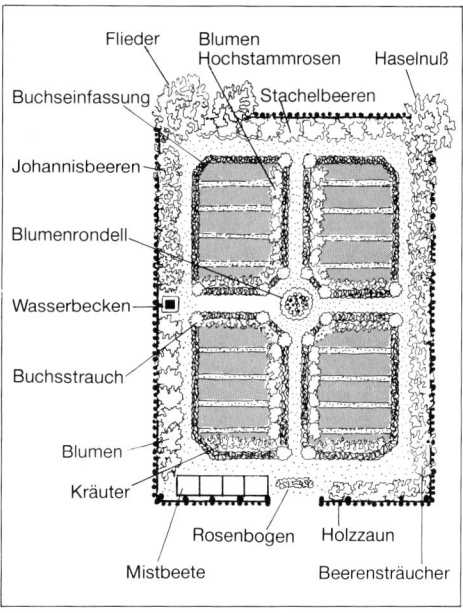

Ein typischer alter Bauerngarten.

bearbeiten, ohne in sie hineinzutreten. Freilich sollten die Wege nicht zu breit geraten, weil sonst der Platz für das Gemüse entsprechend zusammenschrumpft. Aber wenn Sie Ihre Beete abteilen, dann achten Sie doch darauf, daß Sie dazwischen einigermaßen bequem stehen können. Denn es hat auch keinen Zweck, wenn sich das Säen oder Unkrautjäten zur Zirkusvorstellung entwickelt, um nur ja nicht auf eines der Pflänzchen zu treten. Eine Breite von ungefähr 25 cm für den Pfad dürfte aber genügen. Bei Regenwetter oder nach dem Gießen wird das Gehen zwischen den Beeten leicht zur Rutschpartie. Deshalb werden hier oft Bretter ausgelegt. Das hat aber den Nachteil, daß sie sich durch Einwirkung von Regenwasser und Bodenfeuchte mit der Zeit verziehen und nicht mehr überall auf dem Boden aufliegen. Dann ist man beim Gehen darauf durch den »Wippeffekt« vor Überraschungen nicht sicher. Da sind schmale Holzroste schon besser geeignet. Dazu benötigen Sie Vierkanthölzer, am besten vier Stück, die

# Gestaltungsmerkmale

im Abstand von 2–3 cm nebeneinander bis zur Oberkante in die Erde gesenkt werden. Sie können aber auch Holzwolle auslegen, um trockene und saubere Schuhe zu behalten. Und noch etwas – machen Sie die Beete nicht breiter als ungefähr 1 m. So sind alle Gewächse in Reichweite Ihrer Hände.

Aber nicht nur Gemüse und Kräuter gedeihen auf den Beeten im Zentrum des Bauerngartens. Unter Rettich, Salat, Bohnen und Kohlrabi haben sich auch keck die Blumen gemischt. Kaiserkronen, Lilien, Löwenmaul, Ringelblumen, Mutterkraut, Mohn und Goldlack säumen die Hauptwege. Dadurch ist auch im Gemüsebeet für Frohsinn und Farbigkeit gesorgt. Viele der ein- und zweijährigen Bauerngartenblumen säen sich selbst aus. Deshalb tanzt manchmal auch so ein vorwitziges Gewächs aus der Reihe. Es siedelt sich, anstatt auf dem Randstreifen, mitten im Gemüsebeet an. Und wenn es sich nicht gerade einen ganz unpassenden Platz ausgesucht hat, dann darf es dort meist auch stehenbleiben. Verschiedene ihrer Lieblinge pflanzt die Bäuerin sogar selbst ins Gemüsebeet. Pfingstrose und Tränendes Herz erhalten manchmal so einen bevorzugten Platz. Sie sind dann ein hübscher Blickfang. Und das bedingt den besonderen Reiz des Bauerngartens. Denn hier wird nicht streng auf »getrennte Verhältnisse« geachtet. Sicher fiele eine strenge Trennung in »schön« und »nützlich« wohl auch ziemlich schwer. Denn viele Bauerngartengewächse, die, wie die Pfingstrose, einst zu Heilzwecken gepflanzt wurden, zählen heute zum schönsten Gartenschmuck. Auch auf der Rabatte direkt am Zaun ist noch Platz für viele Blumen. Ein paar Ziersträucher und das Beerenobst leisten ihnen hier Gesellschaft. Wenn Sie Ihren eigenen Garten bepflanzen, dann achten Sie darauf, daß die Blumen stufenartig angeordnet sind. So behindern sie sich nicht gegenseitig beim Wachsen. Direkt am Zaun stehen die hohen Stauden und Sommerblumen, wie Stockrosen, Rittersporn, Dahlien, Sonnenblumen, Fingerhut und Herbstastern. Dann können beispielsweise Phlox, Ringelblumen, Akelei und Mutterkraut folgen. Und direkt am Rande des Nebenwegs gedeihen, im Schutz der anderen, die niederen Pflänzchen. Dies sind die einfachsten Grundregeln. Wie die verschiedenen klassischen Bauerngartentypen im übrigen aussehen, zeigen Ihnen die folgenden Grundformen.

**Mittelweg** Ein Weg, der durch die Mitte führt, teilt den Garten in zwei Hälften. Dies ist wohl die älteste und zugleich einfachste Art, einen Bauerngarten zu gestalten. Vor allem praktische Überlegungen waren die Grundlage. Der Garten sollte ja schließlich Nutzen bringen. Denn je mehr Gartenfläche durch die Wege verloren ging, desto weniger Gemüse und Heilkräuter konnten angebaut werden. Und auch seine Pflege verursachte wenig Mühe. Wenn im Herbst der Dünger eingebracht wurde, grub die Bäuerin kurzerhand den ganzen Garten von vorne bis hinten um – mitsamt den Wegen. Zu Beginn des Frühjahrs wurden sie von neuem gezogen, die Erde festgetreten – und fertig. Das war aber nur möglich, weil früher kaum ausdauernde Blumen im Garten gehalten wurden. Stauden und Zwiebelgewächse nehmen jedoch so eine Behandlung übel.

Auch heute finden wir diese Bauerngartenform noch recht häufig. Und gerade wenn Sie nur wenig Platz für Ihren Garten zur Verfügung haben, ist dieses einfache Gartenkonzept bestens geeignet. Denn auch beim Mini-Format findet sich für Gemüse, Kräuter und Blumen noch genügend Platz.

Eine gute Lösung für Gärten mit Mini-Format.

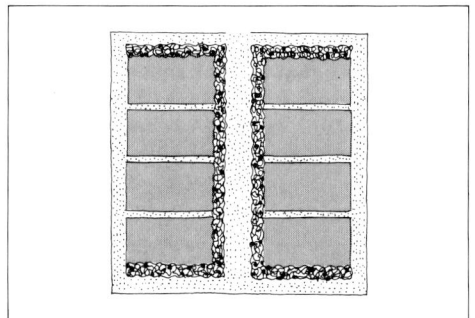

**Kreuzform** Nach dem Vorbild des Klostergartens entstand eine andere klassische Form des Bauerngartens – das Wegekreuz, das den Garten in vier gleichgroße Viertel teilt. Die schöne klare Linienführung kommt mit einer Bordüre aus geschnittenem Buchs besonders gut zur Geltung. Dieses Konzept gibt dem Garten Halt und Form. Dahinter, auf den Beeten, darf es dann ruhig »wildromantisch« aussehen.

**Blumenrondell** Dieser Bauerngarten mit einem Blumenrondell in der Mitte der Anlage zeigt noch die Merkmale des barocken Herrschaftsgartens. Aber auch ein Brunnen kann den Mittelpunkt bilden. Es war vor allem der »Bauernadel«, der sich so einen »Barockgarten« anlegte. Einige der schönsten Exemplare dieses Gartentyps findet man noch heute im Emmental in der Schweiz. Aber auch im Münsterland und in Franken kann man mit etwas Glück noch ein paar von diesen Gärten entdecken. Ansonsten sind sie schon recht selten. Dieser Garten ist besonders für verspielte Gärtnerinnen geeignet, die gerne Nützliches und Schönes miteinander verbinden. Auch wenn Sie nur wenig Platz zur Verfügung haben, brauchen Sie den Mut nicht zu verlieren. Denn findige Bäuerinnen haben das Problem längst gelöst und die klassische Rondell-Form für ihr kleines Gärtchen abgewandelt. Und das wirkt dann ganz besonders reizend.

Eine der hier besprochenen klassischen Formen des Bauerngartens können Sie zum Vorbild für Ihren eigenen Garten nehmen. Sie können diese Grundmuster aber auch selbst weiterentwickeln. Um den Charakter des Bauerngartens zu wahren, sollten Sie aber immer geometrische Beetformen wählen. Mit Kreisen, Rauten, Ovalen, Rechtecken und Quadraten, können Sie sich ihren ganz individuellen Garten zaubern. Und trotz der strengen Formen haben Sie noch viel künstlerische Freiheit.

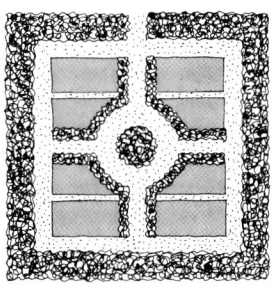
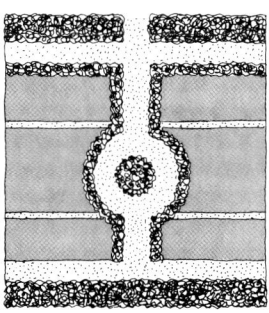
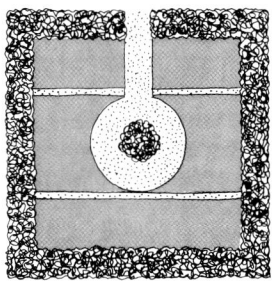

Klassische Bauerngartenformen mit Wegekreuz (oben) und Blumenrondell. Die beiden unteren Varianten eignen sich besonders gut für kleine Gärten.

Ein Blütentraum in zarten Farben ist diese Beeteinfassung aus Phlox und kriechendem Steinkraut.

## Der richtige Rahmen – Beeteinfassungen

Jeder Bauerngarten, der auf sich hält, braucht eine Beeteinfassung. Der strenge, feste Rahmen gibt dem Garten Halt und Ordnung. Das ist nötig, denn dahinter wächst und wuchert es in kunterbuntem Durcheinander – gedeihen Gemüse, Kräuter und Blumen in größter Eintracht. Die Pfingstrose steht neben dem Salat, Löwenmaul beim Kohlrabi und das Liebstöckl auf dem Rettichbeet. Und trotzdem entsteht keine Unruhe, hat man nicht den Eindruck einer ungeordneten Wildnis. Dieses kleine Wunder bringt die Beeteinfassung zustande. Aber sie ist auch noch aus einem anderen Grunde wichtig. Denn sie verhindert, daß die Erde von den Beeten auf die Wege abrutscht. Gerade bei starkem Regen kommt das sonst häufig vor.

**Lebende Einfassungen** Eine der schönsten Einfassungen, die sich denken läßt, ist eine Bordüre aus geschnittenem Buchs. Das war schon so vor Jahrtausenden in den Gärten der Römer und gilt auch noch heute. Viel immergrüner Buchs, mit seinem dunkelgrünen dichten Blätterwerk, ist stets ein schöner Anblick – im Sommer wie im Winter. Und kaum ein Strauch hat so viele gute Eigenschaften wie er. Er paßt sich selbst an arme und sehr kalkhaltige Böden an. Er gedeiht genauso an sonnigen wie an schattigen Standorten. Und Buchs kann sehr alt werden. Ich habe schon eine Buchseinfassung in einem Bauerngarten gesehen, die nachweislich mindestens 120 Jahre alt war.

Landauf, landab, im Süden wie im Norden verleiht Buchs dem Bauerngarten einen ganz besonderen Reiz. Der Geist längst vergangener Zeiten lebt in solch einem Garten fort. Und sogar über dem Gemüsebeet mit einer Bordüre aus Buchs schwebt noch ein Hauch jener noblen Gärten zur Zeit des Barocks.

Freilich waren es nur die wohlhabenden Bauern, die früher ihre Gärten auf diese Weise gestalteten. Im winzigen Gärtchen der armen Häuslerin war für eine Buchseinfassung kein Platz. Sie hatte schon genug damit zu tun, das nötige Gemüse heranzuziehen, um die vielen hungrigen Münder zu stopfen.

Vor ungefähr 30–40 Jahren schwand der vorher so gute Ruf der Buchseinfassung dahin. Üble Nachrede war schuld daran. Auf einmal hieß es, der Buchs sei nichts weiter als ein Ungezieferherd. Und vor allem die Schnecken sollten sich hier ein lustiges Stelldichein geben. Zugegeben – bei einer verwahrlosten, ungepflegten Einfassung kann das schon zutreffen. Hält man aber Buchs kurz und schneidet ihn mindestens einmal im Jahr streng zu, haben Schädlinge keine Chance.

Wenn Sie selbst an einer Buchseinfassung Gefallen gefunden haben, dann wählen Sie für Ihr Vorhaben am besten den langsam wachsenden *Buxus sempervirens* 'Suffruticosa'. Die beste Pflanzzeit ist Oktober/November oder März/April. Setzen Sie die Pflänzchen im Abstand von ungefähr 15 cm. Wenn Sie mehr Geduld haben und Ihren Geldbeutel schonen möch-

ten, können Sie auch selbst Stecklinge vom halbreifen Holz schneiden. Für diese Unternehmung ist der Zeitraum von August bis September am günstigsten.

Oder wir wäre es mit einer blühenden Einfassung in Ihrem Bauerngarten? Reizend wirkt beim Blumenrondell in der Mitte des Gartens oder bei den Rabatten am Rande eine Bordüre aus gefüllten Tausendschönchen. Und ein blauer Blütenkranz aus Vergißmeinnicht ist im Frühjahr ebenfalls ein hübscher Anblick. Passend zum Charakter des Bauerngartens sind auch die Stiefmütterchen mit ihren niedlichen Gesichtern oder die früher sehr beliebten Aurikeln. Aber vielleicht gefallen Ihnen Katzenminze (*Nepeta × faassenii*) und Steinkraut (*Alyssum saxatile*) besser? In alten Bauerngärten hat man auch gerne Basilikum, Eberraute, Ysop und die herrlich duftende Resede als Einfassung verwendet. Besonders hübsch wirkt auf dem Gemüsebeet eine Bordüre aus Schnittlauch. Damit haben Sie Nutzen und Zierde zugleich. Schade, daß die schönen und haltbaren Blüten bisher kaum beachtet werden. Denn sie passen besonders gut in die bunten Sommerblumensträuße. Es ist immer wieder lustig zu beobachten, wie sich ein mit so einem Strauß Beschenkter für diese Blüten begeistert, ohne auch nur zu ahnen, daß es Schnittlauch ist, den er hier bewundert.

Wählen Sie aber immer nur ein Gewächs als Einfassung für die Beete. Denn gerade diese Einheitlichkeit schafft dabei den Effekt und bildet den Rahmen für die Pflanzenvielfalt dahinter.

**Holz** Aber damit sind die Möglichkeiten für eine Beeteinfassung noch nicht erschöpft. Mutter Natur hat noch einige weitere Vorschläge »auf Lager«. Häufig werden, früher genauso wie heute, die Beete mit Holz eingefaßt. Besonders bei kleineren Gärten ist das üblich. Holz, als natürliches Baumaterial,

Von oben nach unten: Eine Bordüre aus geschnittenem Buchs bringt den Zauber alter Gärten zurück.
Holz paßt immer – es wirkt warm und lebendig.
Auch Steine sind ein reizvoller Rahmen für die üppige Pflanzenfülle auf den Beeten.

steht dem Bauerngarten besonders gut zu Gesicht. Denn es drängt sich nicht lärmend in den Vordergrund und wirkt doch so lebendig. Holz hat eigentlich nur einen Nachteil: In enger Verbindung mit der feuchten Erde ist es nicht so lange haltbar. Die Bretter sollten deshalb schon eine Stärke von 3 cm haben. Rundhölzer besitzen ja ohnehin einen größeren Durchmesser. Für eine Dauer von 5 Jahren haben Sie dann garantiert Ihre Freude daran. Später sind sie einfach und schnell zu ersetzen.

**Steine** In Gebirgsnähe fanden Bäuerinnen eine weitere Möglichkeit, ihre Beete einzurahmen. Steine als Einfassung sind auch heute noch, vor allem im Alpenvorland, sehr beliebt. Sie sind dort schließlich im Überfluß vorhanden. Kantige Bruchsteine, rundgeschliffene Flußkiesel und der poröse Tuffstein – alles findet Verwendung. Besonders reizvoll wirken diese großen Steine in Verbindung mit gekiesten Wegen. Mit der Zeit »wachsen« die Steine förmlich in den Garten ein. Und bald hat man den Eindruck, als lägen sie schon immer hier. Sie überziehen sich mit einer freundlich-grünen »Patina« aus Moos, und mit der Zeit ergreifen vorwitzige Steingartengewächse von ihnen Besitz. Die Hauswurz, eine alte Bauerngartenpflanze, oder die verschiedenen Mauerpfeffer fühlen sich hier wohl. Auch das Stern-Moos (*Sagina subulata*) können Sie in die Zwischenräume und Ritzen der Steine setzen. Und bald müssen Sie dann schon sehr genau hinschauen, um festzustellen wo nun eigentlich der Stein aufhört und die Pflanzen anfangen.

**Beton** Er hat nicht nur unsere modernen Gärten erobert, er macht sich mittlerweile schon im Bauerngarten breit. Manchmal hat der Garten Glück und die Betonkantsteine sind so tief gesetzt, daß nur noch wenige Zentimeter oben herausschauen. Dann hilft, Gott sei Dank, die Natur weiter. Und, wenn man sie läßt, haben die Gartengewächse diesen Schandfleck bald zugewuchert. Anders ist das, wenn die Beton-Kanten zu weit herausstehen – wie ein gepanzerter Sockel. Dann ist selbst die Natur mit ihrer Weisheit am Ende. Aus dem Rahmen wird eine »Zwangsjacke«. Sogar das liebenswerte Durcheinander von Bauerngartenpflanzen macht hinter so einer Grabeinfassung einen traurigen Eindruck. Und während Holz und Naturstein mit der Zeit immer gemütlicher wirken – so wie ein alter abgetragener Bauernjanker – wird es beim Beton eigentlich nur noch schlimmer. Er sieht dann nicht mehr steril aus, wie zu Anfang, sondern bloß noch schäbig. Mindestens ebenso schlimm wie Beton ist Plastik im Bauerngarten. Da hilft es auch wenig, wenn man es aus lauter Scham grün färbt. Besonders scheußlich ist es, wenn jedes einzelne Beetlein, jeder Busch mit Plastik eingefaßt ist. Das vermittelt den Eindruck einer »ausbruchssicheren Verwahrung« der Pflanzen. Fad und kahl wirkt so ein Garten, aus dem die Pedanterie die heimelige Atmosphäre und den Zauber der alten Bauerngärten längst hinausgeekelt hat.

Halten wir uns lieber an die Garten-Rezepte unserer Vorfahren. Sie funktionieren seit vielen Jahrhunderten und sind auch heute noch unverändert aktuell.

## Wegebeläge aus der Natur

Welcher Gartenbesitzer wünscht sich nicht ein Leben im Grünen. Und doch scheinen viele von uns die Natur für eine ziemliche Schlamperei zu halten, der man am besten mit Beton zu Leibe rückt. Wie ein starres Korsett wirkt so ein Betonweg im Garten. Beton versiegelt die Erdoberfläche und läßt den Boden nicht mehr atmen. Und er sieht kalt und fad aus. Dieser falsch verstandene Ordnungssinn sorgt dafür, daß auch unsere Gartenwelt täglich ein wenig ärmer und grauer wird.

In alten Bauerngärten dagegen ist Natürlichkeit Trumpf. Nicht nur in den Beeten, sondern auch außenherum. Denn das Baumaterial für die Wege kommt ebenfalls aus der Natur. Natürliches Material mit seinen warmen Farbtönen bringt Leben in den Garten. Die Wege fügen sich harmonisch in die Anlage ein. Und sie sind luft- und wasserdurchlässig. Wenn deshalb ein paar Gräser und Gänseblümchen Fuß fassen, ist das noch lange keine Katastrophe.

Einfacher geht's nicht – Weg aus gestampfter Erde.

Buchsgesäumt wirkt der Kiesweg besonders nobel.

Ein kleiner Tip: Sollte das Unkraut doch einmal überhand nehmen, dann greifen Sie nicht gleich zur »chemischen Keule«. Man weiß nie, wie sich das Gießwasser im Boden verteilt, und Ihre Gartenpflanzen könnten die Behandlung übel nehmen. Es genügt, wenn Sie die störenden Gewächse flach abhacken.

Bei dem reizvollen Angebot von natürlichen Wegebelägen wird Ihnen die Auswahl sicher nicht leicht fallen. Folgende Möglichkeiten bieten sich an:

**Erde** Sie können freilich die Qual der Wahl umgehen, indem Sie überhaupt auf einen Belag verzichten. In vielen alten Bauerngärten wurde das Material-Problem auf diese Weise gelöst. Beim jährlichen Umgraben des gesamten Gartens wäre ein Belag auch nur hinderlich gewesen. Im Frühjahr wurden die Wege stets von neuem gezogen und Bretter ausgelegt. Nachdem sich der Boden genügend gefestigt hatte, entfernte man sie wieder – der Weg war fertig. Der Nachteil dabei – bei Regenwetter wird die Erde leicht glitschig.

**Feinkies** Später ging man in vielen Bauerngärten dazu über, die Wege mit einer Feinkiesdecke zu überwerfen. Eine Schichtdicke von ungefähr 3 cm genügt. Besonders in Verbindung mit einer Bordüre aus Buchs bietet dieser Belag einen hübschen Anblick. Bei starken Regenfällen kann es aber zu Ausschwemmungen kommen. Deshalb sollten Sie immer ein wenig Kies auf Vorrat haben.

**Sand** Im Norden Deutschlands verwendet man auch groben Sand als Bedeckung der Wege. Unkraut kann dadurch nicht so leicht Fuß fassen und läßt sich mitsamt den Wurzeln herausziehen.

**Gerberlohe** Oder möchten Sie lieber über einen angenehm weichen Teppich aus Rindenschnitzeln gehen? Gerberlohe aus Eichenrinde war früher vor allem bei den reichen Bauern ein gern verwendeter Wegebelag. Die in der Rinde enthaltenen Gerbstoffe sollen sogar gegen die Schneckenplage wirksam sein. Inzwischen ist Gerberlohe kaum mehr aufzutreiben, denn es gibt nur mehr wenige Gerbereien, die damit arbeiten. Aber es muß ja nicht unbedingt Eichenrinde sein. Sie können auch gut andere, fein zerkleinerte Baumrinde verwenden.

**Flußkiesel** Um so manches alte Bauernhaus führt ein Weg aus Flußkieseln. Dieser bunte, lebhafte Belag eignet sich selbstverständlich auch für Ihren Garten. Suchen Sie sich aber am besten große, flache Steine aus. Sonst wird der Weg holperig und das Gehen darauf zu beschwerlich. Aus diesem Grund werden die Flußkiesel in manchen Gegenden, z. B. bei Freiburg, gespalten. Die glatte, gerade Oberfläche der Steine kommt dann beim Verlegen nach oben.

Das Sauberhalten der Kieselwege ist ein wenig aufwendiger. Aber Sie dürfen ruhig einmal über ein paar vorwitzige Graser, die sich in den

43

Gerberlohe aus Eichenrinde – ein weicher Teppich für den Garten.

Hübsch und billig ist der Weg aus selbst gesuchten Flußkieseln.

Ritzen zwischen den Steinen einquartiert haben, hinwegsehen. Dafür gibt es auch so manche schöne Überraschung. Denn sogar verschiedene Blumen, wie Primeln oder Goldlack, säen sich hier selbst an. Und ziehen Sie nicht auch einen Hauch Romantik dem allzu Perfekten vor?

**Klinker** Diese ungelochten Vollziegel aus gebrannter Tonerde gehören zwar nicht zu den traditionellen Belägen, sie passen aber durchaus zum Charakter des Bauerngartens. Sie können flach oder auch hochkant verlegt werden – je nachdem, wie breit Ihr Weg werden soll. Durch die schönen, unaufdringlichen Erdfarben fügen sie sich harmonisch in den Garten ein. Und wenn schließlich noch Moos zwischen den Ritzen wächst, sieht so ein Weg natürlich und ungezwungen aus.

**Natursteinplatten** Auch dieses gewachsene Material mit seiner lebendigen Oberfläche können Sie gut in Ihrem Garten verwenden. Eine reichhaltige Farbenpalette hat sich die Natur hier ausgedacht. Dabei wird Ihnen die Auswahl sicher nicht leicht fallen.

Und noch eines – verlegen Sie Platten und Steine stets auf einer 3–5 cm dicken Sandschicht. Und füllen Sie auch die Fugen und Ritzen sorgfältig mit Sand aus. Das sorgt für genügend Stabilität. Durch einen betonierten Unterbau wird der Belag nur starr und steif und stört die natürliche Atmosphäre des Bauerngartens.

## »Aushängeschild« des Gartens – der Zaun

Zäune heute – das sind oft genug zu hohe, häßliche Wälle. Sie wirken abweisend und verbreiten Anonymität. Ihre Besitzer verschanzen sich dahinter, als würden sie keinem auch nur einen Blick auf ihr Fleckchen Erde gönnen. Und der Betonsockel unter dem Zaun hackt den Garten abrupt ab. Kein Halm, keine Blüte hat mehr die Chance, unter dem Zaun hindurchzuwachsen. Wie traurig und steril wirkt so ein Zaun auf die Passanten.

Und wie lebendig und reizvoll sieht dagegen ein von Wind und Wetter gegerbter Bauerngarten-Zaun aus. Zusammen mit einer Hinterpflanzung wird er zum Schmuckstück des Gartens und sorgt gleichzeitig für den Schutz der privaten Sphäre.

Dem Garten Schutz und Frieden zu bringen, war stets die Aufgabe des Zauns. Vor einem Jahrtausend genauso wie heute – nicht umsonst sprechen wir immer noch von der »Umfriedung«. Und das Wort Garten bedeutete schließlich auch so viel wie »umfriedeter Raum«. Der Zaun bot Schutz vor Feinden und wilden Tieren. Aber auch rechtlich gesehen spielte die Umzäunung eine wichtige Rolle. In den ersten Volksrechten des frühen Mittelalters wurde ein Garten überhaupt nur mit Zaun anerkannt. Das war wichtig, denn ein umzäunter Garten stand damit unter einem besonde-

Ein seltener Fund – der Flechtzaun in »freier Wild-bahn« (l. o.).
Von Rosen umwuchert wirkt dieser schlichte Holz-zaun besonders reizvoll (M. o.).
Blumen vor dem Zaun lassen den Garten ausklingen und sind ein blühender Gruß nach außen (r. o.).
Mit ihren verspielten Schnörkeln sind die alten, hand-geschmiedeten Zäune besonders liebenswert (l. u.).
Die üppige *Clematis* bringt sogar einen Zaun aus Maschendraht zum Blühen (r. u.).

ren Frieden. Er genoß Rechtsschutz. Obst- und Gemüsediebstähle wurden bestraft, und auch bei Zaunfrevel kam der Sünder nicht ungeschoren davon. Bauerngarten und Zaun gehörten also von Anfang an zusammen – seit es Gärten gibt.

Bei der großen Bedeutung, die der Zaun im Leben unserer Vorfahren hatte, ist es nicht verwunderlich, daß sich auch allerhand Aber-glauben um ihn rankte. Nach alter Vorstellung besaß er sogar magische Schutzkräfte. Des-halb hieß es auch, daß Hexen umzäuntes Land nicht betreten können. Noch im Jahre 1855 berichtete Karl von Leoprechting, daß häufig ein Sadebaum direkt am Gartenzaun stand. Das brachte dann gleich doppelten Schutz für den Garten. Man vermutete nämlich, daß die Hexen den Geruch dieser Pflanze nicht ausste-hen können. Und weiter hieß es im Volks-mund, daß man das Gartentürl nicht zuwerfen dürfe – das täte sonst den armen Seelen weh, die sich unter dem Zaun aufhielten.

**Flechtzäune** Zum ersten Mal wurden Zäune bei uns zur Zeit der Römer schriftlich belegt. Wie wir uns nun eigentlich die frühen Zäune vorstellen können, erfahren wir beispielsweise durch das Lex Baiuvariorum (entstanden im 8. Jh. n. Chr.). Die hier genannte Einfriedung

45

bestand aus in den Boden gerammten, oben angespitzten Pfählen, die durch ein Rutengeflecht untereinander verbunden waren. Es ist also ein Flechtzaun, der hier beschrieben wird. Flechtzäune sind überhaupt die älteste für Gärten gebräuchliche Zaunform. Im Mittelalter waren sie weit verbreitet. Auf vielen Holzschnitten und Gemälden aus jener Zeit kann man sie erkennen. Viele Jahrhunderte hindurch boten sie dem Bauerngarten Schutz, bis zum Beginn unserer Zeit. Dann verschwanden sie – wie so vieles Alte. Und nur noch ganz selten hat man das Glück, einen Flechtzaun »in freier Wildbahn« zu entdecken. Aber in den Freilichtmuseen können Sie diese Wunderwerke der Flechtkunst noch heute bewundern. Und was so erstaunlich daran ist – ihre große Stabilität erhalten sie ohne einen einzigen Nagel. Eisen mußte früher teuer bezahlt werden, so daß die Bauern möglichst ganz auf seine Verwendung verzichteten. Da waren geflochtene Zäune schon besser und vor allem billiger. Denn sie stammten gewissermaßen von Anfang bis Ende aus eigener Fertigung. Das Holz für die Pfosten lieferte der eigene Wald und die Ruten für das Flechtwerk wurden meist von den Weiden geschnitten. Wenn man diese lange genug im Wasser einweicht, werden sie geschmeidig und biegsam. Auch der »Judenstrick«, die wildwachsende Weinrebe (*Clematis vitalba*), kann zum Flechten verwendet werden. Sie ist aber nicht so haltbar. Und das Zäuneflechten selbst beherrschten die Bauern natürlich auch. Billiger ging's wirklich nicht. Freilich verlangte die Herstellung handwerkliches Geschick und verursachte allerhand Mühe. Und besonders nach strengen Wintern mußte der Zaun häufig repariert werden, weil das Flechtwerk aufgegangen war. Dies alles zusammen wird wohl der Grund dafür sein, daß es kaum noch Flechtzäune gibt. Aber vielleicht käme es nur auf einen Versuch an. Sie müssen sich als Lehrling ja nicht gleich an die schwierigsten Stücke wagen. Denn im Lauf der Zeit haben sich die unterschiedlichsten Flechtzauntypen entwickelt. Und für einen Anfänger gibt es hier auch Möglichkeiten zur Auswahl.

Hübsch anzusehen sind auch die schlichten, einfachen Holzzäune. Und gerade sie passen immer besonders gut zum Charakter des Bauerngartens.

**Hanichl** – das sind die jungen Fichten- und Tannenstämmchen mit einem Durchmesser von ungefähr 5 cm. Gerade den alten, traditionellen Bauerngärten steht diese Zaunart gut zu Gesicht. Nach Hanichln erkundigen Sie sich am besten im nächsten Forstamt. Bei der Waldpflege werden die minderwertigen, zum Teil schon ziemlich dürren Bäumchen gefällt. Die dünnen Stämme können Sie dann sicher zu einem guten Preis bekommen.

**Halbhölzer** Altbewährt und in den Dörfern häufig zu sehen sind Zäune aus Halbhölzern. Sie gehören noch immer zu den schönsten Einfriedungen. Aber nur, solange die Zaunlatten senkrecht angenagelt werden. Leider sind jetzt immer häufiger die Jägerzäune mit ihren gekreuzten Latten zu sehen. Auf die sollten Sie verzichten. Sie wirken immer unruhig und sind zu aufwendig für einen Bauerngarten – machen einen unangenehm »geschniegelten« Eindruck. Die Natürlichkeit des Holzes geht dabei verloren. Außerdem hält der Zaun nicht so lange, weil das Wasser in den vielen Winkeln schlecht ablaufen kann.

**Profillatten** Gefällt Ihnen vielleicht ein Zaun aus Profillatten besser? Sie können ganz einfache, gerade Latten dazu verwenden, oder auch Ihre Phantasie spielen lassen. Die am oberen Teil ein wenig in Form geschnittenen Latten sind ein hübscher Blickfang. Aber geben Sie dabei acht, daß es nicht zuviel des Guten wird. Sonst sieht Ihr Zaun schnell aus wie ein Werk vom Zuckerbäcker.

**Bretter und Schwartlinge** Das erste und letzte von einem Stamm abgesägte Brett nennt man Schwartling. Er wird stets so am Zaunpfosten angebracht, daß die gesägte Seite dem Garten zugekehrt ist. Die konvexe Seite ist nach außen gerichtet. Schwartlinge und häufig auch die Bretter werden waagrecht an den Pfosten befestigt. Senkrechte Bretterzäune mit zugespitzten Köpfen sind ebenfalls hübsch anzusehen und vor allem in Südtirol noch häufiger zu finden.

Haben Sie sich vielleicht schon für einen bestimmten Zaun entschieden? Bei dem großen Angebot dürfte Ihnen die Wahl sicher nicht ganz leicht fallen. Sie brauchen sich übrigens keine Gedanken zu machen, ob der gewählte Zaun auch in die Landschaft gehört, in der Sie leben. Holzzäune kennen keine regionale Grenze. Holz paßt immer – ganz gleich, ob Sie im Norden oder Süden Deutschlands wohnen.

**Naturstein und Ziegel** Dagegen ist es mit Mauern als Umfriedung des Bauerngartens schon etwas anderes. Trockenmauern aus unbearbeiteten Feldsteinen oder gebrochenen Mauersteinen sind typisch für den Norden Deutschlands. Und auch in Teilen Mitteldeutschlands, wie in Westfalen, sind sie seit langem Tradition. Ebenso zählen hier Mauern aus hartgebrannten und frostbeständigen Ziegelsteinen zu den üblichen Garteneinfassungen. In Süddeutschland dagegen sind Mauern als Einfassung von Bauerngärten nicht gebräuchlich.

**Schmiedeeisen** Recht selten sind sie schon geworden – die Bauerngartenzäune aus Schmiedeeisen. Denn man wußte sie gar nicht mehr so richtig zu schätzen. Dabei könnte sich der Besitzer so eines Zaunes doch wirklich glücklich schätzen. Einen neu angefertigten, handgeschmiedeten Zaun nach altem Muster kann sich heute ohnehin kaum noch einer leisten. Dabei ist er mit seinen verspielten Herzen und Schnörkeln gerade als Umzäunung des Vorgartens besonders liebenswert. Einst waren diese Zäune die Zierde des Gartens – heute sind sie häufig vom Rost zerfressen. Ein wenig Rostentferner und ein neuer Anstrich täten hier not. Mit Stockrosen, Sonnenblumen und Kletterrosen hinterpflanzt, kommen sie dann wieder so richtig zur Geltung.

So vielgestaltig war die Gartenzaun-Landschaft in früheren Zeiten. Und was fällt uns heute zum Thema Gartenzaun ein? Unsere Phantasie in Sachen Zaun erschöpft sich in Beton und Maschendraht. Sogar vor alten Bauerngärten schreckte man dabei nicht zurück. Dieser Anblick tut besonders weh und

der Stilbruch könnte gar nicht größer sein. Maschendraht wirkt immer wie ein Provisorium, sieht nach einer Verlegenheitslösung aus. Und meist rostet er vor sich hin. Maschendraht sollte man wenigstens ganz schnell einpflanzen – möglichst von beiden Seiten. Kapuzinerkresse, Trichterwinden, *Clematis* und Kletterrosen können einiges wieder gutmachen.

Zum Glück hat jetzt auch bei den Bäuerinnen wieder ein Umdenken eingesetzt. Denn sie haben festgestellt, daß ein Maschendrahtzaun auch nicht viel länger hält, als einer aus Holz, und dabei aber häßlich aussieht.

Für welchen Bauerngartenzaun Sie sich auch entscheiden, den einmal gewählten Zauntyp sollten Sie für den ganzen Garten beibehalten. Sonst wirkt die Umzäunung unruhig – die Harmonie geht verloren. Und wählen Sie immer nur ein Material. Zäune aus mehreren Materialien sehen zusammengewürfelt aus – wie vom Sperrmüll. Bei Holzzäunen sollten auch die Zaunpfosten aus Holz bestehen. Die Wahl der Holzart war dabei schon immer von großer Bedeutung. Pfosten aus Tannenholz halten beispielsweise länger als Fichtenholz. Und für die Eckpfosten, die besonders belastet werden, wählten die Bauern stets ein sehr haltbares Holz. Vor allem Eichenholz wurde gerne dazu verwendet.

Damit Sie lange Freude an Ihrem Holzzaun haben, bringen Sie die Zaunlatten in ungefähr 5 cm Entfernung vom Boden an. Holz sollte möglichst »luftumspült« sein – dann fault es

Nach diesem »Rezept« kann man einen Holzzaun leicht selbst zusammenbauen.

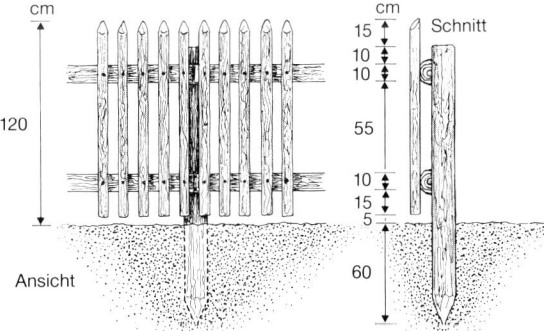

nicht so schnell. Das haben die Bäuerinnen längst erkannt. Damit aber die Hühner trotzdem nicht unter dem Zaun hindurch in den Garten schlüpfen konnten, wurden einfach ein paar Bretter angebracht. Sie waren leicht auszutauschen und auf alle Fälle eine bessere Lösung als ein Betonsockel.

Zäune sollten nicht zu hoch sein, sonst wirken sie wie eine Absperrung – anonym und unfreundlich. Eine Zaunhöhe von 1,20–1,30 m genügt deshalb durchaus. Die Zaunpfosten sollten dabei nicht über den Zaun hinausragen. Um das Federvieh, das so gerne auf den Beeten scharrt, am Überfliegen des Zaunes zu hindern, hat die Bäuerin früher obenherum Bindfäden gespannt.

Der Garten sollte eigentlich mit dem Zaun nicht abrupt aufhören – lassen Sie ihn lieber langsam »ausklingen«. Weil sich Bauerngartenblumen teilweise selbst aussäen, machen sie sich auch manchmal außerhalb des Gartens selbständig. Das ist dann immer ein besonders reizvoller Anblick. Aber Sie können dabei auch ein bißchen nachhelfen. Säen Sie ruhig selbst ein paar Mohnblumen, Margeriten oder Lupinen dorthin.

Und noch etwas dürfen Sie nicht vergessen. Der Zaun ist das Gerüst des Gartens. Er gibt ihm Höhe und Halt. Durch ihn wird der Garten zum Raum. Und er ist das, was man vom Garten am weitesten sieht. Er ist gewissermaßen sein Aushängeschild. Lassen Sie Ihren Zaun deshalb nicht nur Begrenzung sein – machen Sie ihn zum Schmuckstück Ihres Gartens.

## Das lebenspendende Naß – Möglichkeiten der Bewässerung

Wenn es im Garten üppig sprießen und blühen soll, muß ausreichend gegossen werden. Denn die Wasserversorgung ist das A und O eines Gartens. Besonders während der heißen Sommermonate verbraucht ein durstiger Garten viel Wasser. Und gerade die Neupflanzungen müssen häufig gegossen werden. Aber auch sonst ist Wasser im Garten praktisch. Das

Gartenwerkzeug kann leichter gesäubert werden, und es erspart eine Menge Schmutz im Haus, wenn man bereits draußen die Erde vom frischgeernteten Gemüse abwäscht.

Im Bauerngarten wurde schon immer viel Wert auf jederzeit verfügbares Gießwasser gelegt. Auch heute noch findet man alte Gärten, wo ein Schöpfbrunnen das Zentrum des Gartens bildet. Er befindet sich an den Schnittpunkten des Wegekreuzes.

Auch sonst ist im Bauerngarten fast immer irgendwo ein Wasserbehälter zu finden. Am besten passen Holzfässer (z. B. ausgediente Mostfässer, aber auch neue Fässer aus dem Fachhandel) und die alten Steintröge zum Charakter des Gartens. Auf Betonbecken und ausrangierte Ölfässer sollten Sie dagegen lieber verzichten – sie sehen immer hart und unfreundlich aus.

Daß abgestandenes und von der Sonne angewärmtes Gießwasser den Pflanzen besser bekommt, ist schon eine alte Gartenweisheit. Kaltes Leitungswasser dagegen ist ein Schock für die Gartengewächse, besonders wenn sie in der prallen Sonne stehen. Dann kommt es leicht zu Blattverbrennungen. Darum sollten Sie, vor allem, wenn Sie Ihren Garten mit dem

Wasservorrat für den durstigen Garten.

Schlauch oder einem Regner wässern, während der Sommermonate nur morgens oder abends gießen.

Außerdem gilt: Je heißer es ist, desto mehr Gießwasser geht den Pflanzen durch Verdunstung verloren. Und das ist schließlich auch eine Preisfrage, denn der Wasserverbrauch wird immer teurer. Regenwasser dagegen kostet nichts. Das ist schon eine Überlegung wert. Und es bekommt den Pflanzen am besten, weil es sauerstoffreich und »weich«, das heißt kalkfrei ist.

Die flachgeneigten Dächer der Bauernhäuser im Voralpenland sind zum Auffangen des Regenwassers besonders gut geeignet. Vom Ende der weitvorgezogenen Dachrinnen plätschert das Wasser direkt in das daruntergestellte Faß. Einfacher geht es wirklich nicht – denn bei jedem Regenguß füllt es sich von selbst wieder auf.

Auch ohne vorgezogene Dachrinne am Haus können Sie sich helfen. Stellen Sie die Tonne doch einfach beim Abfallrohr der Dachrinne auf. Eine ausklappbare Abflußrinne können Sie auch nachträglich noch vom Installateur einbauen lassen. Ist die Abflußrinne hochgeklappt, läuft das Regenwasser in die Kanalisation oder Sickergrube, ansonsten in den Wasserbehälter. Am besten fangen Sie das Regenwasser erst auf, wenn es schon 1–2 Stunden geregnet hat – dann sind Luft und Dach bereits sauber.

Wenn Sie möglichst viel Gießwasser auf Vorrat haben möchten, sollten Sie sich gleich mehrere Fässer besorgen. Damit stellt sich natürlich die Frage, wie man sie am einfachsten füllt. Ein Überlauf von einer Tonne zur anderen ist nicht nur kompliziert, sondern auch ziemlich teuer, wenn man einen Schlosser damit beauftragen muß. Mit einem ganz normalen Wasserschlauch läßt sich das Problem wesentlich einfacher lösen – vorausgesetzt alle Fässer haben die gleiche Höhe. Sie müssen den Schlauch nur in Stücke schneiden, die doppelt so lang wie die Fässer hoch sind. Diese Schlauchteile füllen Sie dann vollständig mit Wasser auf, halten beide Enden zu und stecken jeweils ein Ende in eine Tonne. Dadurch

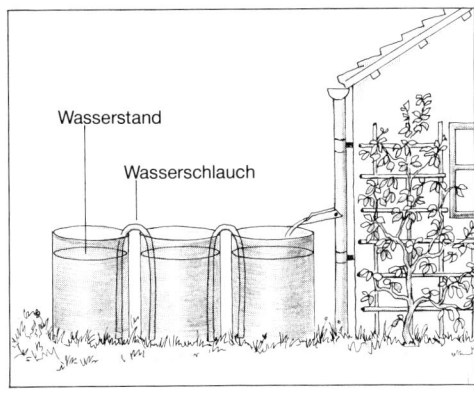

Mit diesem Trick läßt sich Regenwasser »hamstern«.

läuft das Wasser aus den Behältern mit höherem Wasserstand so lange in die weniger gefüllten bis alle in der Höhe übereinstimmen. Wird ein Faß geleert, fließt sogleich Wasser aus den anderen Fässern nach. Dabei spielt es keine Rolle, wieviele Tonnen Sie miteinander verbinden.

Damit Sie beim Schöpfen keine nassen Füße bekommen, vor allem, wenn das Wasser bei starkem Regen übergelaufen ist, sollten Sie die Erde im Bereich des Faßes etwa 50 cm tief ausheben und mit Kies auffüllen. So kann das Wasser gut ablaufen. Im Herbst wird die Tonne ausgeleert und umgestülpt, um Eisbildung zu verhindern. Das gute alte Regenfaß ist das Gütesiegel eines Bauerngartens – und gehört eigentlich in jeden Garten, der auf sich hält.

# Gestaltungsmerkmale

## Nützliche und zierende Beigaben

Für Gartenzwerg-Romantik ist der Bauerngarten nicht der rechte Ort. Denn hier hatte der Nutzen schon immer Vorrang. Und als Zierde waren schließlich die farbenfrohen, duftenden Blumen da. Sonst brauchte es auch nichts. Oder sagen wir besser – fast nichts. Denn einige wenige Ausnahmen machte die Bäuerin doch.

**Gartenkugeln** Die mundgeblasenen, schillernden Glaskugeln waren bis vor 30 Jahren fast in jedem bayerischen Bauerngarten zu sehen. Dann kam eine Zeit, in der man sie als »Kitsch« auf den Speicher verbannte oder sie gar zerschlug. Heute sind sie aber schon wieder groß in Mode. Und in den Pflanzenkatalogen werden sie sogar als Besonderheit angepriesen. Auf dünnen – manchmal grün gestrichenen – Holzstangen aufgesteckt, finden sie

Bauerngarten-Romantik mit Rosenduft und schillernden Glaskugeln.

ihren Platz auf den Gartenbeeten oder den Rabatten am Rande. Aber am schönsten sind sie in Verbindung mit Hochstammrosen. Dafür bieten sich im Bauerngarten verschiedene Plätze an: Sie können zum Beispiel jeweils eine Hochstammrose links und rechts des Garteneingangs pflanzen, was sehr einladend wirkt. Dagegen kommt eine einzige Rose am besten zur Geltung, wenn sie einen Platz im Blumenrondell im Zentrum des Gartens erhält. Besonders reizvoll ist es, wenn Sie mehrere Rosen – im gleichen Abstand – links und rechts entlang des Mittelwegs setzen.

Beim Kauf von neuen Gartenkugeln sollten Sie nur diejenigen mit warmen, schimmernden Farben wählen. Laute, grelle Leuchtfarben fallen unangenehm aus dem Rahmen.

Freilich sind die Glaskugeln heute in erster Linie als Zierde gedacht. Auf Grund ihrer runden Form und ihres spiegelnden Glanzes wird von wissenschaftlicher Seite her aber sogar vermutet, daß sie ursprünglich auch als Abwehrzauber gegen böse Geister Bedeutung hatten. Die Bäuerinnen selbst haben eine viel »greifbarere« Erklärung für den Nutzen der Kugeln. Demnach sollen die im Sonnenlicht blitzenden und blinkenden Kugeln Greifvögel abschrecken. Dadurch ist das Federvieh vor ihnen sicher.

**Vogelscheuchen** Eine andere Methode hat die Bäuerin parat, um die naschhaften Vögel vom Garten fernzuhalten. Leider sind diese Vogelscheuchen aus mit Federn bestickten Kartoffeln, inzwischen fast in Vergessenheit geraten. Dabei sind sie so leicht anzufertigen und ein viel hübscherer Anblick als die auf Fäden aufgereihten Aluminium- oder Plastikstreifen.

**Rosenbogen** Sehr reizvoll wirkt auch ein Rosenbogen am Garteneingang. Mit üppig blühenden und duftenden Kletterrosen berankt, verleiht er dem Bauerngarten einen ganz besonderen Zauber. Aber auch Jelängerjelieber oder *Clematis* passen gut dazu. Rosenbögen wurden ursprünglich nur aus Holz gefertigt, später kamen dann Eisenkonstruktionen hinzu. Diese sind freilich stabiler und haltbarer. Am schönsten sind aber nach wie vor die Holz-

Vogelscheuche aus rohen Kartoffeln und Hühnerfedern.

bögen. Außerdem ist so ein »Bauwerk« ja schließlich nicht für die Ewigkeit gedacht.

Besser, weil haltbarer, ist auf alle Fälle Hartholz. Allerdings ist es auch teurer. Heute haben wir es mit den diversen Imprägnierungs-Verfahren und -Mitteln ohnehin viel einfacher. Früher erschöpfte sich der Holzschutz darin, daß die Bauern diejenigen Holzteile, die in die Erde sollten, vorher über einem offenen Feuer ankohlten.

Die Rosenbögen wurden damals etwa einen halben Meter tief in die Erde gesenkt und mit größeren Steinen verkeilt. Danach hat man dann die Löcher wieder zugefüllt und festgestampft – so einfach war das. Wenn Sie aber lieber »auf Nummer sicher« gehen möchten, können Sie den Fuß des Bogens einbetonieren. Dabei sollten Sie aber darauf achten, daß der Beton noch ausreichend mit Erde überdeckt ist.

Ein Blumenbogen als Ouvertüre für den Garten.

Ein Rosenbogen mit 110 cm Breite und 40 cm Tiefe.

Rosenbogen aus Rundhölzern

Vorderansicht

cm

8

220

110

40

Beton

10

Fuß imprägnieren; mit Dachpappe umwickeln

30

Die warme Hauswand im Rücken und umgeben von duftenden Blumen – wer würde hier nicht gerne Platz nehmen?

## Ruheplätze im Freien

Hausbänke sind kleine »Kommunikations-Zentren« der Dörfer. Eine Bank vor dem Haus lädt zum Sitzen ein und regt zu einem gemütlichen Plauderstündchen an.

Hauswände speichern die Sonnenwärme des Tages und geben sie dann langsam wieder ab. Deshalb kann man hier abends noch lange sitzen, wenn es sonst im Freien schon zu kühl dafür ist. Und auch die ersten warmen Frühlingstage kann man hier schon genießen.

Früher war ein Bauernhaus ohne Hausbank kaum denkbar. Ganz selbstverständlich wurde sie in das Leben miteinbezogen. Tagsüber saßen hier die alten Leute in der Sonne und die Großmutter oder der Großvater beaufsichtigte dabei die spielenden Enkel.

Aber vor allem abends, nach getaner Arbeit, wurde die Hausbank zum Anziehungspunkt. So mancher Vorübergehende setzte sich zu einem kleinen Plausch dazu, Nachbarn und Freunde stellten sich ein. Manchmal entstand aus so einer fröhlichen Runde dann ein richtiger »Heimgarten«. Es wurden Geschichten er-

zählt, gelacht und gesungen. Und nach altem Brauch fanden sich hier auch die Burschen und Mädchen zu Abendgesellschaften zusammen. Im Mittelalter hielt die Obrigkeit diese Treffen der jungen Leute für so bedenklich, daß sogar eigens Ge- und Verbote dafür erlassen wurden.

Noch heute kann man an alten Bauernhäusern Bänke mit einem an der Hauswand befestigten, hochklappbaren Tischchen sehen. Das war natürlich in jeder Hinsicht praktisch, aber es hatte damit noch eine andere Bewandtnis. Hier draußen wurden nämlich die umherziehenden Handwerksburschen bewirtet, die die Bäuerin verständlicherweise nur ungern ins Haus einließ.

Heute sind Hausbänke leider nicht mehr so selbstverständlich. Aber zum Glück gibt es sie noch. Wenn man mit offenen Augen durch die Dörfer geht, kann man doch so manches gute alte Stück entdecken. Und es ist wirklich erstaunlich wie viele Variationsmöglichkeiten »in Sachen« Hausbank es gibt. Der Phantasie sind kaum Grenzen gesetzt.

Besonders schön und praktisch ist es, wenn der

Garten unmittelbar am Haus anschließt – dann hat man mit der Hausbank gleichzeitig einen Sitzplatz im Grünen. Aber auch mit aufgestellten Kübelpflanzen kann man viel erreichen. Oleander, Hortensie und Stechapfel, um nur einige zu nennen, sorgen dann für Schutz und Geborgenheit. Auch im Bauerngarten selbst findet sich immer irgendwo ein stiller Winkel für eine Bank.

Wer es dagegen besonders »kuschelig« und gemütlich mag, für den ist eine Laube genau das richtige. Dieses »grüne Zimmer« zierte ursprünglich die Gärten der Bürger. Und nur die reichen Bauern mit ihren großen Gärten haben sich später auch diesen Luxus geleistet. Vor allem in Norddeutschland und in der Schweiz kann man heute noch ab und zu in den Bauerngärten so einen lauschigen Sitzplatz entdecken. Und ist eine Laube nicht viel schöner, als die immer gleich langweiligen Waschbeton-Terrassen mit dem Einheits-Rasen davor? Eine moderne Terrasse paßt zum Bauerngarten – mit Verlaub gesagt – wie die berühmte Faust auf's Auge. Und außerdem sitzt man auf einer offenen Terrasse »angerichtet« wie auf einem Präsentierteller.

Die Laube dagegen verspricht Gemütlichkeit und Geborgenheit. Und Sie können sie sich einfach wachsen lassen. Winterlinde und Kornelkirsche sind für diese Zwecke besonders gut geeignet. Setzen Sie die Pflanzen, im Abstand von 0,50–1 m, kreisförmig oder im Rechteck zusammen – eben so, wie Sie die fertige Laube haben möchten. Im Laufe der Jahre brauchen Sie nur das Ganze von innen und außen mit einer Heckenschere in Form zu schneiden. Auf diese Weise entsteht ein gemeinsames, dichtes Blätterdach. Freilich erfordert dies schon etwas Geduld. Mit einer aus Latten gezimmerten Laube, die transparente Spalierwände bekommt, gelangen Sie schneller ans Ziel Ihrer Wünsche. Das hölzerne Gitterwerk können Sie dann mit Kletterrosen, Jelängerjelieber, selbstklimmendem Wilden Wein, der Pfeifenwinde oder einer kleinblütigen Clematis (*Clematis montana*) beranken. Für die ganz Ungeduldigen ist der schnellwachsende Knöterich genau das Richtige.

Ein wenig hölzern sitzen sie schon da, diese beiden. Und das bei jedem Wetter. Kein Wunder, denn sie sind Teil einer phantasievoll gestalteten Hausbank.

Wie ein »grünes Zimmer« im Freien wirkt die Laube. Hier sitzt man geschützt und geborgen – das beste Mittel gegen kalte, regenreiche Sommer.

# Die Pflanzenwelt

## Die Pflanzenwelt im Bauerngarten

Bauerngarten-Pflanzen sind etwas ganz Besonderes. Viele von ihnen haben schon vor Jahrhunderten unsere Vorfahren durchs Leben begleitet – von der Geburt bis zum Tod. Sie waren Verbündete bei allen Krankheiten und Nöten. Aber sie waren auch bei allen Festen dabei. Dadurch sind sie für uns ein Stück lebendige Geschichte. Sie verkörpern Gartenweisheit und Erfahrungen von Jahrhunderten.

Aber nicht alle Gewächse im Bauerngarten sind »alteingesessen«. Es gibt auch viele »Neueinwanderer« unter ihnen. Anders als bei der Form des Bauerngartens, die sich über Jahrhunderte hinweg nur wenig veränderte, gab es bei den Pflanzen einen ständigen Wandel. Ihre Vielfalt wurde immer größer. Und trotzdem entstanden keine »Generationskonflikte«. Es wurde stets darauf geachtet, daß sich die Neu-

ankömmlinge harmonisch in den Bestand einfügten. Auf diese Weise sind Pflanzen aus der ganzen Welt im Bauerngarten heimisch geworden.

Alle diese Gewächse haben trotz ihrer Vielfalt etwas gemeinsam – sie sind besonders pflegeleicht. Das war stets die Aufnahmebedingung für einen Platz im Bauerngarten. Neben der vielen anderen Arbeit blieb der Bäuerin nicht mehr viel Zeit für den Garten. Deshalb konnten hier auch nur widerstandsfähige Pflanzen gedeihen. So wurde der Bauerngarten zum Experimentierfeld. Alles was schädlingsanfällig und frostempfindlich war, verschwand wieder. Nur Pflanzen mit Durchsetzungsvermögen bestanden die Bewährungsprobe. Das ist auch der Grund, warum Bauerngartengewächse teilweise so leicht verwildern.

Die Mode hatte nur geringen Einfluß. Modeblumen, die mit der Zeit aus anderen Gärten verbannt wurden, behielten im Bauerngarten

Im Bauerngarten gibt es keine »getrennten Verhältnisse«. Nutz- und Zierpflanzen wachsen miteinander.

ihren angestammten Platz. Verfemte Rosen, Tulpen, Aurikeln und Levkojen fanden hier ein Exil. Sie wurden zum Teil sogar typische Leitpflanzen. Viele längst verloren geglaubte Sorten wurden in den Bauerngärten wiederentdeckt. Sie sind heute wichtiges Basismaterial für erfolgreiche Neuzüchtungen.

Auffälliger als die Blumen aus dem Bauerngarten sind sie freilich, die neugezüchteten Zierpflanzen mit riesigen Blüten und schreienden, grellen Farben. Sie stechen in den Pflanzenkatalogen zuerst ins Auge. Denn Zierde scheint heute so wichtig – Zierde um jeden Preis – so möchte man meinen. Auch vor den Nutzpflanzen macht man dabei nicht Halt. Von Ziermais bis Zierkohl ist alles geboten. Als wäre ein vor Kraft und Gesundheit strotzender Krautkopf nicht schon Zierde genug. Die Schönheit der hochgezüchteten Raritäten müssen wir uns durch ständige Zufuhr von speziellen Pulvern und Säften erkaufen. Der Arbeitsaufwand ist groß. Und doch bleiben sie dann häufig Kümmerlinge – synthetisch, fast ohne Leben. Im Bauerngarten dagegen sind Pflanzenschutzmaßnahmen kaum nötig. So ein Garten sprüht vor Leben. Und einfachere Gewächse bringen auf die Dauer größere Freude – weil sie zeitlos sind. Die Blumen aus dem Bauerngarten mit dem Formenreichtum der Blätter und Blüten und den verhaltenen, warmen Farben lehren uns wieder den Blick für das Wesentliche. Der Duft, den sie zusammen mit den Kräutern verströmen, erfreut sogar unsere abgestumpften Großstadtnasen. Es sind Pflanzen zum Ansehen, Betasten, Riechen und Schmecken. Kurz gesagt – sie bringen uns moderne Menschen wieder zur »Besinnung«.

## Die volkstümlichen Pflanzennamen

Welche Pflanzen typisch für den Bauerngarten sind, zeigen Ihnen die nachfolgenden Kapitel. Doch zuvor seien noch ein paar Worte zu den volkstümlichen Pflanzennamen erlaubt.
Wer sich mit dem Bauerngarten beschäftigt,

Die duftende Levkoje gehört zu den typischen Leitpflanzen des Bauerngartens.

stößt über kurz oder lang auf alte Pflanzennamen. Es sind Namen, die der Volksmund, meist schon vor langer Zeit, den Bauerngartengewächsen gegeben hat. Viele von ihnen findet man in keinem Gartenbuch. Und häufig kennen sie nur noch die älteren Bäuerinnen, ansonsten geraten sie langsam in Vergessenheit. Und das ist wirklich schade, denn die volkstümlichen Pflanzennamen sind ein faszinierendes Kapitel. Allerdings verlangt ihre Erforschung manchmal geradezu dedektivische Fähigkeiten. Sie können einen auch regelrecht zur Verzweiflung bringen. Nämlich dann, wenn man nicht weiß, welche Pflanze hinter so einem Namen steckt. Manche Bäuerin hat mir von einem »echten« alten Bauerngartengewächs erzählt, das noch im Garten der Großmutter gedieh und das heute längst verschollen ist. Die Beschreibung der Pflanze nach der Erinnerung aus der Kindheit fällt natürlich meist recht mager aus. Häufig erfährt man dabei, daß besagte Pflanze einen halben Meter hoch sei, kleine Blätter habe, schön blühe (Farbe unbekannt) und herrlich dufte. Und dann erfährt man nur noch einen alten, bisher nie gehörten Namen. Die weiteren Nachforschungen sind dann natürlich sehr mühsam.

So waren auch viel Zeit und Fragerei nötig, bis ich hinter das Geheimnis der »Lamberte« kam. Mal ganz ehrlich – hätten Sie vermutet, daß sich dahinter die Levkoje (*Matthiola*) verbirgt? Im Werdenfelser Land wurde sie Lamberte genannt, weil sie erstmals aus der Lombardei nach Bayern eingeführt wurde. Besonders schwierig werden die Nachforschungen, weil die Bezeichnungen für ein bestimmtes Gewächs häufig von einem Ort zum nächsten wechseln. Oder es können auch mehrere verschiedene Gewächse den gleichen Namen haben. Beispielsweise versteht man in Oberbayern unter »Hemadknöpferl« (Hemdknöpfchen) das Mutterkraut (*Chrysanthemum parthenium*) und eine kleinblütige, weiße Gartenschafgarbe.

Im Volksmund haben »alteingesessene« Bauerngartengewächse oft gleich mehrere verschiedene Namen. Neuere Zierpflanzen dagegen gehen häufig leer aus. Der Schluß liegt nahe, daß wir uns heute mit den Pflanzen nicht mehr so eng verbunden fühlen. Sie sind für unser tägliches Leben – im Gegensatz zum Leben unserer Vorfahren – nicht mehr so bedeutend. Vielleicht hat aber auch unsere Beobachtungsgabe und Phantasie auf diesem Gebiet einfach ein wenig nachgelassen.

Am häufigsten beziehen sich die alten Namen auf das **Aussehen** der Pflanzen. Deshalb heißt der Türkenbund auch Goldapfel oder Goldwurz, weil seine Zwiebel eine goldgelbe Färbung hat. Und der blaue Eisenhut hat auf Grund seiner Blütenform den Namen Mönchskappe erhalten. In Bayern sieht man in seiner Blüte auch ein »Tauberl im Schlag«, im norddeutschen Wendland einen »Rüder-to-Pärd«.

Auch der **Geruch** kann bei der Namensgebung eine Rolle spielen. Unter »Schmecker« versteht man in Bayern stark riechende Gewäch-

se. Von Ort zu Ort verschieden, gehören dazu vor allem Salbei, Eberraute, Rosmarin und sogar die Geranienblüten. Der Sadebaum (*Juniperus sabina*) bekam wegen seines unangenehm riechenden ätherischen Öls im Volksmund den Namen Stinkwacholder.

Die Bezeichnung Totenblume für die Ringelblume weist dagegen auf deren häufigen **Standort** am Friedhof hin.

Die **Blütezeit** der Pflanzen wirkte sich ebenfalls auf die Namensgebung aus. Deshalb sagte man zur Christrose (*Helleborus niger*) auch Weihnachtsrose oder Schneewurz.

Auch auf die **Verwendung und Wirkung** der Gewächse lassen die alten Namen schließen. Vor allem ist dies bei den Heilkräutern der Fall. Weil der Rainfarn (*Chrysanthemum vulgare*) gegen Eingeweidewürmer verwendet wurde, erhielt er den Namen Wurmkraut. Beim Boretsch dagegen vermutete man, daß sein Genuß die Menschen fröhlich stimme. Deshalb wurde er auch Wohlgemut genannt.

Sogar der **Aberglaube** ist manchmal an der Namensgebung beteiligt. So kennt man die Königskerze auch unter der Bezeichnung Wetterkerze. Denn nach altem Glauben verhindert ihre Anwesenheit, daß der Blitz in den Bauernhof einschlägt.

Der Name Antlaßrose für die Pfingstrose entstand dagegen aus **religiösem Anlaß**. Als Antlaßtag wird nämlich in Bayern der Fronleichnamstag bezeichnet. Die Pfingstrose ist hierbei als Schmuckpflanze wichtig.

Manchmal wurden auch unverständliche, **lateinische Bezeichnungen** einfach »eingedeutscht«. So kam beispielsweise das Liebstöckel zu seinem Namen. Denn das Gewächs hat weder mit Liebe noch mit einem (Blumen-) Stock etwas zu tun. Sein Name entstand aus der alten lateinischen Bezeichnung »*libisticum*«.

Die volkstümlichen Pflanzennamen verraten uns viel über die Gewächse selbst, deren Bedeutung für unsere Vorfahren und auch über die Denkweise der Menschen, die den Pflanzen ihren Namen gaben. Deshalb sind sie es auch wert, aufgeschrieben und für die Zukunft erhalten zu werden.

## Gemüse- und Salatpflanzen

Wir modernen Menschen sind ernährungsbewußt. Schlagworte wie »Eiweißgehalt«, »Fettwerte« und »Ballaststoffe« sind für uns selbstverständlich. Und was Vitamine sind, wissen schon die kleinen Kinder. Früher hatte man von all dem noch nichts gehört. Die Ernährung war gezwungenermaßen sehr einseitig. Auf dem Bauernhof kamen tagein, tagaus – nur unterbrochen von Sonn- und Feiertagen – stets die gleichen Speisen auf den Tisch. Mangelerkrankungen waren häufig die Folge. Gemüse und Salate aus dem Garten sorgten deshalb nicht nur für Abwechslung auf dem Speiseplan, sondern waren auch für die Gesundheit wichtig.

Im Winter war es freilich schlimm. So gut es ging, behalf man sich mit getrockneten Kräutern, Sauerkraut, eingelegten Gurken usw., doch an Frischem mangelte es. Kein Wunder, daß man sich nach dem Frühjahr und dem ersten eßbaren Grün sehnte. Der Feldsalat wuchs zeitig auf Wiesen und Feldern, und im Garten gedieh als erstes die Kresse. Eine ältere Bäuerin erzählte mir, daß es während ihrer Kindheit geradezu ein Festtag war, wenn es mittags zum ersten Mal wieder frische Kresse gab. Sie konnte dann von der Schule gar nicht schnell genug nach Hause kommen.

Noch vor etwa 50 Jahren gab es im Bauerngarten nur eine verhältnismäßig kleine Auswahl an Gemüsearten. Keinesfalls durfte dabei das Kraut fehlen. Ansonsten wuchsen hier überwiegend Bohnen, Möhren, Rettich, Rote Beete, Zwiebeln, Lauch und Gurken. Das Angebot an Salaten erschöpfte sich meist schon mit Kresse, Kopfsalat und Endivie. In manchen Gegenden Deutschlands wird seit alters her zusätzlich Grobgemüse feldmäßig angebaut. Früher zog die Bäuerin die Setzlinge dafür selbst aus Samen heran. Deshalb war der Bauerngarten im Frühjahr zunächst eine Kinderstube für Kohlrüben, Kraut, Runkelrüben und was sonst noch auf den Feldern gedieh. Ende Mai, Anfang Juni wurde das inzwischen herangewachsene Grobgemüse auf den Acker ausgepflanzt. Dafür wartete man einen Regentag ab, weil die Pflänzchen so leichter anwachsen. Erst dann war im Garten wieder genügend Platz für das »feinere« Gemüse und für viele bunte Sommerblumen.

Allen neuen Gartenpflanzen stand man auf dem Lande zunächst einmal eher mißtrauisch gegenüber. und es ging nicht von heute auf morgen, bis sich ein neues Gewächs einen Platz im Bauerngarten eroberte. Tomaten und Erdbeeren waren noch bis vor wenigen Jahrzehnten auf dem Land fast unbekannt. Dazu erzählte mir eine Rottaler Bäuerin eine kleine Geschichte: Als Kind bekam sie im Nachbarsgarten die ersten Tomaten ihres Lebens zu sehen. Eine davon wurde ihr geschenkt und sie trug sie voll Stolz nach Hause. Auch hier war die Bewunderung groß. Da das kostbare Stück zum Essen natürlich viel zu schade war, legte man es auf den Schrank. Dort blieb die Tomate so lange, bis sie verschimmelt war.

Wissen Sie eigentlich wie die Blüten des Kopfsalats aussehen? Vermutlich nicht, denn einem ordnungsbewußten Gärtner ist durchgeschossener Salat ein Dorn im Auge. Im Bauerngarten können Sie blühendes Gemüse noch ab und zu finden. Denn manche Bäuerinnen führen die Tradition fort und ziehen ihre Gartenpflanzen noch aus selbstgewonnenen Samen heran. Gemüseblüten, vor allem von Porree und Zwiebeln, sind ein hübscher Anblick – und sogar in der Vase machen sie sich gut. Gönnen Sie sich doch einmal den Spaß, den gesamten Werdegang einer Gemüsepflanze zu beobachten. Auch Ihr Garten wird dadurch viel erlebnisreicher.

Im Gegensatz zu Blumen und Kräutern, gibt es für den Bauerngarten kein typisches Gemüse. Denn alle handelsüblichen Arten und Sorten werden inzwischen auch im Bauerngarten angebaut. Aber darunter sind so manche, die zu den uralten Kulturpflanzen gehören. Einige dieser ganz »gewöhnlichen« Gemüsearten werden auf den nächsten Seiten einmal näher betrachtet. Vielleicht sehen Sie dann diese »alten Bekannten« mit ganz anderen Augen an. Aber auch einige zu unrecht vergessene Gemüsearten sind dabei, zu deren »Ehrenrettung« unbedingt etwas getan werden muß.

# Gemüse

## Kresse
### *Lepidium sativum*

**Volksmund**  Pfefferkraut, Fleischkraut, Kassen

**Herkunft**  Die Kresse wird seit langem in Persien kultiviert, und vermutlich ist dort auch ihre Heimat. Die alten Griechen und Römer schätzten sie ebenfalls sehr. Bei uns wird sie erstmals im 9. Jahrhundert schriftlich erwähnt, als Karl der Große ihren Anbau in den Gärten seiner Landgüter befahl.

**Steckbrief**  Die Kresse ist ein Kreuzblütler (Cruciferae). Sie bildet eine lange, dünne Wurzel aus. An günstigen Standorten kann die Pflanze eine Höhe von bis zu 50 cm erreichen. Die Blätter am Grund des Stengels haben eine ellipsenartige Form, während die oberen unregelmäßig gefiedert sind. Die kleinen, meist weiß gefärbten Blütchen entfalten sich an den Enden der verzweigten Pflanze. Der feine, rote Samen wächst in vielen kleinen Schoten heran.

Der erfrischende, leicht scharfe Geschmack der Kresse erinnert an den des Radieschens. Er wird durch ätherisches Senföl verursacht. Wegen des hohen Vitamin-C-Gehalts war die Kresse stets, vor allem im zeitigen Frühjahr, sehr begehrt. Sie wirkt außerdem blutreinigend und stimulierend.

**Gartentips**  Das erste eßbare Grün im Garten liefert die Kresse. Sie ist ein sehr genügsames Kraut und gedeiht sogar noch im Schatten. Allerdings benötigt sie ausreichend Feuchtigkeit, um sich gut zu entwickeln. Ab März können Sie mit der ersten Saat beginnen. Die einzelnen Reihen sollten dabei einen Abstand von 10–15 cm erhalten. Die Keimdauer beträgt nur wenige Tage, und die Pflanzen entwickeln sich rasch. Deshalb sollten Sie rechtzeitig an eine Folgesaat denken – etwa im Abstand von 2 Wochen. Kresse können Sie das ganze Jahr über anbauen. Wählen Sie für die heißen Sommermonate jedoch einen schattigeren Platz. Damit verhindern Sie, daß die Kresse »schießt«. Wenn Sie Kresse ins Möhrenbeet säen, bekämpfen Sie dadurch die Möhrenfliege.

**Ernte und Verwendung**  Sobald die Gartenkresse eine Handbreit hoch ist – etwa nach 1 Woche – können Sie sie ernten. Am besten läßt sie sich mit einer Schere abschneiden. Jedoch sollte es bei der Ernte nicht zu kalt sein. Bei Temperaturen unter 10° C entwickelt die Kresse einen unangenehm scharfen Geschmack. Kresse läßt sich leider nicht konservieren.

Das frische Grün schmeckt als Beigabe zu Tomaten oder Grünem Salat. Sie würzt die Kräutersuppe und wird auch als Belag auf dem Butterbrot gegessen. Frische Kresse eignet sich gut als Kur gegen Frühjahrsmüdigkeit. Übrigens können Sie sie den Winter über auch leicht im Haus ziehen. Dazu benötigen Sie eine flache Schale, deren Boden mit einer etwa 2 cm starken Watteschicht ausgelegt wird. Feuchten Sie die Watte gut an und streuen Sie den Samen dicht darauf aus. Nach ungefähr 2–3 Tagen zeigen sich die ersten grünen Spitzen.

**Alte Weisheiten**  »Aller Gartenkreß Samen/ er sey wo er wölle gewachsen/ hat ein krafft zu erwärmen/ und ist eines scharpffen geschmacks« stellt ein Kräutervater des 17. Jahrhunderts fest.

Doch er wirkt auch noch auf einem ganz anderen Gebiet anregend, denn weiter steht zu lesen: Er »macht lustig und begirlich zur Unkeuschheit.« Unverfänglicher ist da schon eine Feststellung von Tabernaemontanus. Er berichtet über die Wirkung von destilliertem Kressenwasser: »Das Haubt damit gewaschen oder gentzet/ bewahret es vor dem Haar ausfallen.«

## Lauch, Porree
*Allium porrum*

**Volksmund**  Breitlauch, Preißlauch, Welschzwiebel, Winterlauch, Burri

**Herkunft**  Der Lauch ist wahrscheinlich ein Abkömmling des Großen Knoblauchs und stammt ursprünglich aus den Mittelmeerländern. Schon vor 4000 Jahren kultivierten ihn die Ägypter als Gemüsepflanze.

**Steckbrief**  Der Porree zählt zur Familie der Liliengewächse (Liliaceae). Zahlreiche feine, weiße Wurzeln versorgen die Pflanze mit Nährstoffen. Die Zwiebel ist nur in geringem Maße ausgeprägt. Blaugrün gefärbt und flach sind die Blätter. Zusammen bilden sie einen kräftigen Scheinstengel, der etwa 40–90 cm hoch wird. Erst im 2. Jahr treibt der Lauch einen langen Blütenschaft. Er kann eine Höhe von bis zu 150 cm erreichen. Von Juni bis August ziert eine große, kugelige Trugdolde die Pflanze. Die winzigen Einzelblütchen sind rosa und weiß gefärbt.

Der Lauch schmeckt würzig, ein wenig scharf und erinnert an den Geschmack der Zwiebel. Wie diese enthält er schwefelhaltiges ätherisches Öl, außerdem Vitamine, Saponine, Schleim und Mineralsalze. Lauch wirkt verdauungsfördernd und schleimlösend und hilft damit bei Bronchialerkrankungen.

**Gartentips**  Tiefgründige, feuchte und nährstoffreiche Böden sind ideale Standorte für den Porree. Versorgen Sie ihn gut mit Kompost und organischem Dünger – frischen Stallmist verträgt er dagegen gar nicht. Im März können Sie den Lauch ins Frühbeet oder unter Folie aussäen. Einfacher haben Sie es jedoch, wenn Sie sich Setzlinge beim Gärtner besorgen. Nach den Eisheiligen im Mai werden die jungen Pflanzen auf gut vorbereitete Beete versetzt. Der Pflanzenabstand in der Reihe sollte etwa 20 cm betragen. Die nächste Reihe legen Sie dann in 30–35 cm Entfernung an. Die Pflänzchen werden tief in Furchen gesetzt. Nur nach und nach dürfen sie mit Erde angefüllt und schließlich angehäufelt werden. So bilden sich besonders lange und gebleichte Schäfte. Als Nachkultur können Sie ab Mitte April auch Samen direkt ins Freiland streuen. Im Gemüsegarten vertragen sich Lauch und Möhren besonders gut. Sie schützen sich gegenseitig vor Möhren- und Zwiebelfliegen.

**Ernte und Verwendung**  Ab September sind die ersten Lauchstangen erntereif. In milderen Gegenden können sie sogar den ganzen Winter über auf dem Beet bleiben und, nach Bedarf, bei frostfreiem Wetter geerntet werden. Ansonsten graben Sie den Porree im Herbst aus und schlagen ihn an einer geschützten frostfreien Stelle ein. Dazu eignen sich das Frühbeet oder eine Kiste mit feuchtem Sand im Keller. Kleingeschnitten paßt Porree zu Suppen (Porree-Suppe!) oder Eintopf und gedünstet als Beilage zu Fleisch und Fisch.

**Alte Weisheiten**  Schon seit alters her war der Lauch eine beliebte Gemüsepflanze. Wie Plinius berichtet, hat sogar Kaiser Nero um der Gesundheit willen immer wieder »Porree-Tage« eingelegt. Nur Lauch und Öl standen an solchen Tagen auf seinem Speisezettel. Weniger appetitlich klingt allerdings ein Patentrezept gegen Ohrenschmerzen, zu dem Tabernaemontanus rät: »Zu den geschwärenden Ohren sehr nützlich: Nimm Lauch 3 Häubtle/ und drey Regenwürm/ zerschneide und seude es mit einander in Baumöl/ solches tröpfe warm in die Ohren/ es stillet den Schmertzen/ säubert und heilet.«

# Gemüse im Bauerngarten

## Mangold
*Beta vulgaris* var. *vulgaris*

**Volksmund** Beißkohl, Schnittmangold, Römischer Kohl, Römerkohl, Blattmangold Dickwurzel, Mangelwurzel, Zwickel, Knolle

**Herkunft** Mangold ist ein Abkömmling der Wilden Rübe (*Beta maritima*), die an den Spülsäumen der europäischen Meeresküsten wild wächst. Der »Beißkohl« gehört zu unseren ältesten Kulturpflanzen. Schon die Assyrer sollen ihn angebaut haben, und auch bei Griechen und Römern war er sehr beliebt. Zu Beginn des 9. Jahrhunderts wurde er von Karl dem Großen in die Liste der wichtigsten Kulturpflanzen aufgenommen. Während der Weltkriege zählte Mangold bei uns zu den am häufigsten gepflanzten Gemüsearten. Obwohl er viel leichter zu kultivieren ist, als der empfindliche Spinat, ist er inzwischen in den Gärten ziemlich selten geworden.

**Steckbrief** Mangold gehört zur Familie der Gänsefußgewächse (Chenopodiaceae). Er ist mit der Roten Rübe eng verwandt. Aber im Gegensatz zu ihr ist seine helle Hauptwurzel nur wenig ausgeprägt. Sie wird etwa fingerdick und treibt einige kleine Seitenwurzeln. Besonders auffällig sind die großen aufrechten Blätter, die, je nach der Mangoldsorte, glatt oder gekraust sein können. In der Farbe variieren sie von Gelbgrün bis kräftig Dunkelgrün. An der Mittelrippe der Laubblätter lassen sich auch die beiden herausgezüchteten Mangoldformen leicht unterscheiden. Blattmangold, der wie Spinat verwendet wird, hat eine ver-

hältnismäßig schmale Rippe. Beim Rippenmangold ist die weiße Blattrippe dagegen besonders breit und fleischig und kann wie Spargel zubereitet werden. Erst im 2. Jahr treibt die Pflanze einen bis zu 80 cm hohen Blütenschaft. Die kleinen, unscheinbaren, grünlichen Kugelblüten setzen sich zu einer ährenartigen Rispe zusammen. Die Blütezeit dauert von Juni bis September.

Mangold ist geschmacklich dem Spinat sehr ähnlich. Er enthält vor allem Eisen und die Vitamine A, B, C. Er wirkt abführend, erfrischend und hilft gegen Blutarmut.

**Gartentips** Mangold ist ein sehr robustes Gartengewächs und stellt kaum Ansprüche an seinen Standort. Auch im Halbschatten wächst er noch üppig. Am besten düngen Sie Mangold mit Kompost und sorgen stets für reichlich Wasser. Ab April können Sie ihn direkt an Ort und Stelle aussäen. Stecken Sie im Abstand von 25 cm jeweils 3–4 Samenkörner etwa 2 cm tief in die Erde. Die nächste Reihe wird in 30 bis 40 cm Entfernung angelegt. Nach ungefähr 12 bis 15 Tagen zeigt sich das erste Grün. Pro Pflanzloch lassen Sie dann nur eine Pflanze weiterwachsen. So stehen die verbliebenen Pflanzen frei und luftig und werden nicht so leicht von der Blattfleckenkrankheit befallen. Und noch etwas gilt es bei der Kultur von Gänsefußgewächsen zu beachten: Die einzelnen Familienmitglieder können sich gegenseitig nicht »ausstehen«. Deshalb sollte man Mangold nie unmittelbar auf Rote Beete oder Spinat folgen lassen.

**Ernte und Verwendung** Im Juni haben die ersten Mangoldblätter eine brauchbare Größe erreicht. Bis zum Spätherbst können laufend frische Blätter geerntet werden. Schonen Sie aber immer die Herzblätter, sonst schädigen Sie die Pflanze. Mangold ist winterhart und kann in der Regel sogar die kalten Monate im Garten überdauern. Im Frühjahr treibt er dann zeitig wieder aus. Sobald die ersten Blüten erscheinen, wird er jedoch für die Küche unbrauchbar. Deshalb hält man ihn im Garten meist nur einjährig. In der Küche wird die fleischige Mittelrippe des Stielmangolds abgetrennt und wie Spargel zubereitet. Die Blattre-

ste können, genauso wie das Laub des Blattmangolds, als Spinatgemüse verwendet werden.

**Alte Weisheiten** Im Mittelalter war Lauchsuppe, der man Mangoldblätter beifügte, besonders beliebt. Aber auch in die Heilwirkung des Mangolds setzte man große Hoffnung. Viel Gutes wissen die Kräuterväter über den Mangoldsaft zu berichten: »Deßgleichen in die Ohren geträufft/ benimmt es die Schmertzen und das Klingeln darinnen: An die Zähn gestrichen/ lindert er die Wehetage derselben. Der Safft mit Wein getruncken/treibt den Harn fort/ und ist gut genutzt wieder die Gallsucht.«

## Pastinak
*Pastinaca sativa* var. *sativa*

**Volksmund** Welsche Petersilie, Hammelmöhre, Hirschmöhre, Moorwurzel, Balsternaken, Pasternat, Roßkemmich

**Herkunft** Der Gemeine Pastinak ist über ganz Europa und große Teile des nördlichen Asiens verbreitet. Er gedeiht an Wegrändern, Böschungen, auf Schuttplätzen, Wiesen und Getreideäckern. Unser Gartenpastinak stammt von dieser wildwachsenden Form ab. Er unterscheidet sich von ihr aber nur durch die stärker ausgeprägte Wurzel. Bei Römern und Griechen war der Pastinak schon im Altertum bekannt. Nach Dioskurides aß man seine gekochten Wurzeln. Seit alters her galt die Wurzel auch als schmerzstillendes und fiebersenkendes Mittel und half gegen Skorbut. Im Mittelalter gehörte Pastinak zu den am häufigsten kultivierten Gemüsearten. Dann wurde er langsam von der Möhre verdrängt.

**Steckbrief** Der Pastinak ist ein Doldenblütler (Umbelliferae). Er besitzt eine fleischige, gelblichweiße Pfahlwurzel. Die einfach gefiederten Blätter sind glänzend grün. Im 2. Jahr treibt die Pflanze einen kantigen, gerillten Blütenstengel, der fein behaart ist. Er erreicht eine Höhe von 100 cm und verzweigt sich erst im oberen Teil. Von Juli bis September entfalten sich an den Stengelspitzen viele kleine,

gelbe Blüten, die in ungleich langen Dolden zusammenstehen.

Der Geruch der Pflanze erinnert an Möhren, die Wurzel schmeckt süßlich. Sie hat einen hohen Gehalt an Vitamin A, B und C und enthält außerdem reichlich Eiweiß, Zucker, Stärke, Pektin, ätherisches und fettes Öl. Sie wirkt blutreinigend und harntreibend.

**Gartentips** Damit sich seine Wurzel gut entwickelt, braucht der Pastinak tiefgründige, feinkrümelige Böden. Auf nassen Standorten gedeiht er nur schlecht. Sie haben die Wahl zwischen verschiedenen Zuchtformen mit unterschiedlich langen Wurzeln. Ab April können Sie die Samen direkt ins Freiland streuen. Die Reihen sollten 30 cm Abstand haben. Später lassen Sie nur alle 15 cm eine Jungpflanze stehen. Zu dicht wachsende Pflanzen entwickeln nur dünne Wurzeln! Bei länger anhaltender Trockenheit dürfen Sie das Gießen nicht vergessen. Pastinak ist winterhart, kann also den Winter über im Boden bleiben. Deshalb ist auch im Sommer noch eine Aussaat möglich. Allerdings müssen Sie sich dann mit der Ernte bis zum nächsten Jahr gedulden.

**Ernte und Verwendung** Wenn Sie bereits im Frühjahr gesät haben, können Sie einzelne schwächere Wurzeln schon im Spätsommer in der Küche verwenden. Die richtige Zeit für die eigentliche Ernte ist jedoch der Spätherbst.

61

# Gemüse im Bauerngarten

Das Kraut wird abgeschnitten und die Wurzeln im Keller in eine Kiste – zwischen Lagen aus feuchtem Sand – eingeschlagen. Sie können den Wintervorrat aber auch auf dem Beet stehenlassen und bei Bedarf an einem frostfreien Tag frisch ernten. Der im Sommer gesäte Pastinak bleibt ohnehin auch während der kalten Jahreszeit draußen. Die überwinterten Wurzeln sollten Sie aber unbedingt vor der Blüte ernten. Danach werden sie nämlich hart und holzig. Pastinak-Wurzeln bereitet man wie Möhren zu. Sie passen als Gemüse zu gekochtem Rindfleisch und zu Eintopf. Wie Sellerie können Sie auch Pastinak als Salat mit Essig und Öl anmachen.

**Alte Weisheiten** Der Pastinachwein ist ein sonderlicher guter Tranck/ den kalten blöden Magen zu stärcken/ das Aufropfen desselben und den Klux zu vertreiben/ die Dauung zu stärcken/ und den Appetit zur Speiß zu fürdern. Er ist trefflich gut und heilsam den Lebersüchtigen/ und dienet wider die Aufblähung des ganzen Leibs/ zertheilt die verschlossenen Winde/ und führet sie aus/ treibet den Harn und Nierenstein.«

Seitenlange Lobeshymnen widmeten die Kräuterväter dem Pastinak. Geradezu unerschöpflich war die Verwendungsmöglichkeit der Wurzel. Lange Zeit diente sie sogar als Kaffee-Ersatz.

## Portulak
### Portulaca oleracea (P. sativa)

**Volksmund** Burzel- oder Purzelkraut, Kohlportulak, Gemüseportulak, Kreusel, Gelber Portulak, Ackerpurzel, Börzel, Sauburzel, Burgel

**Heimat** Der Portulak stammt ursprünglich aus Westasien. Schon seit uralter Zeit wird er in der Küche verwendet. Er war eines der wichtigsten Heilmittel gegen Skorbut. Am liebsten aß man ihn als Gemüsesuppe oder Salat. Inzwischen ist er aus den Gärten fast verschwunden. Manchmal findet man ihn noch verwildert an Wegen und Schuttplätzen und als »Unkraut« auf Hackfruchtäckern.

**Steckbrief** Der Portulak gehört zur Familie der Portulakgewächse (Portulacaceae). Er treibt eine spindelförmige Wurzel, aus der ein fester, fleischiger und stark verzweigter Stengel hervorwächst. Meist ist er rötlich überlaufen. Die Blätter sind verkehrt-eiförmig, sehr saftig und glänzend dunkelgrün gefärbt. Von Juni bis September erscheinen in den Blattachseln und an der Pflanzenspitze kleine gelbe und ungestielte Blüten. Die ganze Pflanze wird 15–30 cm hoch.

Portulak schmeckt erfrischend, dabei ein wenig salzig und säuerlich. Er ist sehr vitaminreich und enthält außerdem Mineral- und Eiweißstoffe. Er lindert Sodbrennen und Magenschmerzen und eignet sich wegen der blutreinigenden Wirkung sehr gut als Frühjahrskur.

**Gartentips** Geben Sie dem wärmeliebenden Portulak einen sonnigen und windgeschützten Platz. Am besten gedeiht er auf sandigen, lockeren und eher trockenen Böden. Nur während des Keimens sollten Sie die Erde gleichmäßig feucht halten. Ab Mai können Sie die feinen Samen – im Reihenabstand von 20 cm – direkt ins Freiland säen. Weil Portulak zu den Lichtkeimern gehört, dürfen Sie die Saat nur ganz dünn mit Erde bedecken. Bei dichter Aussaat werden die Pflänzchen später wie Kresse geschnitten. Man kann sie aber auch auseinandersetzen. Wenn Sie den ganzen

Sommer hindurch Portulak ernten möchten, sollten Sie im Abstand von 3–4 Wochen jeweils eine neue Reihe nachsäen. Im Garten eignet sich Portulak sehr gut als Beeteinfassung.

**Ernte und Verwendung** Schon 4 Wochen nach der Aussaat können Sie Portulak zum ersten Mal schneiden. Er wächst wieder nach, und während des Sommers sind dann noch weitere Ernten möglich. Nach Blühbeginn werden allerdings die Blätter hart und bitter. Zum Konservieren ist Portulak nicht geeignet. Frische, saftige Pflanzen können Sie in der Küche als Salat – mit Essig und Öl – zubereiten, oder unter Gurken-, Tomaten- und Kopfsalat mischen. Auch in Butter gedünstet oder als Rahmsuppe schmeckt Portulak ausgezeichnet. Außerdem kann man ihn zu einem würzigen Spinat verarbeiten, sogar älteres Laub eignet sich noch dazu. Feingeschnitten paßt er zu Quark und als Belag auf Butterbrote.

**Alte Weisheiten** Im 15. Jahrhundert beschrieb Johannes Hartlieb das Kraut folgendermaßen: »Portulaca hayst portelkraut, spant dy stingl auf dy erd und hat dicke pletel nachent sam Jung Hauswurtz und sein saft ist czech (Anm.: zäh).« Von Tabernaemontanus erfahren wir einiges über die Wirksamkeit des »Burtzelkrauts«: »Wer mit dem Sod im Magen geplaget wird/ der soll diß Kraut im Salat essen/ oder dasselbige in Wasser kochen und die Brühe davon trincken ... Der Saft im Mund gehalten/ machet die wackelhafftige Zähn wiederum fest stehen.«

## Rettich
### *Raphanus sativus*

**Volksmund** Radi, Bölkwurzel, Rumenasse
**Herkunft** Die verschiedenen, bei uns bekannten Rettichsorten sind Kulturformen der Art *Raphanus sativus*. Schon die Ägypter züchteten Rettiche aus Wildformen, die aus Vorderasien stammten. Beim Bau der Pyramiden wurden sie von den Arbeitern verzehrt. Die Griechen und Römer schätzten den Rettich als gutes Heilmittel. Ihre Ärzte verordne-

ten ihn gegen Husten. Bei uns wurde er im 9. Jahrhundert sowohl in der Landgüterverordnung Karls des Großen, als auch im Klosterplan von St. Gallen erwähnt.

**Steckbrief** Der Rettich gehört zur Familie der Kreuzblütler (Cruciferae). Die Rettichwurzel hat eine längliche, rübenartige Form. Die Blätter sind leierförmig und stumpflappig, die obersten wachsen jedoch unzerteilt. Läßt man den Rettich ausreifen, entwickeln sich mittelgroße Einzelblüten, deren Farbskala von Weiß über Weißviolett bis Hellgelb reicht. Der typische Rettichgeschmack entsteht durch den Gehalt von ätherischen Senfölen. Weitere Bestandteile sind die Vitamine B1, B2 und C. Der Rettich ist eine ausgezeichnete Heilpflanze, jedoch schlecht verdaulich und daher nicht für Magenkranke geeignet. Der Schwarzrettich weist im Vergleich zu den anderen kultivierten Retticharten am meisten aktive Substanzen auf. Rettichsaft verhindert die Bildung von Gallen- und Nierensteinen und eignet sich gut als Kur für Leberkranke. Er wirkt appetitanregend und hilft gegen Husten und Skorbut.

**Gartentips** Rettiche können das ganze Jahr über angebaut werden. Sie gedeihen am besten in humusreichen, feinkrümeligen und tiefgründigen Böden. Wenn Sie ein Frühbeet zur Verfügung haben, können Sie mit der Aussaat

# Gemüse im Bauerngarten

von Frühsommerrettichen bereits Ende Februar beginnen. Die Aussaat direkt ins Freiland ist ab Ende März möglich. Von April bis Mai folgen die Sommerrettiche und schließlich von Mitte Juni bis August die Herbst- und Winterrettiche. Am besten säen Sie stets kleinere Mengen im Abstand von 14 Tagen. So können Sie immer genug ernten und werden nicht plötzlich von einer »Rettichflut« überwältigt. Für die Aussaat benötigen Sie ca. 1 cm tiefe Saatrillen, in die Sie die Samen dann ganz dünn ausstreuen. Der Reihenabstand beträgt 20–25 cm. Nach dem Keimen werden die Pflänzchen innerhalb der Reihe auf einen Abstand von 15 cm vereinzelt. Winterrettiche benötigen 20 cm. Gaben von frischem Mist verträgt der Rettich wegen der Rettichfliege überhaupt nicht. Düngen mit Kompost ist jedoch möglich. Rettiche haben einen verhältnismäßig hohen Feuchtigkeitsbedarf – Sie sollten deshalb die Erde nicht austrocknen lassen.

**Ernte und Verwendung** Frühsommerrettiche benötigen von der Aussaat bis zur Ernte 50–60 Tage. Sommerrettiche brauchen 70 Tage, Herbst- und Winterrettiche dagegen 120 Tage. Wenn Sie die Winterrettiche vor dem ersten Frost hereinholen, sind sie lange haltbar. Am besten bewahren Sie sie im Keller in einer Sandkiste auf.

Rettich paßt besonders gut zu Butterbrot und Bier, aber auch als Salat schmeckt er ausgezeichnet. Wenn Sie den Rettich nicht am gleichen Tag verarbeiten, können Sie ihn mitsamt den Blättern ins Wasser stellen. Dadurch bleibt er knackig und frisch. Aus dem Rettich können Sie ein altbekanntes, wirksames Hustenmittel selbst herstellen: Höhlen Sie eine dicke Rettichwurzel teilweise aus. Anschließend schneiden Sie die Spitze ab und bohren ein Loch bis zur Höhlung. Dann füllen Sie den Rettich mit braunem Kandiszucker oder festem Honig auf und stellen ihn auf ein Glas. Der nach unten durchgetropfte Saft kann nun löffelweise eingenommen werden.

**Alte Weisheiten** Bei unseren Vorfahren war der Rettich als Heilpflanze sehr beliebt. Bereits damals hatte man erkannt: »Rettichsamen, gepulvert und getrunken ist gut vor den Stein.« Im 17. Jahrhundert heißt es: »Rettich treiben den Harn/ und machen viel reupssens.« Und weiter noch: Sie »sindt gesotten und gessen gut wider den alten langwehrenden Husten/ und dicken feuchten Schleim/ so in der Brust erwächst.«

Ein anderes volkstümliches Rezept empfiehlt ihn wärmstens »gegen den Herzwurmb« (damit ist der Katzenjammer gemeint, der einen meist nach zu reichlichem Alkoholgenuß erwischt): »Schneid einen Rattich, salz ihn, bis er wasséricht wird, und iß ihn dann morgens niechter, dieser Wurmb förcht nit so sehr als den Rattich.«

## Zwiebel
## *Allium cepa*

**Volksmund** Zwifl, Zwiefel, Zippel, Zipolle, Bolle, Oje, Sipel

**Herkunft** Vermutlich stammt die Zwiebel aus dem Vorderen Orient. Sie gehört zu den am längsten kultivierten Gemüsearten. Schon vor 4000 Jahren bauten sie die Chaldäer an und auch auf ägyptischen Wandmalereien ist sie zu erkennen. Griechen und Römer hielten ebenfalls große Stücke auf sie. Und im 9. Jahrhundert ließ sie Karl der Große in seinen Hofgärten pflanzen.

**Steckbrief** Die Zwiebel gehört zur Familie der Liliengewächse (Liliaceae). In Form und Farbe kann sie, je nach Kulturform, stark variieren. Ihre Außenhäute sind dünn und papieren, die inneren Schalen fleischig. Sie hat röhrenartige Blätter, aus deren Mitte im 2. Jahr ein langer Stengel mit einer kugeligen Scheindolde hervorwächst.

Schwefelhaltige ätherische Öle sind dafür verantwortlich, wenn uns beim Zwiebelschneiden die Augen tränen. Außerdem enthält die Zwiebel viele Vitamine – vor allem Vitamin C. Sie wirkt abführend, antiseptisch, blutdrucksenkend, gegen Bronchialerkrankungen und Skorbut.

**Gartentips** Zwiebeln bevorzugen lockeren, humusreichen Boden. Nur während der Hauptwachstumszeit im Juni/Juli benötigen

sie mehr Feuchtigkeit. Ansonsten lieben sie eher trockene Standorte. Zu viel Dünger schadet ihnen. Auf keinen Fall sollten Sie frischen Stallmist verwenden. Ab Mitte März, sobald sich der Boden bearbeiten läßt, können Sie Zwiebeln aussäen. Die Saat keimt verhältnismäßig langsam. Bis zu 3 Wochen müssen Sie sich gedulden. Im April können Sie die Steckzwiebeln in den Boden legen. Sie sind vor allem bei rauherem Klima zu empfehlen, weil sie sich schneller entwickeln. Für das Aussäen von Frühlingszwiebeln ist der August am besten geeignet. Die Pflänzchen bleiben den Winter über im Freien, deshalb müssen sie in ungünstigen Lagen geschützt werden. Erntereif sind diese Zwiebeln dann ab April. Beim Stecken und Aussäen der Zwiebeln halten Sie am besten einen Reihenabstand von 20 cm ein. Die Samen werden in Rillen eingestreut, die etwa 1 cm tief sind. Bei den Steckzwiebeln dürfen die Spitzen gerade noch aus dem Boden herausschauen. In der Reihe werden sie mit 15–20 cm Abstand voneinander gepflanzt. Beim Unkrautjäten müssen Sie vorsichtig hakken, denn Zwiebeln sind Flachwurzler. Zwiebeln und Möhren in Mischkultur schützen sich gegenseitig vor Möhren- und Zwiebelfliegen.

**Ernte und Verwendung**  Das Wachstum von Saat- und Steckzwiebeln ist im Hochsommer abgeschlossen. Sie erkennen es daran, daß die Blätter gelb werden. Lassen Sie die ausgegrabenen Zwiebeln noch ein paar Tage an der Luft trocknen. Manche Bäuerinnen flechten kunstvolle Zwiebelzöpfe, die sie dann am Haus, vor Regen geschützt, aufhängen. Das ist ein ausgesprochen hübscher Anblick. Später werden die Zwiebeln in einem trockenen, frostfreien Raum luftig gelagert. In der Küche können Sie Zwiebeln in nahezu allen Arten von Speisen verwenden. Sie passen u. a. zu Suppen, Gemüse, Fleisch, Soßen und Salaten.

Noch heute verwenden manche Bäuerinnen Zwiebelschalen zum Ostereierfärben. Dadurch entsteht ein schöner, rotbrauner Farbton. Die Zwiebel ist auch ein altes Hausmittel gegen Keuchhusten. Dazu gibt man 250 g geschälte Zwiebeln in 1 l siedendes Wasser, läßt

sie 10 Minuten ziehen, dann werden sie abgeseiht. Von dem stark gezuckerten Absud müssen täglich 3 Tassen getrunken werden.

**Alte Weisheiten**  Im Mittelalter wurde die Zwiebel aufgehängt, um die Pest abzuwehren. Und noch im 18. Jahrhundert weiß man darüber folgendes zu berichten: »In pestzeiten schneidet man große Zwiebel und hencket sie im Zimmer auf, so ziehet solche die böse Lüffte an sich, und wird dicker.« Tatsächlich wirkt die Zwiebel durch den Schwefelgehalt desinfizierend. Obwohl die Zwiebel zu den wichtigen Heilpflanzen gehört, sollte sie doch von nervösen und leicht erregbaren Menschen nur maßvoll gegessen werden. Im 16. Jahrhundert drückte man dies folgendermaßen aus: »Die Zwibeln seyn gut zum Magen, treiben die phlegmata heraus, darum sind sie den Cholerics nit gut, sondern den Phlegmaticis.« Und weiter heißt es: »Wegen ihrer über sich riechenden schärffe beschwären sie leichtlich das Haupt, sollen derowegen von studierenden Personen, welche mit dem gemüth arbeiten, und denen so feucht Gehirn und ein blödes Gesicht haben, gemeidet werden.« Früher sagte man auch, daß man Zwiebeln am besten pflanzt, wenn man zornig ist – dann wachsen sie besser. Der Tag des hl. Benedikt (21. März) gilt als die beste Zeit Zwiebeln zu säen, denn »Benedikt macht Zwiebeln dick«.

## Mischkultur

Reiche Ernte mit möglichst wenig Aufwand – das ist der Wunsch eines jeden Gartenbesitzers. Doch je geordneter die Beete aufeinander folgen – ein Beet Kohlrabi, ein Beet Zwiebeln, ein Beet Salat – desto mehr Pflege ist nötig. Der blanke Boden zwischen den Gemüsereihen trocknet schnell aus, wird hart und rissig. Man muß ihn häufig bearbeiten, damit Luft an die Wurzeln kommt und das Wasser besser aufgenommen wird. Unkraut schießt massenhaft hervor und trotz Jäten ist nach wenigen Tagen schon wieder neues da. Und ganze Invasionen von Schädlingen treiben den Hobby-Gärtner zur Verzweiflung. Wenn schließlich alle Gefahren erfolgreich umgangen sind, wird man zur Erntezeit von einer Gemüseflut förmlich überschwemmt. Ein ganzes Beet mit erntebereitem Kopfsalat ist wirklich zuviel des Guten, wenn man ihn nicht schon zum Frühstück essen mag.

»Mischkultur« heißt das Zauberwort, das die Lösung für all diese Probleme liefert. Anstatt »preußischer Marschkolonnen« gedeihen hier unterschiedliche Gemüsearten auf einem Beet einträchtig miteinander. In den Bauerngärten hat diese Art des Gemüsebaus schon eine lange Tradition. Das ist auch gar nicht verwunderlich, denn die Mischkultur entstand aus Beobachtungen in der Natur. Hier gibt es nämlich keine sogenannte Monokultur! Wissenschaftler wollten es einmal ganz genau wissen. Auf einer ungedüngten Wiese in der Rhön wurden die dort wachsenden Pflanzenarten gezählt. Man kam dabei auf sage und schreibe 52 verschiedene Arten. Und auf einem Quadratmeter dieser Wiese wuchsen gar 408 Einzelpflanzen. Auch die meisten Gartengewächse entwickeln sich in Gegenwart mancher Nachbarn besser. Das liegt vielfach an bestimmten Wirkstoffen, die über Wurzeln, Blätter, Blüten und Früchte abgegeben werden. Beispielsweise fördern Wurzelausscheidungen der Tomaten das Wachstum von Sellerie. Dagegen gibt es andere Pflanzen – wie Tomaten und Erbsen –, die sich überhaupt nicht »riechen« können. Eine Reihe weiterer Gewächse verhält sich zueinander neutral. Außerdem kennt man sogar Pflanzenkombinationen, die Schädlinge abwehren. Ein geradezu »klassisches« Beispiel dafür ist die Gemeinschaft von Möhren und Zwiebeln. Die beiden Pflanzen bieten sich gegenseitig Schutz vor Möhren- und Zwiebelfliege. Noch dazu vermehren sich Schädlinge in Mischkulturen nur langsam, weil sie sich ihre Futterpflanzen erst suchen müssen. Dagegen können sich auf Beeten mit Monokultur die ungebetenen »Mitesser« von einer Pflanze zur nächsten einfach durchfressen.

Aber auch noch andere Vorteile hat die Mischkultur: Durch den Wechsel von Flach- und Tiefwurzlern auf einem Beet werden die Nährstoffe im Boden besser ausgenutzt. Und durch eine Staffelung in der Höhe, erhalten die Pflanzen mehr Sonnenlicht. Auch der Boden ist bei der Mischkultur in gesundem Zustand – feinkrümelig und humos. Denn auf den Beeten gedeihen gleichzeitig verschiedene Gemüsearten mit unterschiedlicher Reifezeit. So ist der Boden das ganze Jahr über bewachsen, und das garantiert stets eine gute Bodenbeschattung. Unkräuter können dadurch auch nicht so leicht aufkommen. Die folgende Tabelle gibt Ihnen Auskunft darüber, welche Pflanzenarten sich gegenseitig in der Entwicklung fördern, welche neutral sind, oder ob sie sich überhaupt nicht miteinander vertragen.

# Gemüse im Bauerngarten

🔵 günstige Nachbarschaft

🔴 ungünstige Nachbarschaft

Bei den Feldern ohne Punkt ist das Verhältnis der Pflanzen zueinander neutral

| | Buschbohnen | Dicke Bohnen, Puffbohnen | Dill | Endivien | Erbsen | Erdbeeren | Fenchel | Feuerbohnen | Gurken | Karotten/Möhren | Kartoffeln | Knoblauch | Kohlgewächse | Kohlrabi | Kopfsalat | Kümmel | Lauch, Porree | Mangold | Pastinaken | Petersilie | Pfefferminze | Radis/Rettich | Rote Beete | Salbei | Schnittlauch | Schwarzwurzeln | Sellerie | Spinat | Stangenbohnen | Tomaten | Zichoriensalat | Zwiebeln |
|---|---|---|---|---|---|---|---|---|---|---|---|---|---|---|---|---|---|---|---|---|---|---|---|---|---|---|---|---|---|---|---|---|
| **Buschbohnen** | | | | | 🔵 | | 🔴 | | 🔵 | | 🔴 | | 🔵 | 🔵 | 🔵 | 🔵 | 🔴 | 🔵 | | | | 🔵 | 🔵 | | 🔴 | | 🔵 | | | 🔵 | | 🔴 |
| **Dicke Bohnen, Puffbohnen** | | | | 🔵 | | 🔴 | | | | | 🔴 | | | | 🔵 | | 🔴 | | | | | 🔵 | | | 🔴 | | 🔴 | | | | | 🔴 |
| **Dill** | | | | 🔵 | | | | | 🔵 | 🔵 | 🔵 | | | | 🔵 | | | | | | | 🔵 | 🔵 | | | | | | | | | 🔵 |
| **Endivien** | | | | | 🔵 | | | | | | | | 🔵 | | | | 🔵 | | | | | | | | | | | | | 🔵 | | |
| **Erbsen** | 🔴 | 🔵 | 🔵 | | | | 🔵 | 🔵 | | 🔵 | 🔴 | 🔴 | 🔵 | 🔵 | 🔵 | 🔵 | 🔴 | | | | | 🔵 | | | 🔴 | | | | 🔴 | 🔴 | | 🔴 |
| **Erdbeeren** | 🔵 | 🔵 | | 🔵 | 🔵 | | | | 🔵 | 🔵 | | | 🔵 | 🔵 | 🔵 | | 🔵 | | | | | 🔵 | 🔵 | | | | | 🔵 | | | | 🔵 |
| **Fenchel** | 🔴 | 🔴 | | 🔵 | 🔴 | | | | 🔴 | 🔵 | | | | 🔴 | 🔴 | | | | | | | | 🔵 | | | | | | 🔴 | 🔵 | 🔴 | 🔴 |
| **Feuerbohnen** | | | 🔵 | | 🔵 | | 🔵 | | | 🔵 | | | 🔵 | 🔵 | 🔵 | | 🔴 | | | | | 🔵 | | | | | | | | 🔵 | | 🔴 |
| **Gurken** | 🔵 | | 🔵 | | 🔴 | 🔵 | 🔵 | | | 🔵 | | | 🔵 | 🔵 | 🔵 | | 🔵 | | | 🔵 | | 🔴 | 🔵 | | | 🔵 | | 🔵 | | 🔴 | 🔵 | 🔴 |
| **Karotten/Möhren** | | 🔵 | 🔵 | 🔵 | 🔵 | 🔵 | | | 🔵 | | | | | 🔵 | | | 🔵 | 🔵 | 🔵 | | | 🔵 | 🔴 | | | 🔵 | 🔵 | 🔵 | | 🔵 | 🔵 | 🔵 |
| **Kartoffeln** | 🔵 | | 🔵 | | 🔵 | | | | 🔴 | 🔵 | | | 🔴 | 🔴 | | | | | 🔵 | | 🔵 | | 🔴 | | | | 🔴 | 🔵 | 🔵 | 🔴 | | |
| **Knoblauch** | 🔴 | 🔵 | | | 🔴 | 🔵 | | | 🔵 | 🔵 | | | | 🔵 | | | | | | | | | | | | | | 🔵 | | 🔵 | | |
| **Kohlgewächse** | | | | | 🔵 | | | 🔵 | 🔵 | 🔵 | 🔴 | | | 🔵 | | | 🔵 | 🔵 | | | | 🔵 | | | 🔴 | | 🔵 | 🔵 | 🔵 | 🔵 | 🔵 | 🔵 |
| **Kohlrabi** | 🔵 | | | | 🔵 | | 🔴 | | 🔵 | 🔵 | 🔴 | | 🔵 | | 🔵 | | | | | | | 🔵 | | | 🔵 | | 🔵 | 🔵 | 🔵 | 🔵 | | 🔵 |
| **Kopfsalat** | 🔵 | | 🔵 | | 🔵 | 🔵 | 🔴 | 🔵 | 🔵 | 🔵 | | | 🔵 | 🔵 | | | 🔵 | | 🔵 | 🔴 | | 🔵 | 🔵 | | | 🔵 | 🔴 | | 🔵 | 🔵 | 🔵 | 🔵 |
| **Kümmel** | 🔵 | | | | 🔵 | | 🔴 | | 🔵 | | | | 🔵 | 🔵 | | | 🔵 | | | | | | 🔵 | | | 🔵 | | 🔵 | | 🔵 | | |
| **Lauch, Porree** | 🔴 | 🔴 | | 🔴 | 🔴 | 🔵 | | 🔴 | 🔵 | 🔵 | | | 🔵 | | 🔵 | | | | | | | | 🔵 | | 🔵 | 🔵 | 🔵 | | 🔴 | 🔵 | | 🔴 |
| **Mangold** | 🔵 | | | | 🔵 | | | | 🔵 | | | | 🔵 | | | | | | | | | 🔵 | 🔴 | | | | | 🔵 | | | | |
| **Pastinaken** | | | 🔵 | | | | | | 🔵 | 🔵 | | | | 🔵 | | | | | | | | 🔵 | 🔵 | | | 🔵 | 🔵 | | | | 🔵 |
| **Petersilie** | | | | | 🔵 | | | | 🔵 | | | | | 🔵 | | | 🔴 | | | | | 🔵 | | | | | | 🔵 | | 🔵 | | 🔵 |
| **Pfefferminze** | | | | | | | | | 🔵 | | | | 🔵 | | | | 🔵 | | | | | | | | | | | | | 🔵 | | |
| **Radis/Rettich** | 🔵 | 🔵 | | | 🔵 | 🔵 | | 🔵 | 🔴 | 🔵 | | | 🔵 | 🔵 | 🔵 | | | | 🔵 | 🔵 | 🔵 | | 🔵 | | | | | 🔵 | | 🔵 | 🔵 | 🔴 |
| **Rote Beete** | 🔵 | | 🔵 | | 🔵 | | | | 🔵 | 🔵 | 🔴 | | 🔵 | | 🔵 | | 🔵 | 🔴 | 🔴 | 🔵 | | 🔵 | | | 🔴 | | 🔵 | | | 🔴 | | |
| **Salbei** | 🔵 | | | | 🔵 | | | | | | | | | | | | | | | | | | | | | | | | | | | |
| **Schnittlauch** | 🔴 | | 🔵 | | 🔴 | | | | | | | | 🔵 | | | | | | | | | | | | | | | | 🔴 | | | |
| **Schwarzwurzeln** | | | | | | | | | | 🔵 | 🔵 | | 🔵 | | | | 🔵 | | | | | | | | | | | | | | | 🔵 |
| **Sellerie** | 🔵 | 🔵 | | | 🔵 | 🔵 | | 🔵 | 🔵 | 🔴 | | | 🔵 | 🔵 | 🔴 | 🔵 | 🔵 | 🔵 | | | | 🔵 | | | | | | | 🔵 | 🔵 | | 🔵 |
| **Spinat** | 🔵 | | | 🔵 | 🔵 | 🔵 | | 🔵 | 🔵 | 🔵 | 🔵 | | 🔵 | 🔵 | 🔵 | | 🔵 | | 🔵 | 🔵 | | 🔵 | 🔵 | | | | | | 🔵 | 🔵 | | |
| **Stangenbohnen** | | | | | | | | | 🔵 | 🔴 | 🔵 | | 🔵 | 🔵 | 🔵 | 🔵 | 🔴 | | | | | 🔵 | | | 🔴 | | 🔵 | | | | 🔴 |
| **Tomaten** | 🔵 | | 🔵 | | 🔵 | | 🔴 | | 🔵 | 🔵 | 🔴 | 🔵 | 🔵 | 🔵 | 🔵 | | 🔵 | | | 🔵 | 🔵 | 🔵 | | | | | 🔵 | 🔵 | | | 🔴 | 🔵 |
| **Zichoriensalat** | | | | | 🔵 | | | | 🔵 | | | | | 🔵 | | | 🔵 | | | | | | | | | | | | 🔵 | 🔵 | | |
| **Zwiebeln** | 🔴 | | 🔵 | | 🔴 | 🔵 | | | 🔵 | 🔵 | | | 🔴 | 🔵 | 🔵 | | 🔴 | | | 🔵 | 🔵 | 🔵 | | | | | 🔴 | 🔵 | | | | |

67

# Gemüse im Bauerngarten

Diese Graphik soll aber nichts weiter sein als ein Hilfsmittel für Ihre eigenen Experimente. Denn, obwohl bisher über die gegenseitige Beeinflussung der Nutzpflanzen schon einiges bekannt ist, blieben andere Zusammenhänge noch ungeklärt. Vertrauen Sie also ruhig auf Ihren Spürsinn – eigene Beobachtungen sind durch nichts zu ersetzen! Bevor Sie aber voller Tatendrang die Ärmel hochkrempeln, sollten Sie unbedingt einen Anbauplan anfertigen, nach dem Sie vorgehen können. Denn ohne einiges Nachdenken und Planen geht es bei der Anlage von Mischkulturen nun mal nicht ab. Der Erfolg wird Ihnen recht geben! Aber nehmen Sie sich für den Anfang nicht zuviel vor – am besten beginnen Sie mit wenigen und einfachen Kombinationen. Später können Sie ja Ihren Anbauplan nach allen Regeln der Kunst weiter ausfeilen.

Dazu finden Sie nebenstehend noch einen kleinen »Fahrplan« für den Anfang.

Mischkulturen werden in der Regel nur mit gut verrottetem Kompost gedüngt. Damit auch die Pflanzen mit hohem Nährstoffbedarf – wie Kohlgewächse, Kartoffeln, Tomaten, Gurken, Lauch, Sellerie und Kürbis – bestimmt »satt« werden, können Sie sie noch zusätzlich alle 3 Wochen mit einem Schuß Brennesseljauche versorgen. Wenn Sie ein Beet nur mit stärker zehrenden Gemüsearten bepflanzen möchten, ist eventuell im Herbst eine Gabe von halbverrottetem Kompost möglich. Verwenden Sie aber auf keinen Fall frischen Mist als Dünger für Mischkulturen.

| Vorfrucht | Hauptfrucht | Nachfrucht |
|---|---|---|
| Radieschen | Sellerie + Kohlrabi | auf Kohlrabi folgen Endivien und Fenchel |
| – – – – – | Zwiebeln + Karotten | Spinat oder Winterkopfsalat |
| – – – – – | Frühkartoffeln + Spinat | Fenchel + Kopfsalat |
| Kresse | Lauch + Karotten | – – – – – |
| Kopfsalat | Buschbohnen + Rote Beete | auf Buschbohnen folgt Schwarzer Winterrettich |
| – – – – – | Dill + Möhren | auf Dill folgt Spinat |
| Kopfsalat + Frührettich | Stangenbohnen + Endivien | – – – – – |
| Spinat | Tomaten + Sellerie | Winterrettich + Feldsalat |

# Kräuter des Bauerngartens

## Heil- und Gewürzkräuter

Sie ist aus dem Bauerngarten nicht wegzudenken – die würzige, duftende Kräutergesellschaft. Die meisten dieser Gewächse gediehen schon vor vielen Jahrhunderten in den Gärten unserer Vorfahren. Sie waren im täglichen Leben einfach unentbehrlich: als Küchenwürze und hilfreiche Hausarznei für Mensch und Tier. Kräuter waren in der Regel die einzigen Verbündeten im Kampf gegen Krankheiten.

Brotklee – heute ein seltener Gast im Bauerngarten.

So viel Vertrauen setzte man in ihre Heilkräfte, daß es sogar im Volksmund hieß, gegen jede Krankheit sei ein Kraut gewachsen. Auch sonst traute man den ätherisch duftenden Pflanzen allerhand zu – sie galten als Mittel für Zauber und Gegenzauber. So manches aus dieser alten Vorstellungswelt bringt uns heute zum Schmunzeln. Wie der Glaube, man könne »Gleiches mit Gleichem« austreiben. Demnach sollte die stachelige Mariendistel gegen Seitenstechen helfen und die gelbgefärbte Ringelblume gegen Gelbsucht. Andererseits ist erstaunlich viel Wahres an den alten Weisheiten und Erkenntnissen. Mit Hilfe moderner wissenschaftlicher Methoden wurde die Heilwirkung von Kräutern nachgewiesen, die die Alten schon vor Jahrhunderten erfolgreich gegen Krankheiten verwendeten.

Die wichtigsten der heilsamen Gewächse können Sie sich im Garten leicht auf Vorrat halten. Diese »grüne Apotheke« ist dann jederzeit für Sie geöffnet. Kräuter-Medizin hilft bei den vielen kleinen »Wehwehchen« des Alltags. Freilich kann sie bei ernsteren Beschwerden nicht den Gang zum Arzt ersetzen. Als Hausmedizin dürfen auch nur Kräuter verwendet werden, die ungefährlich sind und keine Nebenwirkungen verursachen. Aber Pfefferminztee ist sicher ein zuträglicheres Mittel bei »verkorkstem« Magen als ein starkes Medikament. Und die beruhigende Wirkung von Melisse und Baldrian bringt »gestreßten« Menschen einen weitaus natürlicheren und erholsameren Schlaf als schwere Beruhigungspillen. Auch sonst sorgen die duftenden Kräuter für Wohlbefinden: Sie regen die Verdauung an, fördern den Appetit und bringen den Stoffwechsel »auf Trab«. Die meisten sind wegen ihres würzigen Aromas auch in der Küche unentbehrlich. Durch Kräuter wird das Essen erst zum Vergnügen! Auch dafür bringt der eigene Anbau Vorteile. In gartenfrischen Kräutern sind noch alle empfindlichen Geschmacks- und Geruchsstoffe erhalten, die beim Lagern langsam zerfallen. Außerdem können Sie im Garten genau die Menge frisch ernten, die Sie auch wirklich in der Küche benötigen.

Saatgut oder Jungpflanzen von manchen Kräutern sind heute gar nicht so leicht zu beschaffen. Im Anhang des Buches finden Sie Adressen von Staudengärtnereien, die sich auf Heil- und Gewürzkräuter besonders spezialisiert haben.

Einen Platz für die duftende Gemeinschaft der Würz- und Heilkräuter haben Sie in Ihrem Garten bestimmt noch frei. Ausdauernde Gewächse pflanzen Sie am besten auf ein eigenes Beet, und zwar nach der Größe gestaffelt. Die einjährigen Kräuter säen Sie aus, wo gerade Platz ist. Dill steht in Reihen zwischen Kopfsalat und Möhren, Kamille blüht auf dem Zwiebelbeet und Bohnenkraut füllt die Lücken zwischen den Buschbohnen aus. Aber auch in einem kleinen Gärtchen ist die Platzsuche kein Problem. Liebstöckel, Beifuß, Zitronenmelisse und Boretsch erhalten wegen ihres starken Wuchses einen Platz in der Gartenecke. Mit Petersilie, Schnittlauch und Dill bekommen Sie eine hübsche Umrandung für die Gemüsebeete. Lavendel, Ysop, Raute und Salbei mit ihren dekorativen Blüten können Sie dagegen getrost unter die Blumen mischen.

# Kräuter des Bauerngartens

## Einjährige Kräuter für den Bauerngarten

Die einjährigen Kräuter werden im Frühjahr ausgesät. Sie entwickeln sich rasch und setzen schon bald Blüten an. Sobald sich die Samen zeigen, haben die Pflanzen bereits den Höhepunkt ihres Lebens überschritten. Nach dem ersten starken Frost sterben sie ab. Die nachstehenden Kräuter müssen deshalb jedes Jahr von Neuem gezogen werden.

| | |
|---|---|
| Anis | – *Pimpinella anisum* |
| Basilikum | – *Ocimum basilicum* |
| <u>Bohnenkraut</u> | – *Satureja hortensis* |
| <u>Boretsch</u> | – *Borago officinalis* |
| <u>Dill</u> | – *Anethum graveolens* |
| <u>Kamille</u> | – *Matricaria chamomilla* |
| <u>Kerbel</u> | – *Anthriscus cerefolium* |
| Koriander | – *Coriandrum sativum* |
| Majoran | – *Origanum majorana* |
| Senf | – *Sinapis alba* |

Alle Pflanzen, die unterstrichen sind, werden auf den folgenden Seiten noch genauer »unter die Lupe« genommen.

## Bohnenkraut
### *Satureja hortensis*

**Volksmund**   Josefle, Kölle, Pfeffer-, Wein-, Suppen-, Aal-, Wurst- oder Käsekraut, Sommerbohnenkraut

**Herkunft**   Das Bohnenkraut stammt aus dem östlichen Mittelmeergebiet. Schon die Römer waren von seiner Würzkraft sehr angetan. Während des frühen Mittelalters brachten die Mönche das Kraut nach Mitteleuropa und hielten es in ihren Gärten. Im Heilkräutergarten des St. Gallener Klosterplans ist es als »sata regia« verzeichnet. Schon früh gehörte das Bohnenkraut zum festen Bestand des Bauerngartens.

**Steckbrief**   Das Bohnenkraut zählt zur Familie der Lippenblütler (Labiatae). Aus dem starken, holzigen Wurzelstock wachsen reich verzweigte Stengel. Sie sind ebenfalls im unte-

ren Teil verholzt. Die kräftig-grünen Blätter sind schmal-lanzettlich und flaumig behaart. Auf der Blattfläche sitzen Drüsen, die stark duftendes, ätherisches Öl produzieren. Von Juli bis Oktober zieren kleine, zarte, weiß bis rosaviolett gefärbte Blüten das Bohnenkraut. Die gesamte Pflanze wird etwa 20–30 cm hoch. Das Kraut duftet sehr aromatisch und schmeckt herbwürzig mit einem leicht pfefferartigen Nachklang. Viel ätherisches Öl und Bitterstoffe sind die Ursache dafür. Bohnenkraut wirkt appetitanregend, verdauungsfördernd und antiseptisch.

**Gartentips**   Am wohlsten fühlt sich das Bohnenkraut in einem humosen, lockeren Boden, der nicht zu feucht sein darf. Je mehr Sonne es bekommt, desto würziger wird sein Aroma. Die jungen Pflänzchen sind noch ein wenig frostempfindlich. Deshalb sollten Sie die feinen Samen im April ins Frühbeet oder unter Folie ausstreuen. Diese »erste Garnitur« wird gerade rechtzeitig mit den Buschbohnen erntereif. Ab der 2. Maihälfte ist dann die Aussaat direkt an Ort und Stelle möglich. Achten Sie aber darauf, daß Sie nur frisches Saatgut verwenden. Da das Bohnenkraut zu den Lichtkeimern gehört, dürfen die Samen nur leicht mit Erde bedeckt werden. Der Reihenabstand sollte 20–30 cm betragen, innerhalb der Reihe werden die Pflanzen später etwa 25 cm auseinandergesetzt. Zusammen auf einem Beet bilden Bohnen und Bohnenkraut eine gute Pflanzengemeinschaft, denn Blut- und Blattläuse meiden die Nähe des würzigen Krautes. Das Pfefferkraut können Sie selbst vermehren – es setzt leicht Samen an. Warten Sie mit der Ernte aber nicht so lange, bis sie sich braun färben, denn dann fallen sie leicht aus.

**Ernte und Verwendung**   Von Frühjahr bis Herbst können frische Blätter und junge Triebe geerntet werden. Das intensivste Aroma besitzt die Pflanze jedoch kurz vor und während der Blüte. Das ist dann auch die richtige Zeit, um sich mit dem Wintervorrat einzudekken. Zum Trocknen wird das Kraut am besten gebündelt und an einem schattigen und luftigen Ort aufgehängt. Die getrockneten Blätter sollten Sie nur in einem luftdicht verschlossenen Glas aufbewahren. Wie der Name schon verrät, ist das Bohnenkraut eine ausgezeichnete Würze für Hülsenfrüchte. Sie werden dadurch auch leichter verdaulich. Außerdem paßt das Kraut zu Kräutersuppen, Eintopf, Bratkartoffeln, Fisch, Wildbret, Pilzgerichten und Kräuteromeletten. Auch zum Einlegen von Gurken wird es verwendet. Bohnenkrauttee ist ein bewährtes Mittel gegen Magen- und Darmbeschwerden. Überbrühen Sie 2 Teelöffel Blätter mit 1/4 l Wasser. Vor dem Abseihen muß der Tee 10 Minuten ziehen. Er sollte möglichst warm getrunken werden.

Frische, zerdrückte Blätter des Pfefferkrauts sind ein altbewährtes Hausmittel gegen Bienen- und Wespenstiche.

**Verwandte**   Das Berg- oder Winterbohnenkraut *(Satureja montana)* ist im Gegensatz zum Gartenbohnenkraut ein ausdauerndes Gewächs. Im Mittelmeerraum wächst es wild an sonnigen, trockenen Felshängen. Sein Geschmack ist herbwürzig und ähnelt dem des einjährigen Pfefferkrauts. Es wird in der Küche auch genauso verwendet. Im Garten eignet es sich gut als Beeteinfassung. In rauhen Gegenden benötigt es etwas Winterschutz durch Fichten- oder Kiefernzweige.

**Alte Weisheiten**   »Satureien und Quendel sind der arme Leut wurtz (Anm.: Würze) zu aller speiß bei fleisch und fischen gekocht/ bringen lust zu essen/ dienen dem Magen/ reitzen zu Ehelichen wercken«, berichtet uns Kräutervater Bock von den Qualitäten des Bohnenkrauts. Für nicht so lobenswert hält dagegen ein anderer Kräuterkundiger den Einfluß der Pflanze auf die Liebe. Er stellt kurz und bündig fest: »Das kraut ist hayß und fewcht und erwecket die unkewsch an den menschen.«

Leider konnte bis zur Stunde nicht geklärt werden, wer nun Recht hat . . .

## Boretsch
### *Borago officinalis*

**Volksmund**   Gurkenkraut, Herzfreude, Wohlgemut, Boragi, Boradi, Himmelsstern, Bienensaug, Büratsch

**Herkunft**   Der Boretsch ist vermutlich in den Mittelmeerländern beheimatet. Die Araber kultivierten ihn in Spanien. Von dort gelangte er über die Alpen in das nördliche Europa. Bereits im 12. Jahrhundert wird er von der hl. Hildegard von Bingen erwähnt. Heute entdeckt man ihn manchmal verwildert auf Ödland oder an Wegrändern.

# Kräuter des Bauerngartens

**Steckbrief** Der Boretsch gehört zur Familie der Rauhblattgewächse (Boraginaceae). Er hat starke, fleischige Wurzeln. Der oberirdische Teil der Pflanze ist fast gänzlich mit Haaren überzogen. An den kräftigen Stengeln sind sie stachelig und borstig. Die beidseitig behaarten Blätter können oval oder lanzenartig geformt sein und verströmen einen gurkenartigen Geruch. Die unteren sind langgestielt und groß, die oberen sitzen direkt am Stengel. Ab Mai entfalten sich an den Stengelenden himmelblaue, sternförmige Blumen. Die Blüte dauert fast den ganzen Sommer über an. Der Boretsch kann unter günstigen Voraussetzungen eine Höhe von 80 cm erreichen. Er gehört zu den wichtigsten Bienenfutterpflanzen.

Seine Blätter und Blüten sind reich an Schleimstoffen, Gerbsäure, Mineralsalzen und Vitamin C. Boretsch wirkt blutreinigend, fiebersenkend, harn- und schweißtreibend und lindert den Husten.

**Gartentips** Der Boretsch ist ein robustes Kraut, das keine hohen Ansprüche an seinen Standort stellt. Jeder normale Boden ist ihm recht. Allerdings benötigt er mehr Feuchtigkeit als die meisten anderen Gartenkräuter. Ab April kann man ihn direkt ins Freiland säen. Damit die Samen auch bestimmt aufgehen, sollten Sie sie gut mit Erde bedecken und ein wenig festdrücken. Nach etwa 1–2 Wochen sprießt das erste Grün. Denken Sie rechtzeitig an eine Folgesaat, damit Sie den ganzen Sommer hindurch die jungen, weichen Blätter ernten können. Boretschpflanzen dürfen nicht zu dicht stehen, sonst werden sie anfällig gegen Schädlinge. Gegenüber kleineren, zarteren Gewächsen ist der Boretsch kein guter Nachbar. Sie sind in steter Gefahr, von ihm überwuchert zu werden. Deshalb suchen Sie für ihn am besten einen Platz am Rand des Beetes oder auf der Rabatte am Zaun, wo er sich ungehindert entfalten kann. Boretsch sät sich leicht selbst aus. Allerdings ist die Gefahr groß, daß er genau dort Fuß faßt, wo man ihn überhaupt nicht gebrauchen kann. Deshalb ist es besser, wenn Sie die Samen sammeln und im Frühjahr an geeigneten Plätzen selbst in den Boden bringen.

**Ernte und Verwendung** Die ersten Blätter können schon 8 Wochen nach der Aussaat gepflückt werden. Verwenden Sie aber nur die jungen Triebe, alte Blätter werden hart und stachelig. Boretschblüten und -blätter können immer nur frisch genutzt werden, getrocknet verlieren sie ihre Wirkstoffe. Kleingehackt schmecken Boretschblätter besonders gut in Gurkensalat, Quark und Eierspeisen. Auch Kräutersoßen, Fischgerichte oder Mangold sowie Spinat verleihen sie einen feinen Geschmack.

Wegen seines leicht salzigen Geschmacks eignet sich Boretsch hervorragend als Würze bei salzarmer Diät. Mit den leuchtend blauen Blüten können sie Sommergetränke besonders hübsch verzieren.

**Alte Weisheiten** Der Boretsch war stets beliebt bei Ärzten und Kräuterkundigen, und man sagte von ihm, daß er die Traurigkeit vertreibt. Deshalb heißt es schon bei Plinius: »Ich, Boretsch, bringe immer Freude«. Im Mittelalter war man davon überzeugt, das Kraut »starcket wunderbahrlich das Hirn, gibt Krafft der gedachtnuß und macht einen guten Verstand.« Daß der Boretsch eine fiebersenkende Wirkung hat, ist inzwischen wissenschaftlich bewiesen. Erkannt jedoch wurde dies schon wesentlich früher. Allerdings, ohne ein wenig »Hokuspokus« ging es dabei, wie Tabernaemontanus berichtet, nicht ab: »Es haben die Alten mit dem Boretsch ein sonder Geheimnuß der Natur getrieben das Fieber zu benemmen: Haben genommen ein Stock, der allein drey Stengel hat, und den selben ganz mit Kraut, Wurzel, Blumen und Samen wider das dreitägig Fieber. Wider das viertägig Fieber ein Stock mit vier Stengeln in gutem, firren Wein wie gemeldet gesotten.«

## Dill
### *Anethum graveolens*

**Volksmund** Gurkenkraut, Dull-Dill, Hexenkraut, Kapperkraut, Murkenkräutl
**Herkunft** Ursprünglich stammt der Dill wohl aus dem Vorderen Orient. Schon die alten

Ägypter haben ihn als Küchen- und Heilkraut verwendet. Auch bei den Römern und Griechen war er seit urdenklichen Zeiten in Gebrauch. Die römischen Gladiatoren pflegten sich vor den Kämpfen mit Öl aus den Früchten des Dills einzureiben. In Palästina wurde er zu Beginn unserer Zeitrechnung, zusammen mit Kümmel und Pfefferminze, sogar mit einer Steuer belegt. Im frühen Mittelalter schließlich führten ihn die Mönche im nördlichen Europa ein.

**Steckbrief** Der Dill wird zur Familie der Doldenblütler (Umbelliferae) gezählt. Obwohl die Pflanze eine Höhe von 120 cm erreichen kann, wirkt sie doch zart und duftig. Aus einer spindelförmigen, dünnen Wurzel erhebt sich ein schlanker, hohler Stengel, der blaugrün gefärbt ist. Die filigran wirkenden Blätter umfassen mit ihren Blattscheiden den Stengel. Ab Juni bis August steht der Dill in Blüte. Die unzähligen, winzigkleinen, gelben Blüten sind in großen Dolden zusammengefaßt. Sie wirken sehr anziehend auf Bienen und Fliegen. Ausgereifte Dillsamen haben eine etwas längliche Form und zerfallen in zwei Teile. Sie schmecken leicht bitter. Durch den hohen Gehalt an ätherischen Ölen verströmt die Pflanze einen stark aromatischen Duft.

Dill wirkt entzündungshemmend, krampflösend, appetitanregend, hilft gegen Blähungen und fördert den Schlaf.

**Gartentips** Damit der Dill sein Aroma richtig entfalten kann, benötigt er einen windgeschützten Platz und viel Sonne. Im Wurzelbereich mag er es jedoch gerne feucht (keine Staunässe!). Deshalb ist es praktisch, wenn Sie ihn unter das Gemüse säen. Die anderen Gewächse beschatten den Boden, und dadurch entwickelt sich ein ziemlich gleichmäßiger Feuchtigkeitsgehalt. Dill und Möhren vertragen sich dabei besonders gut. Ab April können Sie die Samen direkt ins Freiland säen. Für den Anbau im Freien empfiehlt sich ein Reihenabstand von 25 cm. Nach etwa 20 Tagen keimt die Saat. Stehen die Pflänzchen dann zu dicht, müssen sie ausgelichtet werden. Eine Folgesaat im Mai ist günstig, dann haben Sie rechtzeitig frisches Kraut zum Einlegen der Gur-

ken. Für gewöhnlich kommt Dill durch Selbstaussaat von Jahr zu Jahr wieder. Und im Gemüsegarten wirkt er eigentlich nirgends störend.

**Ernte und Verwendung** Wenn der Dill etwa Handhöhe erreicht hat, können Sie mit der Ernte beginnen. Solange die Pflanze im Jugendstadium ist, verwendet man sie ganz, später werden dann nur noch die Blätter gepflückt. Wenn Sie Dillsamen gewinnen möchten, schneiden Sie die Pflanze am besten ab, bevor die Samen völlig ausgereift sind. Der richtige Moment ist gekommen, wenn sie anfangen, sich braun zu färben. Etwa 2–3 Monate müssen Sie sich aber schon gedulden, bis es soweit ist. In einem trockenen Raum lassen Sie die geernteten Samenstände nachreifen, bis die Samen ausfallen. Zusammen mit den Blüten kann man sie dann zum Einlegen von Gewürzgurken und zur Herstellung von Kräuteressig verwenden. Der Tee aus Dillsamen – etwa 1 Teelöffel voll pro Tasse genügt – beruhigt die Nerven und fördert den Schlaf. Frisch geerntete Dillblätter würzen Kräutersuppen, Salate, Fischgerichte und Quark.

**Alte Weisheiten** Schon im Mittelalter war der Dill eine wichtige Küchenwürze. Tabernaemontanus bemerkte dazu: »In Summa/ unsere Weiber und Köch können des Dills in ihren Küchen keineswegs entbehren.« Und auf dem Land wurde er auch gerne für das Vieh verwendet. Hatte eine Kuh gekalbt, mischte man ihr in den ersten Trank Dill und Kümmel. Ein Tee aus Dill, Majoran und Kümmel soll, wie mir eine Bäuerin verriet, helfen, wenn eine Kuh »gebläht« ist.

Wegen seines starken Geruchs galt der Dill schon von altersher als Schutz- und Zauberkraut. Wer Dill bei sich trägt, dem kann keine Seuche oder gar ein übler Zauber etwas anhaben. Deshalb verkündet auch ein alter Spruch »Kümmel, Dill und Rosmarin läßt die Geister weiterziehn.«

## Kamille
*Matricaria chamomilla*

**Volksmund** Mutterkraut, Ramerian, Laugenblume, Hermel, Hörmandl, Kamellen, Kammerblume, Kühmelle

**Herkunft** Die Kamille war ursprünglich in Südosteuropa und Nordasien beheimatet. Schon seit der Antike wird sie wegen ihrer Heilkraft sehr geschätzt. Während des Mittelalters fand sie vor allem bei Frauenkrankheiten Verwendung. Deshalb heißt sie auch heute noch im Volksmund »Mutterkraut«. Mittler-

weile wächst die Kamille in ganz Europa wild – vor allem an Wegrändern, Feldrainen, auf Ödland und Schuttplätzen.

**Steckbrief** Die Kamille zählt zur Familie der Korbblütler (Compositae). Ein fein verzweigtes Wurzelwerk gibt ihr im Boden Halt. An dem aufrechten, verästelten Stengel sitzen feingefiederte Blätter. Die Pflanze kann eine Höhe von 20–45 cm erreichen. Während der Blütezeit von Mai bis August ist die Echte Kamille gut von der medizinisch wirkungslosen Hundskamille zu unterscheiden. Bei älteren Blüten des »Mutterkrauts« sind die weißen, zungenartigen Randblütenblätter zurückgeschlagen und hängen nach unten. Zudem besitzt das gelbe Blütenköpfchen im Innern einen typischen Hohlraum. Ein weiteres charakteristisches Merkmal ist der starke aromatische Duft, den die Blüten besonders an heißen, sonnigen Tagen verströmen. Als aktive Substanzen enthalten sie ätherisches Öl mit dem blauen Chamazulen, Fettsäuren, Glykoside, Terpene, Flavone und Kalium. Die Kamille wirkt dadurch entzündungshemmend, krampflösend sowie schmerzstillend und hilft bei Darmstörungen und Koliken.

**Gartentips** Die Kamille braucht einen Standort in voller Sonne, ansonsten ist sie aber völlig anspruchslos. Die Aussaat erfolgt im April. Weil das »Mutterkraut« zu den Lichtkeimern gehört, dürfen die Samen nicht mit Erde bedeckt werden. Bis sich nach 14 Tagen die ersten grünen Spitzen zeigen, muß die Saat ständig feucht gehalten werden. Wegen der Vielzahl hübscher Blüten eignet sich die Kamille besonders gut als Beeteinfassung.

**Ernte und Verwendung** An einem trockenen Sommertag werden die Blütenköpfchen gesammelt und im Schatten getrocknet. Sie sind dann der Vorrat für den altbewährten Kamillentee. Pro Tasse benötigen Sie etwa einen Teelöffel voll Blüten. Übergießen Sie diese mit 1/4 l kochendem Wasser und lassen Sie den Tee kurze Zeit bedeckt ziehen, bevor Sie ihn abseihen. Innerlich hilft er bei Erkältung und Entzündung der Magen- und Mundschleimhäute. Äußerlich kann man ihn verwenden als Umschlag bei Wunden, bei entzündeten

Augenlidern, für Gesichtsdampfbäder, zum Inhalieren und als Badezusatz.

**Alte Weisheiten**  »Es ist bei allen menschen kein breuchlicher kraut in der artznei als eben Chamillenblumen, dann sie werden beinahe zu allen presten (Anm.: Leiden) gebrauchet.« So eine hohe Meinung hatte Kräutervater Bock von den Heilkräften der Kamille. Aber sie war nach altem Glauben auch ein wichtiges Zauberkraut, mit dessen Hilfe man sogar Hexen erkennen konnte. Dazu brauchte man nur die Kamille zu bündeln und an einen Balken in der Stube aufzuhängen. Trat dann eine Frau ins Zimmer und das Bündel bewegte sich, so war diese als Hexe entlarvt. So einfach war das.

# Kerbel
## *Anthriscus cerefolium*

**Volksmund**  Körbelkraut, Kuchelkraut, Karweil, Suppenkraut, Gartenkerbel, Spanischer Kerbel

**Herkunft**  Südeuropa und Westasien gelten als Heimat des Kerbels. Schon in der Antike wurde er von den Römern kultiviert. Durch sie gelangte er vermutlich auch über die Alpen nach Mitteleuropa. Bereits im 9. Jahrhundert befahl Karl der Große seinen Anbau in den Gärten seiner Krongüter. Im Mittelalter schrieb man dem würzigen Kraut sogar übernatürliche Kräfte zu. Als Gartenflüchtling wächst er inzwischen verwildert auf den Wiesen. Dabei wird er häufig mit dem Wiesenkerbel (*Anthriscus sylvestris*) verwechselt, der leicht giftig ist und Hautreizungen verursachen kann.

**Steckbrief**  Der Kerbel ist ein Mitglied der Doldenblütler-Familie (Umbelliferae). Die Pflanze treibt eine spindelförmige, dünne Wurzel in den Boden. Ihre bis zu 70 cm langen Stengel sind innen hohl und stark verzweigt. Die weichen, gefiederten Blätter zeigen eine hellgrüne Färbung und ähneln ein wenig den Petersilienblättern. Von Mai bis Juli krönen große, zusammengesetzte Doldenblüten die Pflanze. Die einzelnen, winzigkleinen Blütchen sind weiß gefärbt.

Die Pflanze verströmt einen zarten Duft. Ihr Geschmack ist würzig, ein wenig süßlich und erinnert an Anis. Kerbel enthält ätherische Öle, Mineral- und Bitterstoffe, Carotin und Vitamin C. Er fördert die Verdauung, wirkt harn- und schweißtreibend sowie blutreinigend. Daher eignet er sich besonders zur Frühjahrskur.

**Gartentips**  Der Kerbel gehört zu den anspruchslosen Gartengewächsen. Ein lockerer, immer ein wenig feuchter Boden ist der richtige Standort für ihn. Anfang April kann man mit der Aussaat beginnen. Achten Sie darauf, daß die Samen nur ganz leicht mit Erde bedeckt werden – denn der Kerbel gehört zu den Lichtkeimern. Die einzelnen Reihen werden im Abstand von 15–20 cm gezogen. Nach 14 Tagen keimt das Kraut und schon nach 6–8 Wochen kann es geschnitten werden. Wenn Sie den ganzen Sommer über Kerbel ernten wollen, sollten Sie alle 2–3 Wochen an eine Folgesaat denken. Für die frühen und späten Aussaaten wählen Sie einen möglichst warmen und geschützten Platz. Im Sommer ist ein Beet im Halbschatten am besten geeignet, denn sonst »schießt« der Kerbel zu schnell in die Blüte. Er setzt leicht Samen an, die Sie aufbewahren und im nächsten Jahr verwenden können. Sie haben übrigens die Wahl zwischen zwei Sorten von Gartenkerbel – es gibt eine krause und eine glattblättrige Form. Mit Kopfsalat bildet das Kerbelkraut eine gute Pflanzengemeinschaft – die beiden fördern sich gegenseitig in der Entwicklung.

**Ernte und Verwendung** Das junge Kraut des Kerbels kann bis zur Blütezeit gepflückt werden. In der Küche wird es wie Petersilie verwendet. Die frischen Blätter passen zu Eintopf, Fisch, Eierspeisen, Salaten, Soßen und Suppen. Nach einem alten Brauch kommt die würzige Kerbelsuppe vor allem am Gründonnerstag auf den Tisch. Getrocknetes oder stark erhitztes Kraut verliert sein Aroma. Deshalb sollten Sie es erst nach dem letzten Aufkochen in die Speisen geben. Wenn Sie auch im Winter nicht auf frischen Kerbel verzichten möchten, können Sie ihn in Schalen oder Blumentöpfen auf der Fensterbank ziehen.

**Alte Weisheiten** Heute ist der »arme Verwandte« der Petersilie in den Gärten kaum noch zu finden. In alter Zeit war er ein beliebtes Würz- und Heilkraut. Auch Tabernaemontanus weiß nur Lobenswertes über die vielseitige Pflanze zu berichten: »Kerbelkraut wird gessen wie andere kochkräuter/ rohe/ gekocht und eingemacht/ und ist dem Magen nütz und gut/ treibt den Harn. Der Wein/ das Kerbelkraut in gesotten hat/ getruncken/ ist der Blasen nütz und gut.«

## Zweijährige Kräuter für den Bauerngarten

Wie die einjährigen Kräuter werden auch die zweijährigen im Frühjahr ausgesät. Meist ist aber sogar noch eine Aussaat im Sommer möglich. Im ersten Lebensjahr treibt die Pflanze nur Stengel und Blätter. Anschließend überwintert sie, um erst im folgenden Jahr zu blühen und Samen anzusetzen. Danach stirbt sie ab. Bewährte zweijährige Kräuter:

Kümmel  – *Carum carvi*
Petersilie – *Petroselinum crispum*

## Petersilie
### *Petroselinum crispum*

**Volksmund** Petersilienkraut, Peterling, Suppenkraut, Silk, Bittersilche, Peterle, Grönte, Peterzilk

**Herkunft** Die Petersilie stammt aus den Mittelmeerländern. Schon die alten Griechen und Römer waren von ihrer Heil- und Würzkraft sehr angetan. Sie wurde auch häufig als Dekoration bei Gastmählern verwendet und man war überzeugt, sie rege den Appetit an und sorge für Lebensfreude. Als »petrosilium« zählte sie im Klosterplan von St. Gallen zu den 18 Pflanzenarten des Gemüsegartens. Ab dem 13. Jahrhundert war sie vor allem ein begehrtes Heilmittel gegen Blasensteine. Erst im 15. Jahrhundert wurde sie als Küchenkraut wiederentdeckt.

**Steckbrief** Die Petersilie gehört zur Familie der Doldenblütler (Umbelliferae). Ihre Wurzel ist möhrenartig verdickt und schmutzigweiß bis gelblich gefärbt. Im 1. Jahr bildet sich nur eine Blattrosette. Erst im 2. Jahr entfaltet sich dann ein kantiger Stengel mit glänzenden, feingefiederten Blättern. Die Pflanze kann schließlich eine Höhe von 80–100 cm erreichen. Die grünlich-gelben Doldenblüten zeigen sich von Juni bis Juli. Die Samen sehen dem Kümmel ähnlich. Der wohlbekannte Duft, den die Petersilie verströmt, wird durch ätherisches Öl verursacht. Dabei produziert aber die glatte Petersilie mehr Aroma als die krausblättrige. Die Blätter enthalten außerdem Eisen, Phosphor, Calcium und vor allem die Vitamine A und C. Petersilie wirkt blutreinigend, appetitanregend, entwässernd und hilft gegen Skorbut, Nieren- und Blasensteine.

**Gartentips** Damit sich die Petersilie gut entwickelt, benötigt sie einen tiefgründigen, humusreichen Boden. Zur Keimung braucht sie viel Feuchtigkeit, deshalb sollten Sie darauf achten, daß der Boden nie ganz austrocknet. Frischer Dünger bekommt ihr gar nicht – am besten verwenden Sie nur Kompost. Die Petersilie ist ein ziemlich robustes Gewächs – deshalb kann man sie schon im März ins Freiland säen. Als Reihenabstand genügen 15 cm. Machen Sie sich keine Sorgen, wenn sie sich mit dem Keimen Zeit läßt. Sie benötigt dazu mindestens 3–4 Wochen. Wenn Petersilie gut gedeihen soll, darf sie erst nach 4 Jahren wieder den gleichen Platz erhalten, denn sie ist mit sich selbst unverträglich. Rechtzeitig vor Winterbeginn sollten Sie die Petersilie mit Fichtenreisern bedecken, dann können Sie noch lange das frische Kraut ernten. Petersilie wird kaum von Schnecken angefressen – sie mögen ihren Geruch nicht. Deshalb kann man sie auch zur Abschreckung zwischen besonders gefährdete Blumen säen oder zwischen den Salat mischen.

Wurzelpetersilie wird ähnlich behandelt wie Blattpetersilie. Ihre Aussaat erfolgt jedoch um einen Monat später, also im April. Weil bei ihr auf eine gute Entwicklung der Wurzeln Wert gelegt wird, sollte der Reihenabstand ungefähr 20–25 cm betragen. In der Reihe werden die Jungpflanzen auf etwa 10 cm Abstand verzogen.

**Ernte und Verwendung** Sobald die Blattpetersilie kräftig genug ist, können laufend Blätter geerntet werden. Es sollten dabei aber pro Pflanze nicht mehr als 3 auf einmal sein. Vor der Blüte hat das Kraut den besten Ge-

schmack, danach werden die Blätter ledrig. Petersilienkraut kann zwar getrocknet oder eingefroren werden, doch das meiste Aroma enthält es im frischen Zustand.

Wurzelpetersilie wird im Herbst geerntet, noch vor dem ersten Frost. Achten Sie aber unbedingt darauf, daß Sie die Wurzeln beim Ausgraben nicht beschädigen. Anschließend werden die äußeren Blätter entfernt und die Wurzeln im frostfreien Keller in feuchtem Sand eingeschlagen. So halten sie sich noch wochenlang frisch. Wurzelpetersilie ist eine hervorragende Suppenwürze. Ein Absud aus den Wurzeln wirkt harntreibend. 2–3 Tassen pro Tag genügen.

Blattpetersilie würzt Suppen, Soßen, Fleisch, Geflügel, Fisch, Gemüse und Eierspeisen. Die krausblättrige Sorte eignet sich besonders gut zum Garnieren. 2 Eßlöffel voll kleingeschnittenes Kraut decken den täglichen Vitamin-C-Bedarf. Die Petersilie ist auch ein altbewährtes Hausmittel bei Mückenstichen. Reiben Sie die Stichstellen mit dem frischen Kraut ein.

**Alte Weisheiten** »Wer das kraut in einem andern essen ist, dem sterket es das essen und kochn in dem magn und benymbt den windt in dem leib.« Im 15. Jahrhundert gewann die Petersilie auch als Küchenkraut neues Ansehen. Doch als Heilpflanze stand sie ebenso hoch im Kurs: »Nim Petersilgenwurzel/ zerstoß die wol also trocken/ vermische mit lauterm Wein/ und trincke davon/ das macht ein gut Hirn und Gedächtnuß/und reiniget das Geblüt.«

Noch im 18. Jahrhundert wußte man viel Lobenswertes über ihre Heilwirkung zu berichten: »Den Petersill-Saamen eingenommen treibet den Stein gewaltig, und wehret der Trunkenheit.« Auch allerhand Aberglaube rankte sich um das Gewächs. Es hieß, man dürfe Petersilie nicht verpflanzen, denn das bringe demjenigen den Tod, an den man dabei denkt. Und mit der Aussaat war es auch nicht einfach – man konnte es eigentlich nur falsch machen. In Baden-Württemberg glaubte man nämlich, daß die Pflanze nur gedeiht, wenn man beim Säen lacht; in Unterfranken mußte sie dagegen »im Zorn« gesät werden.

# Ausdauernde Kräuter für den Bauerngarten

Die ausdauernden Kräuter überwintern und treiben jedes Frühjahr von Neuem aus. Bei den meisten von ihnen sterben die oberirdischen Pflanzenteile während der kalten Jahreszeit ab. Nur die Teile unter der Erde überdauern.

Die verholzenden Halbsträucher dagegen verlieren während des Winters nur ihre Blätter. Einige wenige Arten, wie zum Beispiel der Lavendel, bleiben sogar das ganze Jahr über grün.

Der frostempfindliche Rosmarin übersteht die kalte Jahreszeit bei uns aber nur dann, wenn er als Topfpflanze den Winter über im Haus gehalten wird.

Erst nach mehreren Jahren müssen die ausdauernden Pflanzen durch Teilung des Wurzelstocks verjüngt werden. Dabei erhalten sie dann gleich einen neuen Platz im Garten. Meist ist auch eine Vermehrung durch Stecklinge möglich.

**Geeignete ausdauernde Kräuter:**

| | |
|---|---|
| Baldrian | – *Valeriana officinalis* |
| Beifuß | – *Artemisia vulgaris* |
| Bohnenkraut | – *Satureja montana* |
| Eberraute | – *Artemisia abrotanum* |
| Estragon | – *Artemisia dracunculus* |
| Fenchel | – *Foeniculum vulgare* |
| Knoblauch | – *Allium sativum* |
| Lavendel | – *Lavandula angustifolia* |
| Liebstöckel | – *Levisticum officinale* |
| Meerrettich | – *Armoracia rusticana* |
| Melisse | – *Melissa officinalis* |
| Origano | – *Origanum vulgare* |
| Pfefferminze | – *Mentha piperita* |
| Pimpinelle | – *Sanguisorba minor* |
| Poleiminze | – *Mentha pulegium* |
| Raute | – *Ruta graveolens* |
| Rosmarin | – *Rosmarinus officinalis* |
| Salbei | – *Salvia officinalis* |
| Schnittlauch | – *Allium schoenoprasum* |
| Thymian | – *Thymus vulgaris* |
| Wermut | – *Artemisia absinthium* |
| Ysop | – *Hyssopus officinalis* |

# Eberraute
## *Artemisia abrotanum*

**Volksmund** Schmecker, Garthagen, Eberreis, Weinkraut, Schmeckablatt, Weihrauch, Leweritt, Gartheil, Kuttelkraut, Hoffru, Päperboom, Rückelbusch, Abrat, Herrgottshölzel, Lemonikräutl

**Herkunft** Ursprünglich stammt die Eberraute aus den Mittelmeerländern. Die Mönche brachten das duftende Kraut über die Alpen. Von den Klostergärten gelangte es schließlich auch in die Bauerngärten, wo es jahrhundertelang seinen Platz behauptete. Inzwischen aber hat die Eberraute ihre einstige Bedeutung als Heil- und Gewürzpflanze verloren und ist heute weitgehend unbekannt.

**Steckbrief** Die Eberraute gehört zur Familie der Korbblütler (Compositae). Sie ist eine nahe Verwandte von Beifuß und Wermut. Aus ihrem stark verzweigten Wurzelstock wachsen die aufrechten Stengel, deren größter Teil verholzt ist. Nur die jungen Triebe sind noch weich und biegsam. Obwohl die Pflanze buschig wächst und eine Höhe von 100 cm erreichen kann, wirkt sie zart und filigran. Denn die graugrün gefärbten Blätter sind sehr fein gefiedert. Von Juli bis Oktober zeigen sich die unscheinbaren, gelblichgrünen, kugeligen Blütenköpfchen. Ihre Samen werden in unserem Klima aber nicht reif. Die Eberraute verströmt einen intensiven, zitronenartigen Duft. Er wird durch das ätherische Öl verursacht, das in den Drüsen der Blätter produziert wird. Das Laub schmeckt sehr aromatisch, mit einem kleinen Hauch von Strenge. Die Pflanze enthält neben dem ätherischen Öl noch Gerb- und Bitterstoffe, sowie Abrotamin. Sie wirkt wundheilend, schweißtreibend und fördert die Magen- und Darmtätigkeit. In großen Mengen ist sie giftig!

**Gartentips** Die Eberraute gedeiht am besten in kalkhaltigen, humosen Böden, die nicht zu feucht sein dürfen. Als Kind des Südens braucht sie einen warmen, geschützten Platz. Eberrautensamen sind bei uns im Handel nicht erhältlich, und auch nicht jede Gärtnerei hat junge Pflänzchen im Angebot. Am besten gehen Sie deshalb zu einem Gärtner, der sich auf Kräuter spezialisiert hat. Haben Sie erst einmal eine kräftig entwickelte Pflanze, so ist eine Vermehrung durch Teilung der Wurzelstöcke oder durch Stecklinge ganz einfach. Ausgewachsene Pflanzen benötigen im Garten einen Platz von 40×40 cm. Wie es in den alten Bauerngärten üblich war, können Sie den »Garthagen« auch sehr gut als Beeteinfassung verwenden. In rauhen Gegenden braucht die Eberraute allerdings etwas Winterschutz.

**Ernte und Verwendung** Von Frühjahr bis Herbst können die Triebspitzen gepflückt werden. Es ist auch möglich, sie als Wintervorrat zu trocknen. In kleinen Portionen verleiht die Eberraute Braten und Soßen einen besonderen Geschmack. Durch ihr hübsches Blattwerk ist sie eine Bereicherung für rustikale Blumensträuße. Einige Zweige im Kleiderschrank halten Motten fern.

**Alte Weisheiten** »Das Kraut zu den Kleydern gelegt, bewahret dieselbigen nicht allein für die Motten, sondern gibt ihnen auch einen guten Geruch.« Alte Frauen pflegten sonntags einige Zweiglein der Eberraute mit in die Kirche zu nehmen. Ihr Duft hielt auch während der längsten Predigt munter. Sogar als Weihrauchersatz wurde die Pflanze verwendet. Und

Mütter legten den kleinen Kindern einige Zweige der Eberraute unter das Kopfkissen. Das sollte ihnen einen ruhigen Schlaf schenken und sie vor Verhexung bewahren. Aber auch als Liebeszauber wurde das Kraut verwendet. Wollte jemand die Liebe eines Mädchens gewinnen, so mußte er ihr unbemerkt einige Zweige der Eberraute unter das Schürzenband stecken. Weil diese Liebe nicht echt, sondern angezaubert war, hielt sie aber meist nur einige Jahre und schlug dann ins Gegenteil um. Auch Brunfels erkannte den Einfluß der Eberraute auf diesem Gebiet. Er stellte fest: »Sie bringt lust zur unkeuschheit«. Und der englische Volksmund wird genauso deutlich, denn hier heißt die Pflanze »kiss-me-quick-and-go« und »Old Man's Love«. Allerdings wissenschaftlich bewiesen wurde bisher noch nichts ...

# Fenchel
## *Foeniculum vulgare*

**Volksmund** Fenichel, Fenöche, Finkel, Britsamen, Brotsamen, Brotanis, Kinderfenkel, Frauenfenchel, Fenkool

**Herkunft** Der Fenchel wächst wild im Mittelmeergebiet und in Kleinasien. Schon seit ural-

# Kräuter des Bauerngartens

ten Zeiten findet das aromatische Kraut als Küchengewürz und in der Heilkunde Verwendung. In Griechenland aßen die olympischen Kämpfer Fenchel, damit er ihnen Kraft und Mut verleihe. Vor allem aber war er ein beliebtes Mittel, um die Sehkraft zu schärfen. Im frühen Mittelalter brachten Mönche die Pflanze nach Mitteleuropa. Bereits im 9. Jahrhundert befahl Karl der Große ihren Anbau in den Gärten seiner Hofgüter. Über viele Jahrhunderte gehörte sie, vor allem in Süddeutschland, zum festen Bestand des Bauerngartens.

**Steckbrief** Der Fenchel zählt zur Familie der Doldengewächse (Umbelliferae). Wegen seines Aussehens wird er leicht mit dem Dill verwechselt. Ein starker, dicker und verholzter Wurzelstock verankert die bis zu 200 cm hohe Pflanze im Boden. Die glänzenden, gestreiften Stengel verzweigen sich im oberen Teil. Haarfein geteilt und zart sind die blaugrün gefärbten Fiederblätter. An der Basis haben sie ausgeprägte, fleischige Blattscheiden. Von Juli bis Oktober krönen große Dolden, die sich aus vielen winzigen goldgelben Blütchen zusammensetzen, die Pflanze. Sie werden eifrig von den Bienen besucht. Die zweisamigen Spaltfrüchte haben eine längliche Form. Die Pflanze duftet stark würzig. Sie schmeckt aromatisch, süßlich und erinnert dabei ein wenig an das Anisaroma. Fenchel enthält 2–9% ätherisches Öl mit den Hauptbestandteilen Anethol und Fenchon, etwa 20% Eiweiß, Zucker, Stärke, Mineralstoffe und die Vitamine A, B und C. Er wirkt appetitanregend, verdauungsfördernd, krampflösend und gilt als auswurffförderndes Mittel bei Bronchitis.

**Gartentips** Der Fenchel läßt sich nicht mit irgendeiner zufällig frei gewordenen Gartenecke »abspeisen« – er stellt einige Ansprüche an seinen Standort. Der Boden muß nährstoffreich, tiefgründig und stets ein wenig feucht sein. Als Südländer braucht er außerdem auch möglichst viel Sonne. Das Beet sollte gut vorbereitet sein, wenn Sie im April mit der Aussaat beginnen. Die einzelnen Saatreihen werden in etwa 30 cm Abstand voneinander angelegt – der Samen kommt ungefähr 1 cm tief in die Erde. Nach 15–20 Tagen zeigen sich die ersten grünen Spitzen. Später wird dann auf ca. 8 cm Abstand in der Reihe verzogen. Bis zum nächsten Frühjahr bleiben die Jungpflanzen auf dem Saatbeet. Im Herbst wird das Kraut handhoch über dem Boden abgeschnitten und durch Fichtenreisig oder durch eine wärmende Strohschicht vor Frost geschützt. Im April des nächsten Jahres können Sie dann die »Fenchel-Kinderstube« schließen. Die Pflanzen erhalten nun ihren endgültigen Platz. Damit sie sich richtig entfalten können, sollte der Abstand in der Reihe etwa 40 cm und zwischen den Reihen 60 cm betragen. Obwohl der Fenchel zu den ausdauernden Gewächsen gehört, wächst er in rauhen Gegenden nur zweijährig.

**Ernte und Verwendung** Die frischen grünen Blätter können Sie nach Bedarf ernten. Sie passen zu Fischgerichten (Bouillabaisse, Aalsuppe), Soßen und Salaten. In den Monaten September bis Oktober werden die Dolden erntereif. Am besten klopfen Sie die braunen Fenchelfrüchte über einem Backblech aus und bewahren sie dann trocken auf. Sie passen zu Schweinefleisch, Sauerkraut, Suppen, Soßen und Brot. Die halbreifen Dolden sind beliebt zum Einlegen von Gurken. Ungesüßter Fencheltee ist ein altbekanntes Hausmittel gegen »Bauchweh« bei Säuglingen und Kleinkindern. Ein gehäufter Teelöffel Fenchelfrüchte wird mit 1/4 l kochendem Wasser übergossen und nach 10 Minuten abgeseiht. Auch für Augenwaschungen oder Kompressen eignet sich Fencheltee. Als Hustentee wird er mit Honig gesüßt.

**Alte Weisheiten** Eingehend beschäftigen sich die Kräuterväter mit der Heilkraft des Fenchels. Dazu eine kleine Auswahl aus dem »Kreuterbuch« von Brunfels: »Fenchelkraut gessen/ oder den samen darvon mit gersten tranck gesotten/ bringet den frawen die milch. – In wein getruncken/ heylt die Schlangenstiche. – Item Fenchelwaßer/ subtiliert auch die groben flegmatische feütigkeiten in dem leibe/ öffnet das miltz/ und vertreibet die geelsucht.« Wie Tabernaemontanus berichtet, war Fenchel aber auch den Feinschmeckern wohl bekannt: »Es wissen die Köch und etliche sorgsame Haußmütter/ den Fenchel auf mancherley Weiß zu den Speisen zu bereiten. Etliche essen die jungen zarten Dolden des Fenchels mit Saltz/ zum Fleisch und Gebratens. Etliche legen es in Zucker ein/ Andere vermischen es mit Salatkräutern. Etliche machen die zarten Stenglein samt den Blättlein und halbzeitigen Saamen/ mit Saltz und Eßig in irdine Geschirr ein/ und brauchen darvon übers Jahr.«

## Knoblauch
### *Allium sativum*

**Volksmund** Knofel, Alterswurzel, Stinkerzwiebel, Knuflock
**Herkunft** Vermutlich ist die zentralasiatische Steppe die ursprüngliche Heimat des Knoblauchs. Aber bereits vor Jahrtausenden nahm man ihn in Kultur. Wegen seines großen Wertes als Heil- und Küchenpflanze wurde er bei vielen Völkern sehr geschätzt. Beim Bau der Cheopspyramide bekamen die Arbeiter unter anderem Knoblauch als Bestandteil der Mahlzeit vorgesetzt. Und sogar eine chinesische Handschrift aus dem 4. Jahrhundert n. Chr. preist seine Heilkraft. Auch die römischen und griechischen Ärzte verschrieben ihn gegen viele Krankheiten. Nur die Götter der

Antike hatten anscheinend für die aufdringlich riechende Pflanze nichts übrig. Kein Gläubiger durfte nach dem Genuß von Knoblauch ihre Tempel betreten. Im 9. Jahrhundert nahm schließlich Karl der Große das Gewächs in seine Liste der wichtigsten Gartenpflanzen auf.

**Steckbrief** Der Knoblauch gehört zur Familie der Liliengewächse (Liliaceae) und ist eng mit Zwiebel und Lauch verwandt. Er setzt sich aus einer Hauptzwiebel und mehreren Nebenzwiebeln, den »Knoblauchzehen« zusammen. Sie alle sind von einer papierdünnen, trockenen Hülle umgeben. Kurze, dünne Wurzeln versorgen die Pflanze mit Nährstoffen. Die Blätter sind lang, schmal und graugrün gefärbt. Im Gegensatz zur Zwiebel sind sie nicht eingerollt, sondern flach. In den Monaten Juli bis August entfaltet sich auf einem bis zu 70 cm langen Blütenschaft der kugelige Blütenstand mit kleinen rötlich-weißen Blüten. Er ist von einem nach oben zugespitzten Hüllblatt umgeben.

Der scharfe und durchdringende Geruch des Knoblauchs wird von schwefelhaltigen ätherischen Ölen hervorgerufen. Das darin enthaltene Allizin wirkt stark antibiotisch. Weitere wichtige Wirkstoffe sind vor allem Mineralsalze, Spurenelemente, Jod und Vitamine. Knoblauch wirkt appetitanregend, antiseptisch, krampflösend und blutdrucksenkend. Er erhöht die Widerstandskraft, fördert die Durchblutung und ist ein Vorbeugungsmittel gegen Arterienverkalkung.

**Gartentips** Der Knoblauch braucht einen sonnigen Standort. Er gedeiht am besten in lockerem, humusreichem und nicht zu feuchtem Boden. Frischer Dünger bekommt ihm nicht. Am besten verwenden Sie nur Kompost. Im März kann der Knoblauch gepflanzt werden. Dazu zerteilt man die Zwiebel in einzelne Zehen und steckt sie im Abstand von 15 cm etwa 4 cm tief in den Boden. Die nächste Reihe können Sie dann in 20 cm Entfernung anlegen. Obwohl der Knoblauch zu den ausdauernden Gewächsen gehört, ist seine Kultur meist einjährig. Im August ist noch eine Sommerpflanzung möglich – die Ernte erfolgt dann im nächsten Frühjahr. Knoblauch wird von Wühlmäusen gemieden – das können Sie sich zunutze machen und ihn als Barriere auf besonders gefährdeten Gemüsebeeten pflanzen. Auch in den Blumenbeeten bietet er Schutz vor den lästigen kleinen Nagern. Wenn Sie seine Blütenknospen rechtzeitig entfernen, gibt es im Garten keinen Knoblauchgeruch.

**Ernte und Verwendung** Sobald im Herbst die Blätter des Knoblauchs gelb und trocken sind, können Sie mit der Ernte beginnen. Wählen Sie dafür einen möglichst warmen und trockenen Tag. Das Laub flechten Sie dann am besten zu Zöpfen und hängen die Zwiebeln so an einem luftigen und trockenen Ort auf. Knoblauch paßt zu einer großen Zahl von Speisen. Er würzt Suppen, Fleisch, Hülsenfrüchte, Soßen und Salat. Junge Knoblauchblätter schmecken auch im Quark. Falls Sie Angst haben, daß Ihre Mitmenschen Sie nach dem Genuß von Knoblauch »nicht mehr riechen« können – auch ein Hauch von Knoblauch bewirkt wahre Würzwunder. Sie können dem Braten bereits eine pikante Note verleihen, indem Sie das rohe Fleisch damit abreiben. Auch bei Salaten genügt es schon, die Schüssel innen auszureiben. Um den Knoblauchgeruch zu vermindern, kann man Milch trinken oder frische Petersilie kauen.

**Alte Weisheiten** Schon im Mittelalter war der Knoblauch auf dem Land als Heilpflanze sehr beliebt. »Knoblauch ist der gepaurn (Anm.: Bauern) triakers (Anm.: Theriak)«, stellte Konrad von Megenberg damals fest. Auch Kräutervater Bock hatte eine hohe Meinung von dem Gewächs: »Knoblauch gessen/ macht ein hälle Stimm/ vnn benimmpt den alten husten/ ist gut den wassersüchtigen/ treibt den harn/ laxiert/ stillet das bauch grimmen.« Wegen des starken Geruchs wurde er außerdem als Mittel gegen bösen Zauber angesehen. Es war deshalb vorteilhaft, Knoblauch als Talismann in der Tasche mit sich zu tragen. Im Stall wurde er aufgehängt, damit er das Vieh vor Seuchen schützt. Wie stark der Glaube in seine Schutzkraft war, beweist ein Spruch aus Pestzeiten: »Eßt Knoblauch und Bibernell, sterbt's nit so schnell.«

## Liebstöckel
### *Levisticum officinale*

**Volksmund** Badekraut, Leppstock, Lachstöckl, Maggikraut, Lübstock, Gebärmutterwurzel, Bachkraut, Leewstock, Schluckwehrohr, Leibstöckle, Lebensstock, Laubspickel, Luixenstickel, Neunstöckel

**Herkunft** Wahrscheinlich stammt das aromatisch duftende Kraut aus Südeuropa. Schon Dioskurides berichtete von einem Gewächs namens »ligystikon«, das in der italienischen Landschaft Ligurien beheimatet sei. Die kräuterkundigen Mönche verbreiteten es schließlich auch nördlich der Alpen. Im 12. Jahrhundert berichtet die hl. Hildegard, daß das »Lubesteckel« gegen die »Drüsen im Hals« wirksam sei.

**Steckbrief** Das Liebstöckel gehört zur Familie der Doldenblütler (Umbelliferae). Auf günstigen Standorten kann die kräftige und robuste Pflanze leicht eine Höhe von 200 cm erreichen. Für genügend Nährstoffzufuhr aus dem Boden sorgt ein verzweigter Wurzelstock mit dicken, fleischigen Wurzeln. Die schwachgestreiften, aufrechten Stengel sind innen hohl. Auffällig wirken auch die glänzend-grünen, ein wenig ledrigen Blätter. Sie sind in

rhombenartige Fiederblättchen unterteilt. Der Duft, den sie verströmen, erinnert an den des Selleries. Von Juli bis August sind die dichten Dolden mit unzähligen blaßgelben Blütchen übersät. Danach bilden sich die elliptischen Früchte.

Als wirksame Bestandteile enthält das Liebstöckel ätherisches Öl, Gerbstoff, Harz, Kautschuk, Stärke und Vitamin C. Es hilft gegen Blähungen, Husten und Halsentzündungen. Zusätzlich fördert es die Verdauung und wirkt harntreibend.

**Gartentips** Damit sich das Liebstöckel zu einer stattlichen Pflanze entwickelt, benötigt es tiefgründigen, nährstoffreichen, ein wenig feuchten Gartenboden. Auch Gaben von Kompost und organischem Dünger dürfen nicht fehlen. Ansonsten ist das Liebstöckel ein recht genügsames Kraut und benötigt wenig Pflege. Es gedeiht auch noch im Halbschatten und in rauhen Lagen. Deshalb ist es auch häufig in den Gärten der Bergbauern anzutreffen. Weil eine Pflanze pro Familie völlig ausreicht, lohnt sich eine Anzucht aus Samen kaum. Verwenden Sie aber, wenn Sie es trotzdem versuchen möchten, auf alle Fälle nur frisches Saatgut. Die Keimfähigkeit des Samens erhält sich nur für kurze Zeit. Wenn Sie ein Exemplar beim Gärtner kaufen, haben Sie es einfacher. Weil das Liebstöckel durch seine enorme Wuchskraft ein recht unverträglicher Nachbar für kleinere Gewächse ist, sollten Sie ihm einen Platz am Gartenzaun geben. An die Windseite gepflanzt, dient es so den empfindlichen Pflanzen als Schutz.

**Ernte und Verwendung** Während der gesamten Vegetationszeit können junge Liebstöckelblätter gepflückt werden. Ihre Würzkraft ist groß und bleibt auch beim Kochen erhalten. Deshalb sollten Sie sie auch nur sparsam verwenden. Das Kraut paßt zu Gemüsesuppen, Rindfleisch, Gemüse, Geflügel und Fischgerichten. Zum Trocknen erntet man die Blätter von Juni bis August. Sie müssen aber sorgfältig aufbewahrt werden, weil sie sonst schnell vergilben und ihre Kraft verlieren. Liebstöckelblätter als Badezusatz verwendet, sind wirksam bei unreiner Haut. Frühjahr und Herbst sind die richtige Zeit für die Ernte der Wurzeln. Sie helfen als Tee gegen Verdauungsbeschwerden und haben harntreibende Wirkung. Nierenkranke dürfen sie deshalb nicht verwenden.

**Alte Weisheiten** Die mittelalterlichen Kräuterbücher widmen dem Liebstöckel seitenlange Lobeshymnen. Bock preist es u. a. als Mittel gegen »kalten Magen, Gifft, Hals- und Seitengeschwär, Gälsucht, Melancolei, Wunden gebissen von Schlangen,« und Fuchs kommt zu dem Schluß: »In summa Liebstöckel ist ein trefflich Kraut vnd würt demnach billich in allen Gärten gezilet.« Dem Volksglauben nach war es zudem ein ausgezeichnetes Mittel gegen Halsweh. Der Pfälzer suchte seine Heiserkeit zu kurieren, indem er heiße Milch durch den hohlen Stengel des Liebstöckels trank. Außerdem hielt man es für empfehlenswert, das stark aromatische Kraut ständig bei sich zu tragen. Denn dadurch war man beliebt bei allen Menschen, und die bösen Geister konnten einem nichts anhaben.

## Meerrettich
*Armoracia rusticana*

**Volksmund** Mirch, Kren, Gree, Bauernkraut, Fleischkraut, Skorbutkraut, Rachenputzer, Bauernsenf, Maressig, Pfefferwurzel, Beißwurzel, Mark

# Kräuter des Bauerngartens

**Herkunft** Ursprünglich wuchs der Meerrettich in Südosteuropa, in Westasien und in Südrußland. Durch die hl. Hildegard wissen wir, daß der »Meerech« zumindest seit dem 12. Jahrhundert in unseren Gärten gezogen wird. Heute ist der Gartenflüchtling überall in Nord- und Mitteleuropa verwildert anzutreffen. Feuchte Wiesen und Bachränder gehören zu seinen bevorzugten Standorten.

**Steckbrief** Der Meerrettich ist ein Mitglied der Kreuzblütler-Familie (Cruciferae). Typisch für ihn ist eine lange, dicke und fleischige Hauptwurzel, mit dünnen Nebenwurzeln. Diese sog. »Fechser« sind für die Vermehrung der Pflanze von Bedeutung. Die Wurzeln sind außen gelblichgrau gefärbt und innen weiß. Ihr Geschmack ist scharf und beißend. Über der Erde zeigt sich im ersten Jahr nur eine breitflächige Blattrosette. Die Blätter sind derb, buchtig gezähnt und können 100 cm lang werden. Ab dem 2. Jahr treibt die Pflanze einen bis zu 130 cm hohen Blütenstiel aus. Von Juni bis Juli krönt ihn eine duftige Blütentraube, die sich aus einer Vielzahl von kleinen weißen Blüten zusammensetzt.

Zu den wichtigsten Wirkstoffen des Meerrettichs gehören ein schwefelhaltiges Glykosid, Senföl, Kalium, Kieselsäure, Vitamin B1 und ein besonders hoher Gehalt an Vitamin C, der sogar den der Citrusfrüchte übertrifft. Meerrettich hilft innerlich gegen Husten, Fieber und Skorbut. Äußerlich fördert er die Durchblutung der Haut und lindert rheumatische Schmerzen. Nierenkranke sollten ihn allerdings nicht verwenden.

**Gartentips** Durch seine starke Wuchskraft beansprucht der Meerrettich im Garten viel Platz. Andere Gewächse, die ihm ins Gehege kommen, werden dabei leicht überwuchert und erstickt. Das ist auch der Grund, warum der Meerrettich von vielen Bäuerinnen außerhalb des Gartens, am Zaun, gehalten wird. Im Innern des Gartens findet er am besten bei den Beerensträuchern Platz. Früher, als zu manchem Bauernhof noch eine Kalkgrube gehörte, war er meist in deren Nähe zu finden. Hier konnte er sich ungestört entwickeln. Damit sich die Wurzeln gut ausbilden, braucht er einen nahrhaften, tiefgründigen und lockeren Boden mit gleichmäßiger Feuchtigkeit. Anfang April werden die Fechser ausgepflanzt. Dann können Sie Ihren Meerrettich ungestört »wuchern« lassen. Er braucht kaum Pflege und ist winterhart. Sie können sein Wachstum aber auch »unter Kontrolle« halten und dadurch besonders dicke und gerade Meerrettichstangen ernten. Dazu entfernen Sie mit einem scharfen Messer alle Seitenwurzeln der etwa bleistiftdicken Fechser. Dann werden sie schräg in den gut gelockerten Boden gesteckt – so tief, daß die Köpfe noch leicht mit Erde bedeckt sind. Den nächsten Wurzelabschnitt pflanzen Sie in 30 cm Entfernung – der Reihenabstand beträgt 80 cm. An einem trüben Frühsommertag legen Sie die inzwischen nachgewachsenen Seitenwurzeln vorsichtig frei und schneiden sie ab. Die Fußwurzel dürfen Sie dabei natürlich nicht antasten. Anschließend schieben Sie wieder Erde darüber. Dadurch erhalten Sie pro Pflanze eine einzige starke Wurzel.

**Ernte und Verwendung** Vom »wilden« Meerrettich können Sie den ganzen Sommer über bei Bedarf Wurzelstücke abschneiden. Für die Ernte der »behandelten« Wurzeln müssen Sie sich dagegen bis zum Herbst gedulden. Dann werden sie ausgegraben und als Wintervorrat im Keller in feuchtem Sand eingeschlagen. Zum Gebrauch in der Küche werden sie geschält und fein gerieben. In diesem Zustand kann man Meerrettich auch portionsweise einfrieren. Er paßt zu gekochtem Rindfleisch, Fisch (vor allem Lachs) und ist mit Quark, Gartenkresse und Schnittlauch vermischt ein ausgezeichneter Brotaufstrich.

**Alte Weisheiten** Über die heilsame Wirkung von Meerrettichwasser weiß Tabernaemontanus folgendes zu berichten: »Dis Wasser kann zu allen Gebrechen gebrauchet werden/ wie das Rettichwasser/ ist aber viel stärcker/ treibt den Harn und den Stein gewaltiger/ und zertheilt allen groben Schleim oder Phlegmata/ so sich in den Nieren/ dem Magen oder der Brust versammlet haben.« Und weiter erhalten wir einen kleinen Einblick in damalige Eßgewohnheiten: »Die Teutschen pflegen die Wurtzeln

bey dem Fleisch zu kochen/ brauchens auch mit Eßig angemacht/ zu einer Salsen damit es bringt Lust zu essen.« Aber auch bei Tieren zeigt Meerrettich eine verdauungsfördernde Wirkung. In Niederbayern hat man damit das Vieh kuriert, wenn es Schwierigkeiten beim Wiederkäuen hatte. Dazu wurde eine Wurzel geraspelt und mit Roggenmehl vermischt. Daraus formte man kleine »Knödel«, die dem kranken Tier eingegeben wurden. Im übrigen soll einer alten Bauernregel zufolge Meerrettich in den Monaten, deren Name ein »r« enthält, am wirkungsvollsten sein.

# Melisse
## *Melissa officinalis*

**Volksmund** Zitronenmelisse, Zitronen-, Frauen-, Herz-, Bienen-, Nerven-, Immen-, Mutter- und Herbstkraut, Honigblume, Englische Melisse

**Herkunft** Seit langem schon ist die Zitronenmelisse im Mittelmeerraum verbreitet, aber als ihre eigentliche Heimat gilt der Vordere Orient. Wegen ihrer Heil- und Würzkraft wurde sie stets hoch in Ehren gehalten – von den Arabern genauso, wie von den Römern und Griechen. Ihr Name stammt aus dem Griechischen und bedeutet übersetzt »Biene«. Und nach Plinius lieben die Bienen dieses Gewächs mehr als alles andere. »Biensuga« wird es schließlich auch im 12. Jahrhundert von der hl. Hildegard getauft. In den Klöstern verwendete man die Melisse nicht nur als Heil- und Gewürzpflanze, sondern verstand es auch, einen würzigen Likör aus ihrem Öl herzustellen. Bei uns wächst sie heute manchmal verwildert an Dorfrändern, Wegen und in Weinbergen.

**Steckbrief** Die Melisse gehört zur Familie der Lippenblütler (Labiatae). Mit Hilfe ihres weitverzweigten, flachwachsenden Wurzelstocks findet sie im Boden Halt. Die vierkantigen, verästelten Stengel werden etwa 80 cm hoch. Die Blätter haben eine tiefgrüne Färbung. Sie sind eiförmig, am Rand grob gesägt, netzartig geädert und ähneln den Brennesselblättern. Bei Berührung verströmt die Pflanze einen starken Zitronenduft. Er wird durch ätherisches Öl verursacht, das sich in den kleinen Drüsen auf der Blattoberfläche befindet. Von Juni bis August schmückt sich die Melisse mit zarten, weiß bis bläulich gefärbten Blüten. Sie sitzen in den Blattachseln.

Neben dem Melissenöl enthält das Kraut vor allem Harz, Schleim, Gerb- und Bitterstoffe. Es hilft bei schwachen Nerven, Schlaflosigkeit, Herzschwäche und wirkt verdauungsfördernd und krampflösend.

**Gartentips** Entsprechend ihrer Herkunft fühlt sich die Melisse an einem sonnigen, geschützten Platz am wohlsten. Der Boden sollte durchlässig und humos sein. Wenn Sie ihn zudem mit Kompost anreichern, steht dem Gedeihen der Melisse nichts mehr im Wege. Die Anzucht aus Samen ist ein wenig umständlich, denn die Jungpflanzen entwickeln sich recht langsam. Die winzigen Samen werden im Mai ausgesät – entweder in einer Schale oder im Freiland. Später müssen die Sämlinge pikiert werden. Sobald sie etwa handhoch sind, erhalten sie – im Abstand von etwa 35 cm – ihren endgültigen Platz. Dieser Aufwand lohnt sich eigentlich kaum, denn fertige Jungpflanzen werden überall im Handel angeboten. Wenn Sie erst einmal eine Pflanze besitzen, können Sie später durch Teilen des Wurzelstocks oder durch Stecklinge leicht für Nachwuchs sorgen. In rauhen Gegenden braucht die Melisse Winterschutz.

**Ernte und Verwendung** Vom Frühjahr bis zum Herbst können Sie die zarten, jungen Blätter und Triebe ernten. Kurz vor der Blüte ist die Würzkraft am größten. Am besten deckt

man sich auch zu dieser Zeit mit dem Wintervorrat ein. Suchen Sie sich für Ihr Vorhaben einen warmen, sonnigen Tag aus und trocknen Sie die Blätter rasch. So erhält sich das feine Aroma länger. In der Küche paßt die Melisse zu Fisch- und Salatsoßen, Rohkost, Quark und Kräuterbutter. Mit frischen Melissenblättern können Sie Fruchtsalat und Eisgetränke garnieren. Daß frische, zerriebene Blätter auch bei Insektenstichen Linderung bringen, ist schon eine alte Volksweisheit. Schlaffördernd wirkt ein Tee aus Triebspitzen und Blättern der Melisse. Nehmen Sie dazu 2 Teelöffel pro Tasse. Übergießen Sie das Ganze mit kochendem Wasser und lassen Sie es 10 Minuten zugedeckt ziehen. Hinterher wird es abgeseiht und möglichst warm getrunken. Auch als Badezusatz hat die Melisse eine beruhigende Wirkung.

**Alte Weisheiten** »Melissengeist ist überaus gut/ das schwache ohnmächtige Hertz zu stärkken und zu erquicken/ in sonderheit wann es des Nachts bochet und beängstiget wird/ ein Thrunck darvon gethan«, wissen schon die alten Kräuterväter über die Heilkraft der Melisse zu berichten. Und ein Hausbuch aus dem 18. Jahrhundert empfiehlt: »Melissen-Wasser erfreuet das Hertz, ist gut dem Gedächtnis und machet scharffe Sinnen.«

# Raute
*Ruta graveolens*

**Volksmund** Weinraute, Weinkraut, Totenkraut, Gnadenkraut, Kreuzraute

**Herkunft** Die Raute ist in Südeuropa zu Hause. Auf trockenen, kargen Plätzen ist sie hier zu finden. Nach Plinius stand sie bei den Alten in ganz besonders hohem Ansehen. Vermutlich brachten sie die Römer über die Alpen nach Mitteleuropa. Und bereits im 9. Jahrhundert zählte sie Karl der Große zu den wichtigsten Gartengewächsen. Im Mittelalter gab es wohl kaum eine Krankheit – einschließlich der Pest – bei der sie nicht verwendet wurde. Außerdem war sie ein Universalmittel gegen alle Gifte und sollte sogar Geister und Teufel vertreiben und vor dem »bösen Blick« schützen. Im Volksmund wurde sie deshalb auch »Gnadenkraut« genannt. Lange Zeit gehörte sie im Bauerngarten zu den wichtigsten Kräutern. In wärmeren Gegenden wächst sie heute noch gelegentlich verwildert bei alten Burgen und in Weinbergen.

**Steckbrief** Die Raute gehört zur Familie der Rautengewächse (Rutaceae). Ein kräftiger, verzweigter Wurzelstock gibt der Pflanze auch auf sehr steinigen, trockenen Böden noch genügend Halt. An dem Halbstrauch fällt besonders das schöne graublaue Blattwerk auf. Die Blätter sind zierlich gegliedert und an den Spitzen abgerundet. Hält man sie gegen das Licht, erkennt man durchscheinende, nadelstichartige Löcher. Das sind Drüsen, die mit ätherischem Öl gefüllt sind. Besonders an heißen Tagen werden sie produktiv und verströmen einen eigenartig bitteraromatischen Geruch, der auf manche Menschen unangenehm wirkt. Sogar Schlangen soll er verscheuchen. Mit Öldrüsen besetzt sind auch die gelben Blüten, die von Juni bis August erscheinen. Die kurzgestielten Blumen setzen sich zu Scheindolden zusammen. Die ganze Pflanze kann eine Höhe von 50–80 cm erreichen.

Die Blätter schmecken ein wenig bitter und scharf. Sie enthalten viel ätherisches Öl, Rutin, Cumarin, außerdem Gerb- und Bitterstoffe. Die Raute wirkt dadurch blutdrucksenkend und appetitanregend. Außerdem hilft sie gegen Kopfschmerz, Nervosität und Augenleiden. Sie darf aber nur in kleinen Mengen verwendet werden, sonst ist sie giftig!

**Gartentips** Ihrem natürlichen Standort entsprechend, liebt die Raute magere, steinige und etwas kalkhaltige Böden in voller Sonne. Auf keinen Fall verträgt sie Staunässe. Deshalb sollten Sie bei schweren Böden für eine Dränageschicht aus Kieselsteinen oder Blähton sorgen. Im April kann die Raute direkt an Ort und Stelle ausgesät werden. Später setzt man dann die Jungpflanzen in einem Abstand von etwa 35 cm auseinander. Für den Gebrauch in der Küche genügt aber eine Pflanze durchaus. Deshalb ist es zweckmäßiger, daß Sie sich ein Exemplar beim Gärtner kaufen. Und wenn Sie trotzdem mehrere Stauden als Zierde für Ihr Blumenbeet besitzen möchten, können Sie die Stammpflanze leicht durch Stockteilung oder Stecklinge vermehren. In rauheren Gegenden benötigt die Raute etwas Winterschutz.

**Ernte und Verwendung** Verwenden Sie immer nur einige wenige Rautenblätter zum Würzen von Suppen, Fleischfüllungen, Soßen und Salaten. Ihr starkes Aroma würde sonst alles andere überdecken. Frische Rautenblätter gibt es übrigens im »ganzjährigen Angebot« im Garten, denn ein Teil der Blätter bleibt auch im Winter grün.

**Alte Weisheiten** Im Mittelalter schätzte man die Raute als heilkräftiges Mittel bei Augenkrankheiten. Deshalb »sollen die bildhawer, maler, schreiber und studenten diß kraut in hohen eren haben.« Aber auch gegen Gift sollte sie helfen: »Wer rautn saft trinckt, das ist gut für das vergift, wen ein vergiftes tier peyst oder ein tobiger hundt, der zerreib rauten und leg in das auf die wunden«, rät ein Heilkundiger im 15. Jahrhundert. Aber damit ist ihre Verwendungsmöglichkeit noch lange nicht erschöpft. Denn in der mittelalterlichen Schola Salernitana heißt es: »Die Raute bringt Tugend – bewahrt die Sicht – erweckt Schlagfertigkeit – und läßt die Fliegen fliehen«. Damit sich die Raute gut entwickelt und besonders heilkräftig wird, muß man nach alter Überzeugung die Samen unter Flüchen und Verwünschungen ausstreuen. Junge Pflanzen sollen

aus dem selben Grund nicht gekauft, sondern möglichst gestohlen werden. Sollte in Ihrem Garten also die Raute nicht so richtig gedeihen, dann wissen Sie, was Sie bisher falsch gemacht haben.

## Salbei
### *Salvia officinalis*

**Volksmund** Salfer, Salfat, Gartensalbei, Edelsalbei, Muskatenkraut, Kreuzsalbei, Königssalbei, Salzer, Sophienkraut, Zaphei, Szaffi, Altweiberschmecke, Rickelbusch, Zahnblätter, Selwe

**Herkunft** Die Heimat des Salbeis ist das Mittelmeergebiet. Schon bei den Römern und Griechen genoß er als Heilpflanze hohes Ansehen. Sein Name leitet sich von dem lateinischen Wort »salvere« ab – das bedeutet nichts anderes als »heilen«. Die Römer waren es vermutlich auch, die den Salbei schließlich nach Deutschland brachten. Bald war er hier ebenfalls sehr geschätzt.

**Steckbrief** Der Salbei zählt zur Familie der Lippenblütler (Labiatae). Der immergrüne Halbstrauch erreicht eine Höhe von 30–70 cm. Mit seinem stark verzweigten, holzigen Wurzelstock ist er fest im Boden verankert. Auch seine vierkantigen Stengel sind im unteren Teil verholzt. Typisch für den Salbei sind die derben, graugrünen Blätter mit ihrer wabenartigen Oberfläche. Sie sind schmal-elliptisch ge-

formt und auf der Unterseite behaart. Von Juni bis August ist die Pflanze mit hübschen blauvioletten Blüten übersät, die in ährigen Blütenständen angeordnet sind. Sie werden besonders gern von den Hummeln besucht. Der Salbei verströmt einen würzig-herben, ein wenig strengen Duft. Zu seinen wichtigsten Inhaltsstoffen gehören ätherisches Öl, Saponin, Gerbstoff, Bitterstoff und Kampfer. Der Salbei hat verdauungsfördernde, magenstärkende, blutzuckersenkende und wundheilende Eigenschaften. Er hilft bei nächtlichen Schweißausbrüchen und bekämpft Zahnfleischentzündungen und Halsschmerzen.

**Gartentips** Wie in der freien Natur braucht der Salbei auch im Garten einen sonnigen Standort. Der für ihn ideale Boden ist locker, kalkhaltig und eher trocken. Zusätzlich sollte er mit Kompost gedüngt werden. Ab April können Sie den Salbei ins Frühbeet säen, oder – wenn Sie sich noch bis Mitte Mai gedulden – ihn gleich an Ort und Stelle ausbringen. Nach 3–4 Wochen keimt die Saat. Später werden die Jungpflanzen auf etwa 30 cm Abstand auseinandergesetzt. Aber auch beim Gärtner können Sie sich Salbeipflänzchen besorgen. Ältere Sträucher verholzen leicht und werden von unten her kahl. Dies kann man vermeiden, wenn man sie im Frühjahr zurückschneidet und rechtzeitig für Jungwuchs sorgt. In rauhen Gegenden benötigt der Salbei etwas Winterschutz. Das hilft nicht nur gegen die Kälte, sondern schützt ihn zugleich vor der grellen Wintersonne. Der Salbei paßt als Zwischenpflanzung besonders gut zu den Rosen. Und er ist auch für die biologische »Selbstverteidigung« im Gemüsebeet bedeutsam. Denn Kohlweißlinge, Möhrenfliegen und Schnecken meiden seine Nähe.

**Ernte und Verwendung** Frische junge Blätter können Sie während des ganzen Sommers ernten. Zum Trocknen ist der Salbei ebensogut geeignet, denn er behält auch in diesem Zustand sein Aroma. Am besten schneiden Sie die Triebspitzen noch vor der Blüte – dann sind sie am würzigsten. In kleinen Portionen verfeinert Salbei den Geschmack von Suppen (vor allem Aalsuppe), Wild, Schweinefleisch, Lammfleisch, Gemüse, Fisch und Kräuterbutter. Als altes Hausmittel ist auch heute noch Salbeitee vor allem bei Halsschmerzen und starken Schweißausbrüchen in Gebrauch. Überbrühen Sie 2 Teelöffel gerebelte Salbeiblätter mit 1/4 l kochendem Wasser und lassen Sie das Ganze vor dem Abseihen 10 Minuten ziehen. Der Tee muß warm getrunken werden. Sie können ihn sogar äußerlich verwenden – als Umschlag bei Wunden. Ein jahrhundertealter Brauch ist es, Salbeiblätter bei einer Zahnfleischentzündung zu kauen.

**Alte Weisheiten** »Wüchse ein Kreutlein vor den todt, es wer fürwar die salb (Anm.: Salbei) ohne spot«. So groß war im 13. Jahrhundert die Hochachtung vor der Heilkraft des Salbeis. Und weitgespannt war der Rahmen, in dem das Kraut Verwendung fand. Hieronymus Bock meint dazu: »Unter allen stauden ist kaum eyn gewächs über die Salbey, denn es dient dem artzet, koch, keller, armen und reichen.« Auch im 18. Jahrhundert war man des Lobes voll: »Der Salbey-Wein wie auch das Salbey-Bier stärcket das Haupt, bewahrt für den Gifft, dempfet die Kälte und verzehret die überflüssige Feuchtigkeit. Dieser Salbey-Wein ist ein köstliche Weiber-Arthzney.« Überhaupt muß irgendeine geheimnisvolle Verbindung zwischen der Salbei-Pflanze und den Frauen bestehen, denn man sagt auch, daß Salbei nur dann gut gedeiht, wenn die Frau im Haus dominiert. Sehen Sie doch mal in Ihrem Garten nach!

## Wermut
### *Artemisia absinthium*

**Volksmund** Absinth, Wurmzwiebel, Wiegenkraut, Würmlekraut, Stinker, Bitterkraut, Wurmtod, Magenkraut, Wermat, Wörmk, Mottenstock, Grabekraut, Bitteralsem, Els

**Herkunft** Der Wermut ist in weiten Teilen unserer Erde zu Hause. Seine Heimat erstreckt sich von ganz Europa, mit Ausnahme des hohen Nordens, über große Gebiete Asiens bis Nordafrika. Seit Jahrtausenden wird er wegen seiner Heilkraft geschätzt. Sein

Name findet sich auf einem ägyptischen Papyrus aus dem Jahre 1600 v. Chr. genauso, wie in den Schriften der Antike. Im 9. Jahrhundert preist der Mönch Walahfried Strabo die Vorzüge des Wermuts in seinem Lehrgedicht »Hortulus«. Das würzige Kraut gedeiht wild auf Ödland, Schuttplätzen, Wegrändern und in Weinbergen.

**Steckbrief** Der Wermut zählt zur Familie der Korbblütler (Compositae). Ein kräftiger Wurzelstock verankert die Pflanze im Boden. An den grünlich-weißen Stengeln wachsen seidig behaarte Blätter, die stark gefiedert sind. Ihre obere Blattfläche ist graugrün, die Unterseite schimmert weiß. Von Juli bis September schmückt sich der Wermut mit kleinen, kugeligen, gelben Blüten, die in aufrechten Rispen stehen. Die Pflanze erreicht eine Höhe von bis zu 100 cm. Der Wermut hat einen aromatisch-bitteren Geschmack. Die aktiven Bestandteile befinden sich in seinen Blättern und Blüten. Dazu gehören vor allem ätherisches Öl, Absinthin, Nitrate, Gerb- und Bitterstoffe und Vitamine. Er wirkt appetitanregend, verdauungsfördernd, blutreinigend und fiebersenkend. Auch in der Tiermedizin wird er verwendet. Ein ständiger oder übermäßiger Gebrauch des Krautes ist jedoch gesundheitsschädlich.

**Gartentips** Der Wermut ist ein richtiger Sonnenanbeter. Am besten gedeiht er auf kalkhaltigen und durchlässigen Böden. Nässe bekommt ihm nicht gut. Wermut kann man selbst ziehen – die Saat keimt nach etwa 14 Tagen. Da aber eine Pflanze im Garten durchaus genügt, ist es praktischer, sie beim Gärtner zu kaufen.

Wermut sollten Sie nicht zu Fenchel, Zitronenmelisse oder Salbei setzen, denn er hemmt ihre Wuchskraft. Andrerseits wirkt er in der Nähe von Schwarzen Johannisbeeren vorbeugend gegen Säulenrost. Und er vertreibt Erdflöhe und Kohlfliegen.

**Ernte und Verwendung** Wermutblätter können während der gesamten Vegetationszeit gepflückt werden. Sparsam verwendet, würzen sie fette Fleischgerichte und Eintopf. Blätter und Blütenstände des Wermuts werden seit eh und je von den Bäuerinnen getrocknet. In Büscheln aufgehängt oder (in Duftkissen) zwischen die Wäsche gelegt, vertreiben sie Fliegen und Motten. Beliebt ist auch der Wermuttee bei Magenschmerzen. Man gießt dazu 1/4 l kochendes Wasser auf einen Teelöffel geschnittenes Kraut und läßt das Ganze 10 Minuten ziehen. Bei der angegebenen Dosierung entstehen keine unerwünschten Nebenwirkungen. Wermuttee wird auf dem Land auch dem Vieh bei Koliken eingeflößt.

**Alte Weisheiten** Wermut »in Speis und Trank genützt, dem Magen wohl bekommt, den leib erwermet und austreibt gifft und gall« stellt Lonicerus fest. Tabernaemontanus feilt letzteres weiter aus und kommt zu einem, für uns Frauen nicht gerade schmeichelhaften Schluß, es wäre »das in warheit auch den zornigen und bösen gallsüchtigen weibern ein überauß gute Artzney/ die ihren Leib mit stätigem zornen und überlauffender Gallen kräncken/ und mancherley Krankheyt und Gefahr bringen.« Zu Pestzeiten wurde das stark duftende Kraut zum Ausräuchern der Räume verwendet. Aber auch gegen böse Geister und Hexen sollte das helfen. Noch bis ins 20. Jahrhundert hat sich in Bayern der Brauch erhalten, am Neujahrsabend Haus und Stall mit Wermut auszuräuchern.

# Ysop
## *Hyssopus officinalis*

**Volksmund** Klosterysop, Hizopf, Essigkraut, Eisenkraut, Weinespe, Isump

**Herkunft** Das Mittelmeergebiet gilt als Heimat des Ysop. Er gedeiht dort bevorzugt an warmen, trockenen und felsigen Hängen. Schon in der Antike setzte man großes Vertrauen in seine Heilkraft. Die frühen Christen sahen in ihm ein heiliges Kraut. So heißt es in Psalm 51, Vers 7: »Reinige mich mit Ysop, und ich werde frei von Schuld sein.« Durch die Mönche kam der Ysop nach Mitteleuropa. Im 12. Jahrhundert erhielt er einen Platz in den Pflanzenlisten der hl. Hildegard von Bingen.

**Steckbrief** Der Ysop gehört zur Familie der Lippenblütler (Labiatae). Aus dem holzigen Wurzelstock wachsen die bis zu 60 cm langen vierkantigen Stengel. Auch sie sind an der Basis verholzt. Die behaarten Blätter sind klein, schmallanzettlich und haben einen stark betonten Mittelnerv. Von Juli bis September schmückt sich der Halbstrauch mit lebhaft blau gefärbten, manchmal aber auch rosaroten oder weißen Blütenbüscheln. Sie stehen in Scheinähren zusammen und werden häufig von Bienen besucht.

Der Ysop schmeckt leicht bitter. Durch ätherisches Öl in den Drüsenhaaren verströmt die Pflanze einen aromatischen Duft, der an die Minze erinnert. Weitere aktive Bestandteile sind Bitterstoffe, Gerbstoffe und Harz. Ysop wirkt magenstärkend, verdauungsfördernd und hilft gegen Husten und Wassersucht.

**Gartentips** Der Ysop gedeiht am besten an einem Platz in voller Sonne und auf lockerem, etwas kalkhaltigem Boden. In rauheren Gegenden benötigt er leichten Winterschutz aus Fichtenreisig. Ab März können Sie die Samen ins Frühbeet streuen. Sie dürfen nur flach mit Erde bedeckt werden. Später vereinzelt man die Pflänzchen auf einen Abstand von etwa 25 cm. Einfacher ist es aber, sich einige Exemplare zu kaufen. Sobald sie kräftig genug sind, kann man sie vermehren, indem die Wurzelstöcke geteilt oder Triebspitzen als Stecklinge verwendet werden. Wegen seiner schönen Blüten eignet sich der Ysop besonders gut als Einfassung der Gemüsebeete. Um die Rabatten in Form zu halten, können Sie die Pflanzen jedes Jahr Anfang April ein wenig zustutzen. Auch als Zwischenpflanzung auf dem Rosenbeet ist er ein hübscher Anblick. Im Garten vertreibt er Läuse, Raupen und Schnecken.

**Ernte und Verwendung** Blätter und junge Triebe werden am besten frisch verwendet, denn so besitzen sie die größte Würzkraft. Kleine Portionen genügen bereits, um den Speisen einen besonderen Geschmack zu verleihen. Getrocknetes Kraut muß fest verschlossen aufbewahrt werden, weil sonst das Aroma zu schnell verlorengeht. Ysop paßt ausgezeichnet zu dicken Suppen, Soßen, Eintopf, Fisch- und Fleischgerichten. Für Salate verwenden Sie am besten die ganz jungen Blätter.

**Alte Weisheiten** Bei den Persern war Ysop-Wasser ein beliebtes Mittel, um der Haut eine zarte Tönung zu verleihen. Aber auch bei uns war diese Wirkung offensichtlich bekannt, denn um 1450 berichtet Johannes Hartlieb: »Des krauts saft gesotn und das antzlitz domit pestrichen, pringt gutn gesmack. Man sol ysopen kochen, das ist gut der lunge und wer den ysop mit fewgn (Anm.: Feigen) seudt und das wasser in dy oren trepft, das nymbt den oren iren smertzen und genueg ander tugent hat sy an ir.« Schon von alters her wurde Ysop vom Volk als Heilmittel bei Asthma, chronischer Bronchitis und Ohrenschmerzen verwendet.

# Bauerngartenblumen

## Bauerngartenblumen in bunter Fülle

Heute pflanzen wir Blumen um ihrer selbst willen – einfach, weil sie schön sind. Weil sie uns mit ihrem Duft und ihrer Farbenpracht Freude bringen. Früher konnte man sich solche »Luxusgeschöpfe« nicht leisten. Lilie, Schwertlilie, Ringelblume und Pfingstrose waren in erster Linie wegen ihrer Inhaltsstoffe begehrt. Sie dienten vor allem der Gesundheit – schöne Blüten waren Nebensache. Es dauerte viele Jahrhunderte bis sich die nützlichen Blumen schließlich zu Zierpflanzen mauserten. Die erst später im Bauerngarten heimisch gewordenen Gewächse wie Hyazinthe, Zinnie, Kaiserkrone und Herbstaster wurden dann allein wegen der dekorativen Blüten gepflanzt.

Gut für die Gesundheit sind viele alte Bauernblumen auch heute noch. Aus ihren Blüten und Blättern läßt sich heilkräftiger Tee brauen, Lilienöl hilft zum Beispiel bei kleineren Wunden und aus der Ringelblume entsteht eine altbewährte Salbe.

Unter den Bauerngartenblumen sind viele mit uralter Tradition und Geschichte. Das soll aber nicht heißen, daß am Pflanzenbestand des Bauerngartens für alle Zeiten nichts mehr verändert werden darf. Schließlich ist er ein lebendiger Garten und kein Museum! Und so manche typische Bauerngartenblume, wie das Tränende Herz, ist tatsächlich noch recht »neu«. Fassen Sie also Mut und experimentieren Sie ruhig auch ein wenig mit »Neuheiten«. Mit der Zeit entwickeln Sie bestimmt ein Gespür dafür, was zu den alteingesessenen Bau-

Im Laufe der Jahrhunderte mauserte sich der Bauerngarten vom reinen Nutzgarten zum »verzierten« Nutzgarten. Und zu den »alteingesessenen« Blumen gesellten sich mit der Zeit noch viele neue, dekorative Blütenpflanzen. So wie die Sonnenblume (links), die zu Beginn des 17. Jahrhunderts aus Mexiko zu uns kam. Der Phlox (oben) fand sogar erst im letzten Jahrhundert einen Platz im Bauerngarten. Inzwischen gehören beide, genau wie der Orientalische Mohn (unten) zu seinen typischen Blumen.

# Bauerngartenblumen

ernblumen paßt. Meiden Sie aber unbedingt Pflanzen, die sich wegen ihrer grellen, schreienden Leuchtfarben nicht in die Gemeinschaft einfügen, oder die durch ihre Wuchsform stören. Pampasgras zum Beispiel gehört sicher nicht in einen Bauerngarten!

Wenn es in Ihrem Garten dann so richtig wuchert und blüht, könnten Sie vielleicht auch einem liebenswerten alten Brauch wieder zu neuem Leben verhelfen. Früher ließ man auf dem Lande keinen Besucher fort, ohne ihm Blumen aus dem Garten mitzugeben. Und ein liebevoll zusammengestellter Strauß ist auch heute noch wertvoller als so manches teure Geschenk. Kreieren Sie doch einfach einen Duft-Strauß mit besonders wohlriechenden Blumen und Kräutern. Sie können die Blüten auch nach den Lieblingsfarben des Beschenkten zusammenstellen. Oder Sie verwenden nur Blumen in einer bestimmten Farbe, beispielsweise nur in Rot- oder Blautönen. Wenn Sie ein wenig Ihre Phantasie spielen lassen, fällt Ihnen sicher noch einiges mehr ein.

Manche der alten Bauerngartengewächse sind nicht gerade leicht zu bekommen. Die meisten Gärtner fallen aus allen Wolken, wenn Sie bei ihnen ein Marienblatt oder die Grüne Nieswurz kaufen wollen. Und viele alte Sorten sind sowieso nicht mehr im Handel erhältlich. Da hilft dann nur eines – schauen Sie beim Spazierengehen über die Zäune von alten Bauerngärten. Hier wächst und blüht noch so mancher fast vergessene Schatz. Und wenn Sie darum bitten, bekommen Sie von der Bäuerin bestimmt ein paar Samen, einen Ableger oder sogar Jungpflanzen. Pflegetips, Ratschläge zur Verwendung und Geschichten über Brauchtum erhalten Sie bei einem kleinen Plausch gleich gratis dazu. Und vielleicht haben Sie ja auch im Austausch ebenfalls ein paar Pflanzen zu bieten. Jedes dieser Gewächse erhält so seine eigene Geschichte, es ist vielleicht eine Erinnerung an einen schönen Ausflug oder an ein interessantes Gespräch. Auf alle Fälle hat man eine persönliche Beziehung dazu. Ein Garten mit solchen »ersammelten«, seltenen Gewächsen ist dadurch schon etwas Besonderes.

## Einjährige Sommerblumen für den Bauerngarten

Sommerblumen haben nur ein kurzes Leben. Es beginnt im Frühling mit der Aussaat und endet, nach der Samenreife, noch im selben Jahr. Deshalb müssen Sie diese Pflanzen jedes Jahr neu aussäen.

Einige ganz besonders robuste Bauerngartenblumen, wie Springkraut und Ringelblume, nehmen Ihnen allerdings diese Arbeit ab – sie sorgen selbst für Nachwuchs.

Mit Sommerblumen können Sie in wenigen Wochen ein kahles Fleckchen Erde in ein Blütenmeer verwandeln. Deshalb sind sie auch gerade bei der Neuanlage eines Gartens eine unschätzbare Hilfe. Und als leuchtend bunte Farbtupfer verdecken sie bereits verblühte oder einziehende Stauden und füllen entstandene Lücken im Blumenbeet aus.

Mit Hilfe einjähriger Kletterpflanzen, wie z. B. der Kapuzinerkresse, können Sie Zäune und Mauern innerhalb kürzester Zeit zum Blühen bringen.

| | |
|---|---|
| Balsamine | – *Impatiens balsamina* |
| Bechermalve | – *Lavatera trimestris* |
| Feuerbohne | – *Phaseolus coccineus* |
| Fuchsschwanz | – *Amaranthus caudatus* |
| Jungfer im Grünen | – *Nigella damascena* |
| Kapuzinerkresse | – *Tropaeolum majus*, *T. nanum* |
| Levkoje | – *Matthiola annua*, *M. incana* |
| Löwenmaul | – *Antirrhinum majus* |
| Reseda | – *Reseda odorata* |
| Ringelblume | – *Calendula officinalis* |
| Einjähriger Rittersporn | – *Delphinium ajacis*, *D. consolida* |
| Schleierkraut | – *Gypsophila elegans* |
| Schmuckkörbchen | – *Cosmos bipinnatus* |
| Sommeraster | – *Callistephus chinensis* |
| Sonnenblume | – *Helianthus annuus* |
| Springkraut | – *Impatiens glandulifera* |
| Strohblume | – *Helichrysum bracteatum* |
| Tagetes | – *Tagetes patula* |
| Wicke | – *Lathyrus odoratus* |
| Zinnie | – *Zinnia elegans* |

## Kapuzinerkresse
*Tropaeolum majus*

**Volksmund** Blume der Liebe, Kapuzinerl, Rote Blume aus Peru, Jungfer Rangels, Kanarienvögelchen, Kapern, Guck-über-den-Zaun
**Herkunft** Die Kapuzinerkresse stammt aus Peru. Im 17. Jahrhundert kam sie auf den Schiffen der spanischen Eroberer nach Europa. Hier gewann sie schnell Freunde und gegen Ende des 19. Jahrhunderts wuchsen schon über 30 verschiedene Sorten in den Gärten.
**Steckbrief** Die Kapuzinerkresse gehört zur Familie der Kapuzinergewächse (Tropaeolaceae). Sie treibt glatte, runde und sehr saftige Stengel, die sich stark verzweigen und in schirmartigen Blättern enden. Oberseits glänzt das Laub bläulich-grün und besitzt eine wachsartige Oberfläche, unterseits ist es hellgrün gefärbt. Die Blüte setzt im Juni ein und bis zum Spätherbst ist die Pflanze dicht übersät mit hübschen, zart duftenden, samtigen Blumen. Sie sind trichterartig geformt und besitzen einen langen Sporn. Weithin sind sie als gelb, orange oder rot gefärbte, leuchtende Farbtupfen zu sehen. Nach der Blüte bilden sich zahlreiche dreiteilige Kapselfrüchte von hellgrüner Farbe. Die ganze Pflanze schmeckt kresseartig und sehr erfrischend. Der leicht scharfe, pfefferartige Nachgeschmack wird

durch den reichen Gehalt an Schwefel verursacht. Außerdem enthält die Pflanze viel Vitamin C und antibiotisch wirkende Substanzen. Sie regt den Appetit an, lindert Hustenreiz und hilft gegen Skorbut. Bei einem empfindlichen Magen kann allerdings ein zu häufiger Genuß zu Reizerscheinungen führen.
**Gartentips** Als Kind der Sonne ist die Kapuzinerkresse mit ihren saftstrotzenden Stengeln und Blättern gegen Frost sehr empfindlich. Wenn Sie möglichst lange Freude an den leuchtenden Blüten haben möchten, ziehen Sie am besten die Pflänzchen im April auf der Fensterbank vor. Setzen Sie immer 5 Stück der dicken Samenkörner etwa 2 cm tief in einen Topf. Nach den letzten Maifrösten wird der »Nachwuchs« ins Freiland gepflanzt. Zu dieser Zeit ist auch die direkte Aussaat an Ort und Stelle möglich. Allerdings müssen Sie sich dann bis zur Blüte länger gedulden.
Sie haben die Wahl zwischen verschiedenen Sorten: *Tropaeolum majus* treibt bis zu 3 m lange Ranken. Die Pflanze eignet sich deshalb besonders zum Beranken von (Draht-)Zäunen, Spalieren, Lauben und Mauern. Wegen der starken Wuchskraft sollten Sie nur etwa alle 80 cm ein Samenkorn in die Erde stecken. Von Zeit zu Zeit werden die Triebe aufgebunden. Dadurch können Sie ihren ungezügelten Wandertrieb auch gleich in die gewünschte Bahn lenken, denn sonst überwuchern sie einfach alles. *Tropaeolum nanum* wächst in dichten, kleinen Büschen von etwa 30 cm Höhe. Damit können Sie eine farbenfrohe Beeteinfassung »zaubern«. Der Abstand von einer Pflanze zur nächsten sollte ca. 10 cm betragen. Wenn Sie gefüllte Blüten den einfachen vorziehen, ist *Tropaeolum nanum plenum* das Richtige für Sie.
Welche Sorte Sie auch wählen, Kapuzinerkresse gedeiht am besten auf einem leichten, humosen Boden. Er darf aber nicht zu fett sein, weil sonst die Pflanze zu üppig ins Blatt wächst. Dadurch entwickeln sich weniger Blüten, die teilweise auch unter den großen, langstieligen Blättern »ertrinken«. Die Kapuzinerkresse eignet sich als biologisches Bekämpfungsmittel bei Blatt- und Blutläusen. Setzen

Sie sie deshalb um den Fuß gefährdeter Obstbäume und zwischen Beerensträucher. Auch von Gemüse- und Blumenbeeten hält sie die Schädlinge fern.

**Ernte und Verwendung** Kleingeschnittene Blätter und Blüten würzen Salate und Quark. Junge Blütenknospen und unreife, noch grüne Samen können Sie wie Kapern in Weinessig einlegen. Der Saft der Kapuzinerkresse wirkt schleimlösend und stillt den Hustenreiz. Die samtigen Blüten sind außerdem gute Schnittblumen und halten sich lange in der Vase. Auch im Herbst finden Sie noch genügend Blumen für reizende Tischdekorationen.

**Alte Weisheiten** Gegen Ende des 19. Jahrhunderts beschreibt der Autor des »Kräutersegens« eine seltsame Besonderheit der roten Kapuzinerkresse. Er nennt sie eine »kleine Feuerwerkerin«, die an heißen Sommerabenden manchmal »kleine, feurige Funken entzündet«. Damit sind elektrische Entladungen gemeint, die in der Dunkelheit sichtbar werden. Linnés Tochter soll dieses Phänomen als erste entdeckt haben. Wenn es nach alter Überlieferung ginge, müßte die Kapuzinerkresse auch den Appetit auf die Liebe anregen. Es schadet bestimmt nichts, wenn Sie es einmal ausprobieren.

# Ringelblume
*Calendula officinalis*

**Volksmund** Ringelrose, Regenblume, Goldblume, Sonnenwende, Wucherblume, Goldrose, Stinkblume, Gölling, Gilke, Totenblume, Ringel, Studentenblume, Weinblume, Marienrose, Sonnenblume, Engelröschen

**Herkunft** Als Heimat der Ringelblume gelten Südeuropa und Asien. Schon seit dem Altertum zählt sie zu den wichtigsten Heilpflanzen. Bereits Paracelsus verwendete ihre Blüten als Medizin. Früh gelangte sie auch über die Alpen nach Norden. Im 12. Jahrhundert erscheint sie als »Ringula« in der »Physika« der hl. Hildegard von Bingen. Seit Jahrhunderten hat die Ringelblume im Bauerngarten einen festen Platz.

**Steckbrief** Die Ringelblume gehört zur Familie der Korbblütler (Compositae). Sie kann eine Höhe von 60 cm erreichen. Aus dem verzweigten Wurzelstock wächst ein kantiger, stark verästelter Stengel, der mit kurzen Flaumhaaren bedeckt ist. Die lanzenförmigen Blätter sind ebenfalls behaart. Von Juni bis tief in den Herbst hinein entfalten sich an den Stengelspitzen goldgelb bis orange gefärbte

Strahlenblüten. Wenn man sie pflückt, tritt aus den Stengelenden ein klebriger Saft, der einen eigentümlich herben und würzigen Duft verbreitet. Zu den wichtigsten Inhaltsstoffen der Ringelblume zählen ätherisches Öl, Farbstoffe, Bitterstoffe, Harz, Schleim und Calendulin. Die Pflanze wirkt entzündungshemmend und wundheilend.

**Gartentips** Die Ringelblume ist ein geradezu »unverwüstliches« Gartengewächs. Sie findet sich auf fast allen Böden zurecht und gedeiht auch noch im Halbschatten. Auf sonnigen Standorten entwickelt sie natürlich den größten Gehalt an wertvollen Substanzen. Ab März können Sie das robuste Gewächs direkt ins Freiland säen. 20–30 cm Abstand voneinander sollten die Pflanzen später haben – sonst werden sie leicht von Mehltau befallen. Stehen sie zu eng, ist das kein Problem, denn Ringelblumen lassen sich ohne Schwierigkeiten versetzen. So eignen sie sich auch ausgezeichnet als »Lückenfüller« für Blumenrabatten. Wo sie einmal ausgesät wurden, kommen sie jedes Jahr durch Selbstaussaat von neuem – und stets an einer anderen Stelle. Ärgern Sie sich nicht, wenn die Ringelblume auf ihrer »Wanderung« durch den Garten auch auf den Gemüsebeeten landet, denn sie vertreibt dort Wurzelälchen (Nematoden). Als Randbepflanzung ist sie dadurch besonders wirkungsvoll. Aber auch auf dem Rosenbeet und zwischen anderen gefährdeten Blumen sollte sie deshalb ein gern gesehener Gast sein.

**Ernte und Verwendung** Für die Vase eignet sich die Ringelblume besonders gut – sie hält sich darin bis zu 14 Tage. Auch im Herbst finden Sie noch genügend von den hübschen »Goldblumen«. Denn sie blühen auch dann noch unermüdlich, wenn der Garten ansonsten schon recht leer geworden ist. Frische, junge Blütenblättchen verleihen Salaten einen besonders pikanten Geschmack. An sonnigen Tagen können Sie *Calendula*-Blüten als Wintervorrat sammeln. Die getrockneten Blütenköpfchen ergeben einen ausgezeichneten Tee, der blutreinigend und krampflösend wirkt. Außerdem hilft er bei Magen- und Darmstörungen. Sie benötigen 1–2 Teelöffel Blüten pro

Tasse. Nachdem Sie die Blüten mit kochendem Wasser übergossen haben, müssen sie noch etwa 10 Minuten ziehen, dann können Sie sie abseihen. Äußerlich hilft der Tee als Umschlag bei schlecht heilenden Wunden. Dazu eignet sich auch die Ringelblumen-Salbe. Sie wird nach einer uralten Tradition auf der Basis von Schweineschmalz zubereitet. Man verwendet sie vor allem bei Schnitten, Frostbeulen, Brandwunden, Quetschungen und »offenen« Beinen.

**Alte Weisheiten** Schon die alten Römer verwendeten die äußeren Blütenblätter der Ringelblume als Ersatz für den fast unerschwinglich teuren Safran. Und auf dem Land färbte man lange Zeit Butter und Käse damit. Vermutlich gehört die »Ringelrose« zu den ersten Zierpflanzen im Garten, denn bereits im 16. Jahrhundert berichtet Brunfels: sie »würt gezyelet in den gärten/ allein für ein zyerde/ unnd zu den kränzen.« Bald gab es auch schon verschiedene Zuchtformen. Im Kräuterbuch des Tabernaemontanus sind bereits 8 verschiedene Ringelblumensorten zu sehen. »Sie fangen an im Mayen zu blühen/ und wären für und für in stätiger Blüht bis in den Winter hinein/ (dannenher es Calendula genannt)«, lobt er die Pflanze. Auf dem Land galt die »Regenblume« seit langem als »Wetterprophet«. Wenn sich die Blüten morgens, bis spätestens 8 Uhr, nicht öffnen, gibt es Regen.

## Zweijährige Sommerblumen für den Bauerngarten

Die zweijährigen Blumen brauchen zwei Sommer, um sich voll zu entfalten. Sie werden meist zwischen Mai und Juli ausgesät. Noch im selben Jahr entwickeln sie Blätter und Stiele. Dann überdauern sie den Winter, um erst im darauffolgenden Jahr zu blühen. Mit der Samenreife geht ihre Lebenszeit dem Ende zu. Zur Gruppe der Zweijährigen zählen aber auch einige mehrjährige Pflanzen, wie Bartnelke, Stockrose und Goldlack. In unserem Klima erreichen sie bereits im zweiten Lebensjahr ihren Blühhöhepunkt. Dann beginnen sie

# Bauerngartenblumen

| | |
|---|---|
| Bartnelke | – *Dianthus barbatus* |
| Fingerhut | – *Digitalis purpurea* |
| Gartennelke, Land-nelke | – *Dianthus caryophyllus* |
| Goldlack | – *Cheiranthus cheiri* |
| Hornveilchen | – *Viola cornuta* |
| Judassilberling | – *Lunaria annua* |
| Königskerze | – *Verbascum densiflorum* |
| | *V. thapsus* |
| Mariendistel | – *Silybum marianum* |
| Marienglockenblume | – *Campanula medium* |
| Maßliebchen | – *Bellis perennis* |
| Muskatellersalbei | – *Salvia sclarea* |
| Nachtkerze | – *Oenothera biennis* |
| Nachtviole | – *Hesperis matronalis* |
| Stiefmütterchen | – *Viola tricolor* |
| Stockrose | – *Alcea rosea* |
| Vergißmeinnicht | – *Myosotis palustris* |
| Wolfsmilch | – *Euphorbia lathyris* |

zu kümmern, so daß sich eine weitere Pflege in der Regel nicht mehr lohnt. Wie bei den einjährigen Blumen müssen auch die zweijährigen jedes Jahr von Neuem ausgesät werden. Manche können Sie allerdings schon als fertige Jungpflanzen kaufen, dann blühen sie noch im gleichen Jahr.

## Bartnelke
### *Dianthus barbatus*

**Volksmund** Nagerl, Studentennelke, Karthäuser Nelke, Buschnelke, Jesulein, Kloster-Nelke, Nägelein

**Herkunft** Die Bartnelke hat ihre Heimat in den südeuropäischen Mittelmeerländern. Auch auf dem Balkan kommt sie wildwachsend vor. Seit dem 16. Jahrhundert ist das duftende Gewächs im Bauerngarten als Zierpflanze heimisch.

**Steckbrief** Die Bartnelke gehört zu den Nelkengewächsen (Caryophyllaceae). Sie hat runde, glatte Stengel, die bisweilen rötlich überhaucht sind. Sie wachsen bis zu 50 cm hoch. Die ungeteilten, steifen Blätter sind spitzeiförmig und sitzen über den Stengel verteilt. Von Juni bis August steht die Bartnelke in voller

Blüte. Die wohlriechenden Blumen mit den gezahnten Blütenblättern vereinen sich an den Stengelenden zu dichten Dolden. Für Bartnelken typisch sind die grannenartig zugespitzten äußeren Kelchblätter. Die Farbpalette der Blüten reicht vom reinen Weiß, über Rosa- und Lachstöne, bis hin zum dunklen Purpurrot. Auch zweifarbige Varianten sind im Handel erhältlich. Außerdem werden sowohl einfache als auch gefülltblühende Sorten angeboten.

**Gartentips** Die Bartnelke gehört zu den anspruchslosen Gartengewächsen. Wie alle Nelken liebt sie Trockenheit und Sonne, aber sie blüht auch im Halbschatten noch zufriedenstellend. Ein durchlässiger, humusreicher Boden ist der ideale Standort für sie. Ende Mai, wenn die Frostgefahr vorüber ist, können Sie die Samen ins Freiland säen. Schon nach 1 bis 2 Wochen geht die Saat auf. Sobald sich die Jungpflanzen kräftig entwickelt haben, werden sie im Abstand von 20–25 cm versetzt. Achten Sie darauf, daß Sie den Termin dafür nicht zu spät wählen, sonst wurzeln die Pflänzchen vor dem Winter nicht mehr ein. In der Regel kommen kräftige junge Pflanzen gut durch die kalte Jahreszeit. Nur in rauhen Lagen benötigen sie etwas Winterschutz durch Reisig. Auch im Frühjahr, vor der Blüte können Sie die robusten Gewächse noch ohne Umstände versetzen. Am besten pflanzen Sie Bartnelken in größeren Gruppen zusammen, das wirkt ausgesprochen reizvoll. Wenn Sie auf besonders prachtvolle Blüten Wert legen, müssen Sie jährlich für Nachwuchs sorgen. In der Regel hält die Bartnelke zwar mehrere Jahre aus, doch blüht sie nur im 2. Jahr besonders schön. Beim Gärtner können Sie auch bereits einjährige Pflanzen kaufen, die dann noch im selben Jahr zum Blühen kommen.

**Verwendung** Nelken sind ausgezeichnete Schnittblumen. Und geradezu sprichwörtliche Haltbarkeit zeigen die Bartnelken. Ein Strauß davon kann ein ganzes Zimmer mit seinem intensiven Blütenduft erfüllen.

**Verwandte** Federnelke (*Dianthus plumarius*): Sie stammt aus Südosteuropa und wächst dort an steinigen, sonnigen Abhängen. Ihre zierlichen, etwa bis zur Mitte geschlitzten Blütenblätter sind weiß oder rosa gefärbt. Die Blütezeit dauert von April bis Juli. Als Einfassungspflanze ist die ausdauernde, polsterbildende Nelke besonders beliebt.

Karthäusernelke (*D. carthusianorum*): Eine ausdauernde Staude, die bis zu 90 cm hoch wächst. Ihre zarten, leuchtend roten Blüten öffnen sich von Juli bis August.

Land- oder Gartennelke (*D. caryophyllus*): Auch sie ist in Südeuropa zu Hause. Vermutlich kam sie bereits zur Zeit der Kreuzzüge in unsere Gärten. Heute ist sie in vielen Farben erhältlich. In den Alpenländern wird sie zur Tracht getragen – Frauen stecken sie ans Mieder, die Männer schmücken ihre Hüte damit.

Pfingstnelke (*D. gratianopolitanus*): Sie wächst in dichten Polstern auf felsigen, kalkhaltigen Trockenrasen. Von Mai bis Juli schmückt sich die etwa 30 cm hohe Pflanze mit vielen duftenden Blüten. Auch sie eignet sich ausgezeichnet als Beeteinfassung.

**Alte Weisheiten** Der sprichwörtliche Nelkenduft hatte es schon vor Jahrhunderten den Menschen angetan. Aus Mangel an besseren hygienischen Erkenntnissen versuchte man damit sogar unangenehmen Körpergeruch zu übertönen. Tabernaemontanus war außerdem davon überzeugt, daß »Nägleinblumen-Eßig« vor der Pest bewahre: »So ist auch dieser Eßig trefflich gut/ wider die böse gifftige Pestilenzisch Lufft/ so man die Hände und das Ange-

sicht damit besprengt.« Auch sonst versprach die wohlriechende Nelke allerhand Heilwirkungen: »Die Nägleinblumen sind dem Haupt seer gut und anmühtig/ dann sie erquicken/ erfreuen und stärcken das Hirn/wie allein aus dem lieblichen Geruch wol anzunehmen ist. Derwegen sie wider den Schwindel des Haubts/ wider den Schlag/ Paralysis genannt/ fallende Sucht/ Krampff/ Zittern und dergleichen Beschwärungen des Hirns/ fast (Anm. sehr) nützlich und wol können gebraucht werden.«

Wenn Sie auf besonders schöne Nelken Wert legen, müssen Sie die Samen, nach altem Volksglauben, bei Vollmond ausstreuen. Und wahre Prachtexemplare erhalten Sie, wenn die Saat in die Erde kommt, solange ein Regenbogen am Himmel steht.

## Fingerhut
### *Digitalis purpurea*

**Volksmund** Fingerglöckchen, Waldglöckchen, Fingerpiepen, Potschen

**Herkunft** Der Fingerhut wächst in Westeuropa wild – vorzugsweise in lichten Wäldern, auf Kahlschlägen, Heiden und in Hecken. Wegen seiner großen Giftigkeit wurde er von den Alten kaum verwendet. Erst im 18. Jahrhundert erkannte man seine herzstärkende Eigenschaft.

**Steckbrief** Der Fingerhut gehört zur Familie der Rachenblütler (Scrophulariaceae). Er besitzt eine stark verzweigte, rötliche Pfahlwurzel, aus der im 1. Jahr nur eine Blattrosette hervortreibt. Im 2. Jahr wächst aus der Mitte ein kräftiger, beblätterter Blütenstengel, der bis zu 180 cm Höhe erreichen kann. Die flaumigen, großen Blätter haben eine lanzenartige Form. Auf ihrer Unterseite bilden die Blattnerven ein enges Wabenmuster. Im Juni und Juli, vereinzelt auch noch im September blüht der Fingerhut. Die hängenden, duftenden Blütenglocken bilden am Stengelende eine dichte Traube und kehren sich dabei fast alle nach einer Seite. Sie sind rosa bis lebhaft purpurtarben, selten auch weiß gefärbt. Der Blü-

Trupps pflanzt. Haben Sie das »Waldglöcklein« erst einmal in Ihrem Garten eingebürgert, dann brauchen Sie sich um eine Neuaussaat nicht mehr zu kümmern. Der Fingerhut übernimmt das selbst und wandert dabei durch den ganzen Garten. Die Blütezeit können Sie noch um einiges verlängern, wenn Sie den Blütenstengel sofort nach dem Verblühen abschneiden. Das begünstigt die Bildung neuer blühender Triebe.

**Verwendung** Der Fingerhut eignet sich gut als Schnittblume. Schon ein paar dieser langstieligen Blütenschäfte im Zimmer sind ein besonders hübscher Blickfang.

**Verwandte** Gelber Fingerhut (*Digitalis lutea*): Er ist in Trockenwäldern und auf Kahlschlägen heimisch und liebt lockere, kalkhaltige Böden. Seine hellgelben Blüten erscheinen von Juni bis August.

Großblütiger Fingerhut (*D. grandiflora*): Er hat besonders weitglockige, schwefelgelbe Blüten, die im Innern bräunlich geädert sind. Die ganze Pflanze wird 50–70 cm hoch und gedeiht im lichten Schatten der Wälder.

Rostfarbiger Fingerhut (*D. ferruginea*): Seine rostroten Blüten sind im Innern braun gefleckt und stehen in einer dichtblütigen Traube. Auf günstigen Standorten wird er bis zu 150 cm hoch.

**Alte Weisheiten** Richtig geheimnisvoll hört es sich an, wenn Kräutervater Bock beschreibt, wo das »Waltglöcklin« zu finden ist: »In den hohen dunckeln Wälden/ und in finstern feüchten dälern als im Schwartzwald/ Waßgraw und Ydar an den orten da man kolen brennt/ als umb die eisenschmitten/ würt diß gewächs mit seinen schönen glöcklin im Hewmonat und Augstmonat gefunden.« In der Volksmedizin war der Fingerhut wegen seiner hohen Giftigkeit allerdings kaum in Gebrauch. Und so weiß auch Hieronymus Bock weiter nur sehr vage über »krafft und würckung« zu berichten: »Der geschmack zeigt an, das diß gewechs von art und natur warm und drucken sein muß/ derhalben möcht es zur artznei mit andern gewächsen zu den dingen so erwörmens/ zertheilens und reinigen bedörffen/ genommen und gebraucht werden.«

tenschlund ist rot gefleckt auf hellem Untergrund.

Die ganze Pflanze ist hochgiftig. In den Blättern sind mehrere Glykoside enthalten. Dazu zählt auch das Digitoxin, das zu den wichtigsten Heilstoffen bei der Behandlung von Herzerkrankungen gehört.

**Gartentips** Im Garten braucht der Fingerhut humusreichen, nahrhaften Boden, der locker und durchlässig sein sollte. Feuchte, halbschattige Standorte sind für eine gesunde Entwicklung besonders vorteilhaft. Die Pflanze gedeiht aber auch an sonnigen Stellen, solange nur der Boden genügend feucht gehalten wird. Die günstigste Aussaatzeit liegt in den Monaten Mai bis Juni. Nur ganz dünn werden die feinen Samen auf das Saatbeet gestreut. Schon nach 10–14 Tagen zeigen sich die ersten grünen Spitzen. Einige Wochen müssen Sie sich noch gedulden, bis die Sämlinge sich kräftig entwickelt haben. Gegen Ende August können Sie die jungen Pflanzen auf die endgültigen Plätze versetzen. Am wirkungsvollsten sieht der Fingerhut aus, wenn man ihn gleich in größeren

## Goldlack
### *Cheiranthus cheiri*

**Volksmund**   Gelbveigel, Mariennelke
**Herkunft**   Der Goldlack hat seine Heimat im östlichen Mittelmeergebiet. Araber, Griechen und Römer schätzten ihn schon wegen seiner heilenden Eigenschaften. Jahrhunderte später hefteten sich edle Ritter kleine Goldlacksträußchen an – als Zeichen der ewigen Treue für die Dame ihres Herzens. Der Goldlack ist übrigens das vielbesungene »Gelbveigelein« des alten deutschen Volksliedes.
**Steckbrief**   Der Goldlack gehört zur Familie der Kreuzblütler (Cruciferae). Die zahlreichen, kantigen Stengel bilden einen Busch, der bis zu 90 cm hoch werden kann. Er ist auch im Winter grün, denn er verliert die graugrünen Blätter nur zum Teil. Sie sind lang, schmal geformt und mit feinen Härchen überzogen. Nur manchmal ist der Blattrand leicht gezähnt. Die goldgelb bis bräunlich gefärbten, samtartigen Blüten sitzen in Trauben an den Stengelenden. Sie erscheinen von Mai bis Juli und werden gerne von den Bienen besucht. Die

behaarten, vierkantigen Schotenfrüchte sind nadelartig geformt und stehen aufrecht am Stengel.
Blühender Goldlack verströmt einen starken, wohlriechenden Duft. Im Geschmack ist eine herb-scharfe Nuance enthalten. In der Pflanze finden sich bis zu 25% fettes Öl, sowie ätherisches Öl, Vitamin C, Gerb- und Farbstoffe. Vor allem in den Blättern und Samen sind außerdem herzwirksame Glykoside gelagert. Deshalb darf die Pflanze nur mit äußerster Vorsicht medizinisch verwendet werden.
**Gartentips**   Geben Sie dem Goldlack einen warmen, sonnigen Platz, der auch in der kalten Jahreszeit vor rauhen Winden geschützt ist. So kann Sie die Pflanze sogar mehrere Jahre lang mit zahlreichen Blüten erfreuen. Denn in ihrer südlichen Heimat zählt sie zu den ausdauernden Stauden. In rauheren Gegenden wird der Goldlack dagegen eher wie eine zweijährige Pflanze behandelt. Im 2. Jahr treibt er besonders viele Blüten, beginnt dann aber zu kümmern, so daß sich eine weitere Pflege meist nicht mehr lohnt. Junge Pflanzen können Sie überall kaufen. Wenn Sie Freude an der eige-

nen Anzucht haben, säen Sie die Samen im Juni ins Freiland. Streuen Sie sie möglichst dünn aus. Die Saat braucht zum Aufgehen 3–4 Wochen und muß während der Zeit gleichmäßig feucht gehalten werden. Später können Sie die Jungpflanzen auf einen Abstand von 20 bis 30 cm versetzen. Sie gedeihen am besten auf durchlässigen und nährstoffreichen Böden, vor allem, wenn sie ein wenig lehmhaltig sind. Trockenheit verträgt Goldlack besser als zuviel Feuchtigkeit oder gar Staunässe. Sobald die Pflanzen etwa 15 cm hoch sind, werden die obersten Spitzen entfernt. Das sorgt für einen buschigen Wuchs. Wenn Sie möchten, können Sie in den warmen und doch leuchtenden Farbtönen der Goldlack-Blüten geradezu schwelgen. Denn Goldlack gibt es in vielen Sorten – hoch und niedrig, gefüllt und ungefüllt. In rauhen Gegenden sollten Sie für einen warmen »Wintermantel« aus Reisig sorgen. Das schützt gleichzeitig vor zu starker Sonneneinstrahlung, die dem Goldlack während der kalten Jahreszeit ebenfalls nicht bekommt.

**Verwendung** Goldlack hält sich gut in der Vase und verbreitet im Zimmer einen wohlriechenden Duft. Versuchen Sie es doch einmal mit einem »bunten« Strauß nur aus Goldlack-Blüten – die einzelnen Farbtöne harmonieren nämlich besonders gut miteinander.

**Alte Weisheiten** Im Mittelalter »bewaffneten« sich die feinen Leute mit duftenden Goldlacksträußchen, wenn sie auf die Straße gingen. Das sollte sie vor üblen Gerüchen und Ansteckung bewahren. Zur Zeit von Tabernaemontanus war das Gelbveigelein bereits eine beliebte Zierpflanze: »Es werden diese Veyel wegen ihrer schönen Gestalt und lieblichen Geruchs in den Wurtzgärten von Weibspersonen gepflantzet. Fangen an zu blühen im angehenden Mayen/ fast biß auf den Winter.« Goldlackwasser diente – wie es scheint sogar in schwierigen Fällen – der Schönheit: »Das Angesicht nach starcker Schwitzung in einem truckenen Schweißbad/ darmit gewaschen/ und von ihm selbst getrucknet/ nimmt alle scheußliche Masen und Flecken desselbigen/ läutert es schön/ macht die Haut weiß und lebhafft.«

## Großblütige Königskerze
### *Verbascum densiflorum*

**Volksmund** Fackelkraut, Wollblume, Kerzenkraut, Himmels-, Johannis-, Oster-, Unholden-, Wetter- und Feldkerze, Löwenfackel, Himmelsbrand

**Herkunft** Die Königskerze wächst in ganz Europa wild – mit Ausnahme des hohen Nordens. Man findet sie auf Brachland und trockenen Wiesen, an Wegrändern, sonnigen Hügeln und Bahndämmen. Bereits die alten Römer und Griechen gewannen aus den Blüten und Blättern einen gelben Farbstoff. Plinius empfiehlt ihre Verwendung bei Lungenentzündung. In späteren Jahrhunderten zogen die Mönche die »Himmelskerze« in großen Mengen in ihren Heilkräutergärten.

**Steckbrief** Die Königskerze ist ein Rachenblütler (Scrophulariaceae). Schon von weitem sind die kerzenförmigen, hohen Blütenschäfte der ausgewachsenen Pflanze zu erkennen. Doch zunächst beginnt die »Wollblume« ganz bescheiden. Im 1. Jahr bildet sie direkt am Boden eine Rosette samtig behaarter, graugrüner Blätter. Erst im folgenden Jahr wächst der blütentragende Stengel. An günstigen Standorten erreicht er geradezu riesige Ausmaße und kann leicht 200 cm hoch werden. Er ist dicht mit großen eiförmigen, filzigen Blättern besetzt. Der untere Teil des Stengelblattes schließt sich dabei eng um den Blütenschaft und reicht bis zum nächstunteren Blatt herab. Von Juli bis September öffnen sich zahlreiche schwefelgelbe Blüten. Sie sind ährenartig angeordnet und locken ganze Schwärme von Bienen und Hummeln an.

Zu den wichtigsten Wirkstoffen der Königskerze gehören ätherisches Öl, Schleimstoffe, Saccharose und Saponine. Durch ihre schleimlösenden und reizlindernden Eigenschaften hilft sie bei Erkrankungen der Atemwege. Außerdem wirkt sie herzstärkend und wundheilend.

**Gartentips** Wegen ihrer Höhe pflanzen Sie die Königskerze am besten an den Gartenrand. Dort ist sie dann eine ganz besondere Zierde und stellt obendrein kaum Ansprüche.

100

Wie in der freien Natur, gedeiht sie auch im Garten am besten auf mageren, sandigen und durchlässigen Böden in voller Sonne. Auf diesen Standorten kann sie mitunter jahrelang aushalten. Nur stauende Nässe bekommt ihr absolut nicht. Und auf zu nahrhafte, fette Böden reagiert sie sogar mit schwächlichem Wuchs. Königskerzen können Sie ganz leicht selbst heranziehen. Der richtige Termin für die Aussaat ist der April. Etwa 2–3 Wochen dauert es, bis die Keimlinge zum Vorschein kommen. Wenn die Jungpflanzen kräftig genug sind, versetzt man sie auf die vorgesehenen Plätze. Dabei sollten Sie von Pflanze zu Pflanze mindestens einen Abstand von 50 cm einhalten. Hat die Königskerze erst einmal in Ihrem Garten Fuß gefaßt, kommt sie durch Selbstaussaat jedes Jahr wieder. Allerdings erscheinen die Sämlinge manchmal recht eigenwillig an Plätzen, die nicht ins Garten-Konzept passen. Doch das ist kein Problem, denn die kleinen »Ausreißer« sind jetzt noch leicht zu versetzen.

**Ernte und Verwendung** Im Sommer können Sie die vollerblühten gelben Blumen und die Blätter der Königskerze sammeln. Für den Wintervorrat werden sie erst einige Stunden in die Sonne gelegt und danach im Schatten weitergetrocknet. Bewahren Sie die getrockneten Pflanzenteile aber fest verschlossen und im Dunkeln auf – so bleiben die Wirkstoffe länger erhalten. Einen Eßlöffel davon benötigen Sie für ¼ l Wasser. Der Tee muß nach dem Überbrühen noch etwa 10 Minuten ziehen, bevor Sie ihn abgießen können. Am besten verwenden Sie zum Abseihen ein feines Tuch, um auch die samtigen Härchen auf Blättern und Blüten zu entfernen. Der Tee wirkt beruhigend und hilft bei Erkältungen und Husten. Außerdem können Sie ihn als Gurgelmittel bei Halsschmerzen verwenden. Gegen Ohrenschmerzen hilft ein altes Hausrezept – das Königsöl. Dazu füllen Sie eine Handvoll frischer Blüten in eine Flasche und übergießen sie mit 100 g feinem Olivenöl. Dann verschließen Sie den Behälter luftdicht und stellen ihn auf eine warme, sonnige Fensterbank. Die Mischung muß von Zeit zu Zeit durchgeschüttelt werden. Nach etwa 4 Wochen können Sie das heilsame Öl durch ein sauberes Leinentuch abseihen. Frische, zerriebene Blätter bringen als Breiumschlag rasche Hilfe bei Insektenstichen.

**Verwandte** Die Großblütige Königskerze hat eine Reihe ebenfalls wildwachsender enger Verwandter, die häufig mit ihr verwechselt werden. Die medizinischen Eigenschaften stimmen aber bei allen weitgehend überein. Neben diesen gelbblühenden Arten ist die Violette Königskerze (*V. phoeniceum*) noch besonders interessant: Sie entwickelt auffällige, dunkelviolett gefärbte, langgestielte Blüten und eignet sich sehr gut als Zierpflanze.

**Alte Weisheiten** Die hl. Hildegard empfahl die Königskerze als Muntermacher bei einem »schwachen und traurigen Herz«. Zusammen mit Fleisch, Fischen oder »Kucheln« wurde die »Wullena« gekocht und verspeist, damit das Herz gekräftigt und wieder freudig werde. Brunfels verrät, wie unsere praktisch denkenden Ahnen die »Königskertz« verwendeten: »so mans mit hartz oder bech überstreycht, brennet es wie ein kertz.« Seit urdenklichen Zeiten zählt die »Wetterkerze« zu den wichtigsten Blitzkräutern. Ihre Anwesenheit in Hofnähe garantierte Schutz vor Blitzschlägen. Riß man sie aber aus, so gab es dafür ein umso größeres »himmlisches Donnerwetter«. Als Blitzkraut darf die Königskerze auch bei der Kräuterweihe an Mariae Himmelfahrt nicht fehlen. Sie bildet sogar die Mitte des Kräuter-

# Bauerngartenblumen

buschens. Überhaupt scheint die Königskerze einen »heißen Draht« zum Wettergeschehen zu haben, denn sie gilt auch als Wetterprophet: Steht ein Blütenkränzchen tief am Stengel, so ist im kommenden Winter Frühschnee zu erwarten. Blüht es dagegen an der Stengelspitze, muß man sich auf viel Schnee gegen Ende des Winters einstellen. Öffnen sich die Blüten aber vereinzelt, auf die gesamte Länge verteilt, so bedeutet dies einen »durchwachsenen« Winter. Sogar übernatürliche Kräfte sagte man der Königskerze nach. Im Mittelalter vertrieb man mit dem Kraut Teufel und Unholde. Mit Hilfe der Königskerze konnten auch die armen Seelen Verbindung mit den Lebenden aufnehmen. In Oberbayern hieß es: Wächst eine Königskerze von selbst auf einem Grab, so bittet der Tote um ein Gebet oder eine Seelenmesse, damit er vom Fegefeuer erlöst wird.

## Stiefmütterchen
### *Viola tricolor*

**Volksmund**  Schöngesicht, Tag- und Nachtveilchen, Muttergottesschuh, Mädchenaugen, Gedenkemein, Dreifaltigkeitskraut, Freisamkraut, Menschengesichter, Teeveilchen

**Herkunft**  Die unzähligen, farbenreichen Stiefmütterchensorten unserer Gärten sind Abkömmlinge des wildwachsenden Gewöhnlichen Stiefmütterchens. Es ist in ganz Europa, im gemäßigten Asien und in Nordafrika verbreitet. Hier gedeiht es vor allem auf Äckern, Wiesen, Dünen und Unkrautfluren. Schon in der Antike war das Blümchen als Heilmittel sehr beliebt. Auch bei uns durfte es lange Zeit in keiner Hausapotheke fehlen. Im Mittelalter wurde es, seiner hübschen Blüten wegen, sogar von vielen Dichtern besungen. Und im 19. Jahrhundert sandten sich Verliebte Stiefmütterchen-Bouquets, Pensée genannt, als Symbol der Treue.

**Steckbrief**  Das Stiefmütterchen ist eng mit dem Veilchen verwandt und gehört zur großen Familie der Veilchengewächse (Violaceae). Es hat ein sehr feines, verzweigtes Wurzelwerk. Ebenfalls verästelt sind die kantigen Stengel.

An ihnen wachsen die gestielten, spitzeiförmigen, am Rande gekerbten Blätter. Sie besitzen am Stengelgrund gefiederte Nebenblätter. Die Blüten des Gewöhnlichen Stiefmütterchens sind gelegentlich einfarbig weiß, gelb oder violett, häufig zeigen sie aber sämtliche Farben gleichzeitig. Im Gegensatz zu den Zuchtformen sind ihre Blüten nur klein. Für den Garten hat man inzwischen besonders großblumige Sorten herausgezüchtet, die alle nur denkbaren Farben und Schattierungen aufweisen. Dadurch entstehen auch die niedlichen »Gesichter«, die freundlich und lieb, aber auch hochmütig oder traurig »dreinsehen« können. Die ganze Pflanze wird etwa 20–30 cm hoch.

Die Blätter schmecken salzig und ein wenig bitter. Das Stiefmütterchen enthält Schleim- und Gerbstoffe, Saponine und Zucker. Es wirkt leicht abführend und harntreibend, sowie hustenlösend und wundheilend.

**Gartentips**  Auch wer nicht den berühmten »grünen Daumen« besitzt, wird mit dem robusten Pflänzchen leicht zurecht kommen. Ein sonniger Platz und lockerer, nährstoffreicher, etwas feuchter Boden sagen ihm am meisten zu. Aber auch im Halbschatten ist es noch recht blühwillig. Die feinen Samen werden Anfang Juli ins Freiland gestreut. Dazu ziehen Sie – im Abstand von etwa 15 cm – flache Rillen und bringen die Saat dünn aus. Nur ganz leicht wird anschließend Erde darüber gestreut oder gesiebt. Während der Keimzeit sollten Sie darauf achten, daß die Saat gleichmäßig feucht bleibt. Wenn sich die Pflänzchen gut entwickelt haben, setzt man sie auf die für sie bestimmten Plätze im Abstand von 15–20 cm. Dabei wachsen sie schneller an, wenn Sie möglichst viel Erde an den Wurzeln lassen. Stiefmütterchen nehmen es nicht einmal übel, wenn sie während der Blüte verpflanzt werden. Das macht sie zu einem idealen »Lückenfüller« auf dem Blumenbeet. Auch als Beetumrandung eignen sie sich gut. Der Handel bietet inzwischen eine Unmenge von Zuchtformen zum Kauf. Es gibt Samen in bunter Mischung oder nach Farbe getrennt. Hier müssen Sie Ihre Lieblingsfarben und -formen eben selbst herausfinden. Besonders eifrig blüht das Eis-Stiefmütterchen. Es beginnt damit bereits im Herbst und setzt sofort nach dem Winter wieder ein. In rauhen Lagen sollten Sie besonders robuste Stiefmütterchen-Sorten wählen. Mit etwas zusätzlichem Winterschutz bekommen Sie die Pflanzen dann gut über die kalte Jahreszeit. Wenn Sie auch im Sommer blühende Stiefmütterchen haben möchten, müssen Sie im Frühjahr rechtzeitig an eine weitere Aussaat denken. Über all den großblumigen Züchtungen sollten Sie das Gewöhnliche Stiefmütterchen aber nicht vergessen. Aus der Nähe betrachtet ist es nämlich gar nicht »gewöhnlich«, sondern, im Gegenteil, besonders anziehend und hübsch – ein kleines Schmuckstück für Ihren Garten.

**Ernte und Verwendung** Blätter und Blumen des Wilden Stiefmütterchens können Sie während der Blütezeit, also von Mai bis Oktober, sammeln. Nach dem Trocknen heben Sie die Pflanzenteile in einem luftdicht verschlossenen Behälter auf. Nur so bewahren die Blüten ihre Farbe. Stiefmütterchen-Tee wirkt blutreinigend und harntreibend. Deshalb wird er auch gegen Rheumatismus verwendet. Überbrühen Sie 2 Teelöffel Blüten und Kraut mit 1/4 l kochendem Wasser. Etwa 10 Minuten muß der Tee ziehen, dann können Sie ihn abseihen. Auch bei Akne ist er hilfreich – die erkrankten Hautstellen werden damit zweimal

täglich betupft. In den ersten Frühlingssträußchen darf das Stiefmütterchen natürlich auch nicht fehlen.

**Alte Weisheiten** Möchten Sie wissen, wie das Stiefmütterchen zu seinem Namen kam? Die beiden oberen Blütenblätter sind die zwei Stühle, die die böse Stiefmutter für sich alleine beansprucht. Links und rechts daneben sitzen ihre zwei Töchter. Der unterste Platz gehört den Stieftöchtern. Diese beiden müssen mit nur einem einzigen Stuhl Vorlieb nehmen. Weitere Namen erklärt Matthiolus: »Dreifaltigkeitsblümlein haben iren namen von irer farb/ welche am blümlin dreyerley erscheint ... es hilfft den jungen Kindern/ die mit dem Freisch (Anm.: krampfartige, epilepsieähnliche Anfälle) oder Vergicht belästigt sind/ daher nennet mans Freisam oder Freischamkraut.«

## Stockrose, Stockmalve
### *Alcea rosea*

**Volksmund** Malve, Pappel, Samtpappel, Roter Eibisch, Baummalve, Halsrose, Schwarze Malve, Pappelrose

**Herkunft** Wahrscheinlich stammt die Stockrose aus dem östlichen Mittelmeerraum. Als Gartenblume hat sie bereits eine jahrhunder-

# Bauerngartenblumen

telange Geschichte. Im 19. Jahrhundert sank ihre Popularität in Europa vorübergehend auf den Nullpunkt. Ein Pilz, der Malvenrost, hätte damals fast ihr Ende bedeutet. Aber sie überlebte, und ihre leuchtenden Blüten sind auch heute noch auf dem Land der Inbegriff des Hochsommers.

**Steckbrief**  Die Stockrose zählt zur Familie der Malvengewächse (Malvaceae). Sie treibt einen verzweigten, tiefreichenden Wurzelstock. Im 1. Jahr ist nur eine Blattrosette zu sehen. Erst im 2. Jahr bildet sich ein aufrechter, kräftiger und rauhhaariger Blütenschaft, der leicht 200 cm hoch wachsen kann. Die langgestielten Blätter sind handförmig gelappt und mit steifen Filzhaaren überzogen. Die großen, leuchtenden Blüten bilden am Stengelende eine lange Ähre. Bei den einfach blühenden Sorten sind sie trichterartig geformt, bei der gefüllten Variante sehen sie wie vielblättrige Rosen aus. Die bunte Palette der Blütenfarben reicht von Weiß, Gelb über Rosa und Purpurrot bis nahezu Schwarz. Während der Blütezeit von Juli bis September wird die Pflanze von Bienen und Hummeln geradezu umschwärmt.

Die Stockrose enthält ätherisches Öl, Gerb- und Mineralstoffe, Pektin und Schleim. Die gemahlenen Wurzeln ergeben ein Stärkemehl, das einen hohen Nährstoffgehalt aufweist. Im Ganzen gesehen hat die »Samtpappel« ähnliche heilende Eigenschaften wie der Eibisch. Sie wirkt beruhigend und lindert den Husten.

**Gartentips**  Geben Sie dem reizvollen Gewächs aus dem Süden einen sonnigen, möglichst geschützten Platz. An windigen Stellen sollten Sie unbedingt für zusätzlichen Halt sorgen. Damit sich die Stockmalve in Ihrem Garten richtig wohlfühlt, benötigt sie einen lockeren, tiefgründigen Boden, in dem das Wasser leicht abfließen kann. Versorgen Sie die Pflanze mit reichlich Kompost, denn sie braucht einen nahrhaften Grund, um den hohen Blütenschaft richtig auszubilden. Und vergessen Sie nicht, den Sommer über intensiv zu gießen. Stockrosen können Sie selbst aussäen. Die richtige Zeit dafür ist von Mai bis Juni. Später werden die kleinen Pflanzen auf einen Ab-

stand von 50–60 cm versetzt. Dichter dürfen sie nicht stehen, sonst bekommen sie leicht den gefürchteten und schwer zu bekämpfenden Malvenrost. Pflanzen Sie die Stockrose am besten in der Reihe oder als Gruppe – eine allein kommt gar nicht so richtig zur Geltung. Am schönsten sind sie direkt am Zaun – als Hintergrund von Stauden und Sommerblumen oder vor Mauern und Hauswänden. Wenn Sie zweijährige Stockrosen an der Samenbildung hindern, können Sie sich noch einen weiteren Sommer an den – allerdings nicht mehr ganz so prächtigen – Blüten erfreuen. Sie müssen nur die verwelkten Blumen sofort entfernen und den Stiel nach der letzten Blüte knapp über dem Boden abschneiden. Jungpflanzen sollten Sie den Winter über durch Reisig schützen.

**Ernte und Verwendung**  Mit Honig gesüßter Stockrosen-Tee ist ein altbewährtes Hausmittel gegen Husten und Heiserkeit. Am besten sammeln Sie die Blüten morgens oder abends, solange sie sich im halbgeöffneten Zustand befinden. Sie werden an einem schattigen, luftigen Ort »im Schongang« getrocknet. Für den Tee benötigen Sie 2 Eßlöffel zerkleinerte Blumen, die Sie mit 1/4 l heißem Wasser übergießen. Nachdem er 10 Minuten gezogen hat, ist der Tee fertig, und Sie können ihn abseihen. In hohen Bodenvasen sind Stockrosen ein besonders dekorativer Zimmerschmuck. Und wenn Sie mal schnell ein Mitbringsel benötigen, übertreffen ein paar Stiele bei weitem sämtliche Verlegenheits-Geschenke.

**Alte Weisheiten**  Die eindrucksvolle Zierpflanze mit ihren zarten, samtigen Blüten galt lange Zeit als hilfreiches Heilmittel. Husten, Asthma, Magen- und Darmbeschwerden wurden erfolgreich damit bekämpft. Im 17. Jahrhundert gebrauchte man Stockrosen sogar, um Fehlgeburten zu verhindern. Lonicerus gibt folgende Ratschläge: »Die Rosen in Wein und Wasser gesotten/ etwan Honig und Allaun darzu gethan/ saubern und heilen die Fäule und Geschwär im Mund und Hals/ damit gegurgelt/ und den Mund gewaschen. Die Rosen in Wasser gesotten/ oder ein Wasser daraus gemacht/ ist gut für alle innerliche und äußerliche Hitz/ für St. Anthoni Feuer/und andere heiße Ge-

schwulst/ mit kleinen Tüchlein übergelegt.«
Und sogar einen purpurroten Farbstoff wußte
man aus den vielseitigen Malvenblüten zu gewinnen.

## Ausdauernde Blütenstauden für den Bauerngarten

Die ausdauernden Blumen blühen viele Jahre
nacheinander. Deshalb sind sie für den Garten
so wichtig. Die meisten von ihnen überdauern
die kalte Jahreszeit unsichtbar in der Erde. Im
nächsten Frühjahr treiben sie wieder neu aus
und erfreuen uns mit ihrer Blütenpracht. Nur
einige behalten das ganze Jahr über ihre grünen Blätter. Blütenstauden können Sie selbst
aus Samen heranziehen oder als fertig entwik-
kelte Jungpflanzen beim Gärtner kaufen. Bei
guter Pflege gedeihen sie viele Jahre lang am
gleichen Standort. Haben sie sich zu sehr ausgebreitet, teilt man sie und setzt sie um. Das ist
zugleich auch die einfachste Art, die Stauden
zu vermehren. Bei einer großen Anzahl ist
außerdem eine Anzucht aus Stecklingen möglich.

| | |
|---|---|
| Akelei | – *Aquilegia vulgaris* |
| Alant | – *Inula helenium* |
| Aurikel | – *Primula auricula* |
| Bandgras | – *Phalaris arundinacea* |
| Brennende Liebe | – *Lychnis chalcedonica* |
| Christrose | – *Helleborus niger* |
| Dahlie | – *Dahlia variabilis* |
| Eibisch | – *Althaea officinalis* |
| Eisenhut | – *Aconitum napellus* |
| Federnelke | – *Dianthus plumarius* |
| Fetthenne | – *Sedum spectabile* |
| Feuerlilie | – *Lilium bulbiferum* |
| Gänsekresse | – *Arabis caucasica* |
| Gemswurz | – *Doronicum grandi-florum* |
| Gladiole | – *Gladiolus communis* |
| Goldrute | – *Solidago virgaurea* |
| Grüne Nieswurz | – *Helleborus viridis* |
| Hauswurz | – *Sempervivum tectorum* |
| Herbstaster | – *Aster novi-belgii* |
| Himmelsschlüssel | – *Primula vulgaris* |
| Hyazinthe | – *Hyacinthus orientalis* |

| | |
|---|---|
| Immergrün | – *Vinca minor, V. major* |
| Iris, Schwertlilie | – *Iris germanica* |
| Kaiserkrone | – *Fritillaria imperialis* |
| Karthäusernelke | – *Dianthus carthusia-norum* |
| Krokus | – *Crocus* |
| Küchenschelle | – *Pulsatilla vulgaris* |
| Kugeldistel | – *Echinops ritro* |
| Lampionblume | – *Physalis alkekengi* |
| Leberblümchen | – *Hepatica nobilis* |
| Lupine | – *Lupinus polyphyllus* |
| Madonnenlilie | – *Lilium candidum* |
| Maiglöckchen | – *Convallaria majalis* |
| Margerite | – *Chrysanthemum leu-canthemum* |
| Marienblatt | – *Chrysanthemum balsa-mita* |
| Märzenbecher | – *Leucojum vernum* |
| Mauerpfeffer | – *Sedum acre* |
| Milchstern | – *Ornithogalum nutans* |
| Monarde | – *Monarda didyma* |
| Montbretie | – *Montbretia crocosmi-flora* |
| Mutterkraut | – *Chrysanthemum par-thenium* |
| Nachtkerze | – *Oenothera glauca* |
| Narzisse | – *Narcissus poeticus* |
| Orientalischer Mohn | – *Papaver orientale* |
| Pfingstnelke | – *Dianthus gratiano-politanus* |
| Pfingstrose | – *Paeonia officinalis* |
| Phlox | – *Phlox paniculata* |
| Purpurglöckchen | – *Heuchera sanguinea* |
| Rittersporn | – *Delphinium elatum* |
| Schachbrettblume | – *Fritillaria meleagris* |
| Schafgarbe | – *Achillea filipendulina* |
| Schneeglöckchen | – *Galanthus nivalis* |
| Sonnenauge | – *Heliopsis scabra* |
| Sonnenbraut | – *Helenium autumnale* |
| Sonnenhut | – *Rudbeckia laciniata* |
| Staudensonnenblume | – *Helianthus decapetalus* |
| Steinbrech | – *Saxifraga umbrosa* |
| Taglilie | – *Hemerocallis fulva H. flava* |
| Tränendes Herz | – *Dicentra spectabilis* |
| Traubenhyazinthe | – *Muscari racemosum* |
| Tulpe | – *Tulipa variabilis* |
| Türkenbund | – *Lilium martagon* |
| Veilchen | – *Viola odorata* |
| Vexiernelke | – *Lychnis coronaria* |
| Winterling | – *Eranthis hyemalis* |
| Wurmfarn | – *Dryopteris filix-mas* |

# Bauerngartenblumen

## Alant
### *Inula helenium*

**Volksmund** Helenenkraut, Alantwurz, Brustalant, Großer Heinrich, Edelwurz, Gottes-Auge, Wodanshaupt, Altwurz, Helenenwurz, Odinskopf

**Herkunft** Der Alant stammt wahrscheinlich aus Zentralasien. Aber schon früh gelangte er nach Südeuropa, denn die alten Griechen und Römer kannten ihn bereits. In großen Mengen wurde er vor allem in Campanien, einer Landschaft nordwestlich von Neapel, angebaut. Nach Plinius hilft Alant gegen Husten und festigt sogar wacklig gewordene Zähne. Zu uns kam die Pflanze vermutlich im Gepäck der Kreuzritter. Heute wächst sie gelegentlich verwildert auf feuchten Wiesen, an Gräben, Gebüschsäumen und Wegen.

**Steckbrief** Der Alant zählt zur Familie der Korbblütler (Compositae). Ein kräftiger und tiefreichender Wurzelstock gibt der mannshohen Staude den nötigen Halt im Boden. Die dicken Stengel sind gefurcht und verzweigen sich erst im oberen Teil. Bis zu 50 cm lang können die eiförmigen Blätter werden. Ihre Unterseite ist filzig behaart und schimmert weißlich. Von Juni bis September schmücken goldgelbe Körbchenblüten den Alant. Sie ähneln kleinen Sonnenblumen. Die bräunlichen Früchtchen sind mit einem rötlichen Haarkranz besetzt.

Die Wurzel enthält viel ätherisches Öl, sowie Inulin, Saponin, Bitterstoffe und Harze. Alant hat allgemein kräftigende Eigenschaften und hilft besonders gut bei Erkrankungen der Luftwege, wie Keuchhusten und Bronchitis. Er lindert den Hustenreiz und wirkt gleichzeitig schleimlösend. Außerdem regt er die Verdauung und die Nierenfunktion an.

**Gartentips** Sie können den Alant selbst aus Samen heranziehen. Ab April ist es möglich, ihn direkt ins Freiland auszusäen. Später werden die Jungpflanzen dann in Abständen von mindestens 60 cm versetzt. Wo Platz ist, eignet sich die dekorative Riesenstaude besonders

gut für eine Gruppenpflanzung. In kleinen Gärten ist der Alant auch als einzelne Staude – beispielsweise in einer Gartenecke – sehr wirkungsvoll. Besonders spezialisierte Gärtnereien bieten Jungpflanzen zum Kauf an – dadurch können Sie sich einige Mühe sparen. Nährstoffreiche, möglichst lehmhaltige Böden sind für den Alant die ideale Lebensgrundlage. Sie sollen ein wenig feucht, aber unbedingt frei von stauender Nässe sein. Sonne und Halbschatten verträgt er gleichermaßen.

**Ernte und Verwendung**   Nur bei erwachsenen Planzen werden Teile des Wurzelstocks geerntet. Der Herbst ist der richtige Zeitpunkt dafür – dann sind reichlich Wurzeln vorhanden.

Nach dem Ausgraben werden die Stücke gesäubert, in Scheiben geschnitten und getrocknet. Einen gehäuften Teelöffel davon benötigen Sie für eine Tasse Tee. Übergießen Sie die Wurzelstücke mit kochendem Wasser und lassen Sie das Ganze vor dem Abseihen etwa 5 Minuten ziehen. Mit Honig gesüßt, hilft der Tee bei Husten und Bronchitis.

**Alte Weisheiten**   Seit dem Altertum gilt der Alant als besonders heilkräftig. Aber auch die Schönheit der Pflanze begeisterte Kräutervater Hieronymus Bock: »Alantwurzel ist ongevärlich die gröst und schönst under den gestirnten (Anm.: sternförmigen) blumen/ ob wol sonst mehr gestirnter funden werden/ wöllen wir doch jetztundt der lieblichen wolriechenden Alantwurzel gedenken/ welche jre beste krafft (meins bedunckens) in der wurtzel hat/ unnd das darumb/ dieweil kraut/ stengel/ blumen und samen/ on geruch seind.« Große Stücke hielt man auch im 18. Jahrhundert auf die »Alant Wutz« und setzte sie bei einer Vielzahl von Krankheiten ein: Sie »treibet auß die Gall und zähen Schleim aus der Brust, Lungen, Magen und Nieren, stärcket das Herz, schärfet das Gesicht, dienet der Lungensucht und wider vergifte Luft: Gewißlich eine köstliche Arzney! Man nimmt sie zu sich gestoßen mit Zucker, oder mit Hönig zu einer Latwerge gemacht.« Lange Zeit war auch der Wurzel-Schnaps sehr beliebt – er sollte vor allem bei Magenbeschwerden helfen.

## Christrose, Schwarze Nieswurz
*Helleborus niger*

**Volksmund**   Christblume, Schelmrose, Hüllwurz, Schneewurz, Schneerose, Hainwurz, Starkwurz, Weihnachtsrose, Güllwurz, Schneekaterl

**Herkunft**   Die Christrose ist in höheren Lagen Süd- und Zentraleuropas beheimatet. Bei uns wächst sie wild in den Alpen, im lichten Schatten von Wäldern und Gebüsch. Wahrscheinlich wurde sie bereits im 16. Jahrhundert in die Bauerngarten aufgenommen und bald gehörte sie zu den beliebtesten Pflanzen.

**Steckbrief**   Die Schwarze Nieswurz ist ein Hahnenfußgewächs (Ranunculaceae). Sie besitzt einen kriechenden, stark verästelten, schwarz gefärbten Wurzelstock, der ihr zu ihrem Namen verhalf. Ihre fächerartigen, langgestielten und glänzenden Blätter fühlen sich ledrig an. Sie bleiben das ganze Jahr über grün. Die rotbraun überhauchten Stengel tragen ein oder zwei große, meist weiße Blüten. Manch-

# Bauerngartenblumen

mal sind die Kelchblätter aber auch rötlich gefärbt. Die Blütezeit dauert von Dezember bis März. Insgesamt erreicht die Christrose eine Höhe von 30–35 cm.

Zu den wichtigsten Inhaltsstoffen der Pflanze gehört das Helleborin, das herzstärkend wirkt. Außerdem enthält sie Glykoside, Harz und Spuren von ätherischem Öl. Die gesamte Pflanze ist giftig und sollte nur mit größter Vorsicht verwendet werden. Als Laie läßt man am besten die Finger davon!

**Gartentips** Ähnlich wie an ihren natürlichen Standorten möchte die Christrose auch im Garten einen gut durchlässigen, gleichzeitig ein wenig feuchten und kalkhaltigen Boden haben. Sie verträgt weder stauende Nässe noch große Trockenheit. Verbessern Sie die Erde mit möglichst viel Kompost oder Laub. Am wohlsten fühlt sich die Christrose im Schatten von Sträuchern. Dort gedeiht sie ohne besondere Pflege und wird – wenn man sie dort ungestört läßt – von Jahr zu Jahr schöner. Sie nimmt es dagegen sehr übel, wenn sie verpflanzt wird und braucht lange, um sich von diesem »Schock« zu erholen. Die Samen der Christrose müssen bereits im Herbst gesät werden, denn sie gehört zu den Frostkeimern. Empfehlenswerter ist es aber, einige Exemplare zu kaufen. Sie sind in den meisten Staudengärtnereien erhältlich. Vor allem im Winter und im Frühjahr können die Blätter der Christrose von der Schwarzfleckenkrankheit befallen werden. Sie wird von einem Pilz verursacht. Hier hilft nur eine Radikalkur: Alle erkrankten Teile müssen entfernt und verbrannt werden. Die nachwachsenden Blätter sind dann wieder gesund. In rauhen Gegenden sollten Sie die sich öffnenden Blüten ein wenig durch Reisig schützen.

**Verwendung** Die großen, schönen Blüten der Christrose halten sich lange in der Vase. Daß sie bereits im Winter – manchmal sogar schon zu Weihnachten – blüht, macht sie als Zierpflanze besonders wertvoll.

**Verwandte** Grüne Nieswurz *(Helleborus viridis)*: Sie wächst, ebenso wie die Schwarze Nieswurz, wild in den Bergwäldern. Sie wird bis zu 50 cm hoch und entfaltet von März bis Mai eine Vielzahl von grünen Blüten. Früher wurde sie, vor allem in Niederbayern, häufig in den Bauerngärten gezogen. Sie hatte große Bedeutung als volkstümliches Tierheilmittel. Besonders am Rotlauf erkrankte Schweine wurden damit behandelt.

**Alte Weisheiten** Schon seit langem war die Giftigkeit der Christrose bekannt. Auch die alten Kräuterväter empfahlen ihren Gebrauch nicht jedem. Damals hieß es, sie ist gut »weder den Weibern/ Alten/ Kindern/ zarten Menschen noch solchen zu geben die einen kurzen Athem haben.« Und doch wurde sie in alter Zeit vom Volk gern verwendet. Denn der zerriebene Wurzelstock reizt die Schleimhäute und zwingt zum Niesen. Deshalb benutzte man vor der Einführung des amerikanischen Tabaks die Nieswurz zum Schnupfen. Nach alter Vorstellung umgab die Pflanze allerhand Geheimnisvolles und besondere Kräfte schienen in ihr zu stecken. Denn welche Blume blüht sonst schon mitten im Winter? Deshalb wappneten sich die Wurzelgräber auch mit verschiedenen Prozeduren gegen mögliche Gefahr. So zog man einen Kreis um sich und stellte sich mit dem Gesicht nach Osten, um zu beten. Dabei durfte sich kein Adler zeigen, denn das hätte den Tod bedeutet. Konrad von Megenberg beschreibt eine andere Methode: »Die es samnent (Anm.: sammeln), die müezent sich fleizen (Anm.: befleißigen), daz sie vor (Anm.: vorher) knoblauch ezzen und starken wein trincken, darumb daz ez in (Anm.: ihnen) nicht schaden pringt.«

# Eibisch
## *Althaea officinalis*

**Volksmund** Sammetpappel, Altheewurzel, Schleim-, Heil-, Husten- und Hilfswurz, Hustenkraut, mildes Malvenkraut

**Herkunft** Der Eibisch ist in Mitteleuropa zu Hause. Er wächst an den Küsten und auf feuchten Wiesen im Binnenland, besonders dort, wo der Boden salzig ist. An manchen Standorten ist er aber auch einfach aus früheren Kulturen verwildert. Von seiner Heilkraft ist man schon seit dem Altertum überzeugt. Und auch Karl der Große schätzte die Pflanze so sehr, daß er ihren Anbau in den Gärten seiner Krongüter befahl. Noch heute ist sie ein wichtiger Bestandteil von Hustenmedizin. Wegen seines angenehmen Geschmacks wird Eibischtee auch von Kindern gerne getrunken.

**Steckbrief** Der Eibisch gehört zur Familie der Malvengewächse (Malvaceae). Die buschige Staude kann eine Höhe von 150 cm erreichen. Sie bildet eine spindelförmige, fleischige Wurzel, die bis zu 50 cm tief in die Erde reicht. Die Stengel sind dicht und filzig behaart und kaum verzweigt. Sehr weich fühlen sich die großen, herzförmigen und schwach gelappten Blätter an. Auch sie sind beiderseits von samtartigen Härchen überzogen. Die großen, weiß bis violett gefärbten Blüten öffnen sich von Juni bis September. Sie sitzen einzeln oder zu mehreren in den Blattachseln.

Die ganze Pflanze, vor allem aber der Wurzelstock, enthält reichlich Schleimstoffe, außerdem Zucker, Kohlenhydrate, Stärke, Mineralstoffe, Pektin und Vitamin C. Eibisch wirkt beruhigend, sowie reizlindernd und hustenlösend.

**Gartentips** Der Eibisch liebt feuchte, tiefgründige Böden und braucht viel Sonne. Bei Trockenheit sollten Sie ihn reichlich gießen.

Sie können die Pflanze in gutsortierten Staudengärtnereien kaufen und dann leicht durch Teilung vermehren. Bedenken Sie aber, daß diese Staude später einmal einen ausladenden, kräftigen Busch bildet, der schwachwüchsigere Nachbarn ziemlich in Bedrängnis bringen kann. Geben Sie ihr am besten einen Platz in einer Gartenecke, wo sie sich ungestört ausbreiten kann. Die eingewachsene Pflanze ist dann recht anspruchslos und braucht außer den üblichen Gartenarbeiten keine besonderen Pflegemaßnahmen. Im Garten hat der Eibisch eine besondere Bedeutung als wertvolle Bienenfutterpflanze.

**Ernte und Verwendung** Die Wurzelteile werden im Herbst ausgegraben und als Wintervorrat getrocknet. Lagern Sie sie luftig und trocken, denn sie schimmeln leicht und man darf sie dann nicht mehr verwenden. 2 Teelöffel geschnittene Eibischwurzeln werden mit ¼ l Wasser übergossen und von Zeit zu Zeit umgerührt. Nach einer halben Stunde können Sie die Wurzeln abseihen. Erst dann wird die Flüssigkeit ein wenig erwärmt. Sie darf dabei aber keinesfalls kochen, sonst sind die wichtigen Inhaltstoffe zerstört. Mit Honig hilft der Tee gegen Husten, ungesüßt gegen Magen- und Darmbeschwerden. Außerdem ist Eibischtee ein wirksames Mittel zum Gurgeln bei rauhem Hals.

**Alte Weisheiten** »Ibisch wechst mannshoch/ mit vilen zarten und gestrackten gertlin. Seine bletter sind gleich einem weinblatt/ aber horecht (Anm.: haarig) weych. Und ire blumen wie weiße rößlin/ darumb mans auch weiße Bappelen nennt. Die wurtzel auch weiß/ vnd gros/ etwann anderthalben spannen lang.« So genau beschrieb bereits Brunfels den Eibisch. Gegen ganze Heerscharen von Krankheiten wurde die Heilpflanze eingesetzt – von Husten, über Geschlechtskrankheiten bis hin zu Zahnschmerzen. Auch Kleinkindern, die sich mit neuen Milchzähnen herumplagten, gab man die Wurzel zum Kauen. Der lateinische und daher unverständliche Name »althaea« wurde vom Volk »mundgerecht« umgeformt. Es entstand daraus ein »Alter Tee«, eine »Alte Wurzel«, und sogar eine »Alte Eh'«.

## Eisenhut
### *Aconitum napellus*

**Volksmund** Mönchskappe, Appoloniawurz, Tauberl im Schlag, Teufelswurz, Sturmhut, Wolfsgift, Reiter-zu-Pferd, Kutschwag, Peterskappe, Pantöffelchen, Venuswagen, Blaumütze, Großmutters Mütze, Hamburger Mütze, Franzosenkappe, der Lieben Frau Lederschuh, Pferdchen

**Herkunft** Der Eisenhut wächst in ganz Europa und im gemäßigten Asien wild in Gebirgslagen bis 3000 m Höhe. Er gedeiht dort an Bachufern, in Bruchwäldern und auf hochgelegenen Viehweiden. Im Altertum galt der Eisenhut als das stärkste Gift überhaupt. Bereits die alten Germanen sollen mit den Wurzeln der Pflanze Fleisch vergiftet haben, um damit Wölfe zu töten.

**Steckbrief** Der Eisenhut zählt zur Familie der Hahnenfußgewächse (Ranunculaceae). Er ist mit dem Rittersporn verwandt, und die große Ähnlichkeit der beiden springt sofort ins

Auge. Die Staude treibt eine lange, rübenförmige Pfahlwurzel tief in den Boden. Die Stengel werden bis zu 150 cm lang und verzweigen sich nur wenig. Tief eingeschnitten sind die handförmigen Blätter. Ihre Oberfläche hat eine glänzend-dunkelgrüne Färbung, unterseits sind sie hellgrün. Von Juni bis September erscheinen auffällige, dunkelblaue Blüten, deren oberes Blumenblatt helmartig ausgebildet ist. Sie stehen in dichten Blütentrauben zusammen an der Stengelspitze.

Für einige Zeit diente der Eisenhut als Mittel zur Schmerzbekämpfung bei Rheumatismus und Neuralgien. Doch die Pflanze enthält, vor allem in Wurzel und Blättern, ein starkes Gift – das Aconitin. Bereits eine Dosis von 2–6 g der frischen Wurzelknolle sind für den Menschen tödlich! Deshalb ist die Droge auch heute kaum noch in Gebrauch, und als Medizin für die Hausapotheke eignet sie sich schon gar nicht.

**Gartentips** Der Eisenhut gehört zu den anspruchslosen Gartengewächsen. Er gedeiht in der Sonne so gut wie im Schatten oder Halbschatten – solange nur der Boden humusreich und vor allem feucht ist. Deshalb sollten Sie die Staude bei länger anhaltender Trockenheit unbedingt gießen. Versorgen Sie sie auch reichlich mit Dünger. Besonders dankbar ist der Eisenhut im Frühjahr für eine kleine Gabe von gut verrottetem Mist. Arbeiten Sie ihn kurz vor Wachstumsbeginn vorsichtig in die oberste Bodenschicht ein. In allen gut sortierten Staudengärtnereien können Sie Jungpflanzen kaufen. Es sind mehrere Sorten im Handel, deren Blüten zweifarbig oder auch violett gefärbt sein können. Bei erwachsenen Pflanzen ist eine Vermehrung durch Teilung der Wurzelstöcke ganz einfach. Sie können den Eisenhut aber auch selbst aussäen. Da er zu den Frostkeimern gehört, ist der Herbst der richtige Zeitpunkt dafür. Im nächsten Jahr verpflanzen Sie die Sämlinge dann mit einem Abstand von 50 cm. Der Eisenhut gehört zu den wichtigsten Bienenfutterpflanzen im Garten.

**Verwendung** Der Eisenhut ist eine ausgezeichnete Schnittblume, die sich in der Vase lange hält. Mit seinen auffallenden, kräftig gefärbten Blüten paßt er besonders gut in die bunten Sommerblumensträuße.

**Verwandte** Der Echte Eisenhut besitzt eine Vielzahl von Verwandten, die in den gemäßigten Zonen der nördlichen Halbkugel verbreitet sind. Zu den bekanntesten zählen:

Bunter Eisenhut *(Aconitum variegatum)*: Er wächst wild in Bergwäldern und an Bachufern. Seine Blüten sind weißbunt gescheckt und sitzen in lockeren Trauben.

Rispiger Eisenhut *(A. paniculatum)*: Sein Blütenstand ist flaumig behaart. Die violett gefärbten Blumen erscheinen von Juli bis September und sind langgestielt. Viele von ihnen bilden zusammen eine sperrige Blütenrispe.

Wolfseisenhut *(A. lycoctonum)*: Er besitzt blaßgelbe Blüten mit einem sehr hohen, zylinderförmigen Helm. Sie können nur von Hummeln bestäubt werden. Die Pflanze ist besonders giftig!

**Alte Weisheiten** Im Altertum wurden Speerspitzen und Pfeile mit dem Gift des Eisenhutes präpariert. Verbrecher richtete man durch Verabreichung von Eisenhutwurzeln hin. Im 16. Jahrhundert glaubte man, ein Gegengift gefunden zu haben. Denn wie Matthiolus berichtet, besaß Kaiser Ferdinand II in Prag ein »berümbt pulver wider allerley gifft«, das angeblich sogar Arsen widerstand. Wie es weiter heißt »wolte man gemeldet Pulver auch wider Napellum versuchen dieweil dies Kraut vor allen das ärgste Gift ist.« Ein zum Tode Verurteilter mußte zunächst Eisenhut schlucken, um dann das Gegenmittel auszuprobieren. Hier versagte es aber kläglich. Und Matthiolus schildert mit grausiger Genauigkeit die schrecklichen Todesqualen des armen Menschen. Matthiolus selbst hält eine Feldmaus, die den Eisenhut abnagt, für das wirksamste Gegenmittel. Er stellte aber fest, daß diese Maus nur sehr schwer zu erwischen sei. In der Volksmedizin ließ man lieber die Finger von diesem giftigen Gewächs. Man hatte soviel Respekt davor, daß man in Rheinland-Pfalz sogar nicht einmal an der Blüte riechen wollte. Es wurde befürchtet, daß dadurch die Nase anschwillt.

## Hauswurz
### *Sempervivum tectorum*

**Volksmund** Donnerwurz, Donnerkraut, Dachwurz, Donnerlauch, Hauslauch, Donnerbart, Hausampfer, Blitzkraut, Jupiterbart, Steinrose, Steinapfel, Zidriwurzen, Scherzenkraut

**Herkunft** Die Hauswurz ist in Süd- und Mitteleuropa zu Hause. Bei uns kommt sie von Natur aus nur in den Alpen vor. Als Gartenflüchtling ist sie aber auch an anderen Orten manchmal verwildert anzutreffen. Die alten Römer verglichen ihre rötlich gefärbten Blüten mit dem Barte Jupiters und nannten die Pflanze deshalb »barba jovis«. Die Germanen dagegen hatten sie Donar, dem Donnergott geweiht. Deshalb sollte sie auch als »Blitzkraut« vor Blitzschlag schützen. Aus diesem Grund empfahl bereits Karl der Große, sie auf die Hausdächer zu pflanzen.

**Steckbrief** Die Hauswurz gehört zur Familie der Dickblattgewächse (Crassulaceae). Sie hat einen flachwachsenden Wurzelstock, der zahlreiche Ausläufer bildet. Die zungenförmigen, an der Spitze meist rotbraun gefärbten, fleischigen Blätter sind in der Lage, viel Wasser zu speichern. Ihre Ränder sind mit Härchen versehen. Zusammen bilden die Blätter dichte Rosetten, die ein wenig an Artischocken erin-

nern. Auch der bis zu 50 cm hohe rötliche Blütenstengel ist dicht beblättert. An seinem Ende sitzen – von Juni bis August – rosafarbene bis purpurrote Sternblüten in dichten Dolden zusammen. Die zahlreichen Samen der Hauswurz sind staubfein.

Die Pflanze duftet nur schwach, der Geschmack ist säuerlich. Sie enthält Apfel- und Ameisensäure, Gerbstoff, Harz und Schleimstoff. Sie wirkt krampflösend und wundheilend.

**Gartentips**  Im Garten gibt es wohl kaum ein anspruchsloseres Gewächs als die Hauswurz. Sie ist ein geradezu unverwüstlicher »Lebenskünstler« und gedeiht noch auf trockensten und magersten Böden. Bei Trockenheit blüht sie sogar noch üppiger. Dünger schadet nur – sie »bläht« sich auf und verliert ihre typische Wuchsform. Sie wächst zwischen Trittplatten, im Kieselbeet, zwischen Mauerfugen, auf Findlingen, Hausdächern, Toreinfahrten und steinernen Zaunsäulen – so lange sie nur genügend Sonne bekommt. Sogar auf dem Dach des »Örtchens« ist sie noch gelegentlich zu finden. Viele Bäuerinnen halten sie auch in ausgedienten Schüsseln, Töpfen, Trögen und ausgehöhlten Baumscheiben. Der Phantasie sind kaum Grenzen gesetzt. Nur eines müssen Sie beachten: Die Pflanze verträgt keine dauernde Nässe. Deshalb ist eine gute Dränage das A und O für Ihre Hauswurzsammlung. Am besten eigenen sich dazu kleine Kieselsteine oder Blähton. Und vergessen Sie nicht, ein Loch in den Boden der Pflanzbehälter zu bohren, damit das überschüssige Wasser ablaufen kann. Der Fachhandel hält Samenmischungen von unzähligen Hauswurzsorten und -formen für Sie bereit. Die staubfeine Saat kann ab April ins Freie gestreut werden. Sie wird nur leicht angedrückt und darf nicht mit Erde überdeckt werden. Sobald die Pflänzchen kräftig genug sind, werden sie umgesetzt. Wesentlich einfacher ist die Vermehrung durch Ausläufer. Sie wachsen problemlos an.

**Ernte und Verwendung**  Hauswurzblätter werden nur frisch verwendet – sie lassen sich nicht trocknen. Da sie aber das ganze Jahr über grün bleiben, ist die Ernte ohnehin kein Problem. Der Saft der zerstoßenen Blätter wirkt angenehm kühlend und hilft bei Insektenstichen, Hühneraugen, Quetschungen und Verbrennungen.

**Alte Weisheiten**  Die Hauswurz zählt seit ältester Zeit zu den »Blitzkräutern«. Als lebender »Blitzableiter« sollte sie, nach alter Vorstellung, den Bauernhof vor Blitzschlag schützen. Konrad von Megenberg schreibt dazu: »Die maister, die sich fleizent zauberei, die sprechent, daz ez den donr und daz himelplatzen verjag, und darumb pflanzt man ez auf den häusern.« Im Fränkischen war man allerdings der Ansicht, daß die Hauswurz nur dann ein wirksamer Schutz sei, wenn sie sich von selbst ansiedelt. Auf den früher gebräuchlichen Stroh-, Schilf- und Schindeldächern konnte sie jedoch recht leicht Fuß fassen.

Auch als Heilpflanze schätzte man sie. Sie half gegen Schwerhörigkeit, bei Hautausschlag und offenen Wunden. Außerdem galt sie als Liebesreizmittel.

Nur ihrer Blüte sah man mit gemischten Gefühlen entgegen. Spielte die Färbung der Sternblumen ins Rötliche, so verhieß das freudige Ereignisse, weiße Blüten verkündeten dagegen den baldigen Tod eines Hausbewohners. Um dem Schicksal ein Schnippchen zu schlagen, wurden deshalb häufig schon die Knospen abgepflückt, bevor sie sich entfalten konnten.

## Iris, Schwertlilie
### Iris germanica

**Volksmund**  Veilchenwurzel, Blaue Nilsch, Bartiris, Zahnwurzel

**Herkunft**  Anders, als man vom Namen her vermuten könnte, ist die Deutsche Schwertlilie im Mittelmeergebiet und Südwestasien zu Hause. Durch die Römer kam sie aber schon früh über die Alpen nach Norden und wurde zunächst vor allem in Burg- und Klostergärten heimisch. Auch im Heilkräutergarten des St. Gallener Klosterplans hatte sie bereits einen festen Platz. Im Mittelalter gab es kaum eine Krankheit, die man nicht mit der Schwert-

lilie zu heilen suchte. So galt sie als Mittel gegen Wassersucht, Harnbeschwerden, Kropf, Krätze und Tobsucht. Als Gartenflüchtling wächst sie gelegentlich auf sonnigen Hügeln und an Mauern.

**Steckbrief** Die Iris gehört in die Familie der Schwertliliengewächse (Iridaceae). Sie entwickelt einen knollig verdickten, fleischigen Wurzelstock, der mit zahlreichen feinen Wurzeln versehen ist. Auffallend breit sind die graugrün gefärbten, schwertartigen und steifen Blätter. Ihnen verdankt die Pflanze ihren Namen. Der kräftige, bis zu 100 cm hohe Blütenstengel verzweigt sich erst im oberen Teil. Von Mai bis Juni werden Haupt- und Seitenstengel von großen, stark geäderten Blüten gekrönt, die nur leicht, aber angenehm duften. Die drei äußeren Blütenblätter sind nach unten gespreizt, die drei inneren wölben sich zu einer »Krone«. Die Farbe der Blütenblätter reicht von einem tiefen Blau bis hin zu Violett und geht schließlich am Blütengrund zu Gelb über. Inzwischen gibt es zahllose neue Schwertlilienzüchtungen mit allen nur erdenklichen Blütenfarben. Auf die grellbunten, »knallig« gefärbten Sorten sollten Sie im Bauerngarten aber lieber verzichten.

Die Schwertlilie enthält – vor allem im Wurzelstock – viel ätherisches Öl mit dem Wirkstoff Iron. Auf empfindliche Nasen hat er eine selt-

same Wirkung: Frische Iriswurzeln riechen geradezu abstoßend, getrocknet dagegen duften sie nach Veilchen. Außerdem enthält die Pflanze viel Schleim und Stärke. Sie wirkt harntreibend und hilft gegen Husten. Aber Vorsicht bei zu hohen Dosen – das kann Brechreiz verursachen.

**Gartentips** Die Iris gehört zu den anspruchslosen Gartenbewohnern. Je weniger man sich um sie kümmert, desto besser! Sie kann über Jahrzehnte hinweg am gleichen Platz stehenbleiben und wird dabei noch von Jahr zu Jahr schöner. Geben Sie der Pflanze einen sonnigen Platz mit lockerem, durchlässigem und kalkhaltigem Boden. Trockenheit bekommt ihr besser als zuviel Nässe. Versorgen Sie die Schwertlilie mit viel Kompost, aber verwenden Sie keinen frischen Mist – das schadet ihr. Die Rhizome der Iris sind »lufthungrig« und ragen gern ein wenig aus der Erde heraus. Daran sollten Sie denken, wenn Sie im August die »Veilchenwurzel« pflanzen. Graben Sie den Wurzelstock in waagrechter Lage nahe der Erdoberfläche ein. Die feinen Wurzeln werden dabei flach ausgebreitet. Wegen der »lufthungrigen« Rhizome ist die Iris nicht sehr gesellig. Deshalb sollten Sie ihren Pflanzbereich auch von Bodendeckern freihalten.

**Verwendung** Irisblüten schmücken als leuchtendblaue Farbtupfer die bunten Frühlingssträuße. Auch ihre Samenstände sind sehr dekorativ und können in Trockensträuße miteingebunden werden.

**Verwandte** Sibirische Schwertlilie (*Iris sibirica*): Sie liebt feuchte, kalkhaltige Böden und gedeiht deshalb in Sumpfwiesen, Flachmooren und lichten Wäldern. Im Garten ist sie anspruchslos und läßt sich leicht unterbringen. Vor allem in Wassernähe wirkt sie sehr reizvoll.

Sumpf-Schwertlilie (*I. pseudacorus*): In der Natur wächst die Pflanze mit den hübschen hellgelben, dunkelgeäderten Blüten an Wasserrändern und in Auwäldern. Im Garten sollten Sie ihr deshalb einen möglichst feuchten Standort geben.

Zwergschwertlilie (*I. pumila*): Im Gegensatz zu ihren großen Verwandten wird sie nur 10 bis

15 cm hoch und ist deshalb eine beliebte Einfassungspflanze. Ursprünglich stammt sie aus Osteuropa – zuweilen entdeckt man ihre blauvioletten Blüten aber auch bei uns verwildert an steinigen, sonnigen Hängen.

**Alte Weisheiten** Die vielseitige »Veilchenwurzel« durfte früher in keiner Hausapotheke fehlen und war auch sonst häufig in Gebrauch. »Zahnenden« Kleinkindern wurde sie zum Kauen gegeben, und pulverisiert galt sie als Gurgelmittel gegen »stinkenden Athem«. Sogar als Wäsche-Appretur wurde sie verwendet. Matthiolus verrät uns noch mehr über Verwendungsmöglichkeiten:»So man gedörrte Veielwurtz zerstöst/ ein halb Lot des Pulvers in einem Trunck Meth/ oder Gerstenwasser warm einnimpt/ vnd sittiglich hinab lest schleichen/ hilfft es denen/ welchen die Brust vnd Lungen verschleimpt sind/ stets husten/ oder schwerlich Athem ziehen.«

Doch damit nicht genug:»Veielwurtz zerschnitten/ mit gutem weissen Wein gesotten/ vnd davon einen ziemlichen Trunck gethan/ frühe vnd warm/ etliche Tag nacheinander/ bringt den weibern jre verstandene Zeit wieder/ treibt den Harn/ bricht den Stein/ benimpt das Bauchgrimmen/ Krampff/ den Frost und schütternder Fieber/ öffnet die Verstopfung/ sonderlich wo grobe/ dicke Materien fürhanden/ reiniget die Geelsucht durch den Schweiß/ tödtet die Bauchwürme.«

## Kaiserkrone
### *Fritillaria imperialis*

**Herkunft** Als ursprüngliche Heimat der Kaiserkrone gilt Innerasien. Über Persien gelangte die majestätische Blume im 16. Jahrhundert auch in die Gärten Mitteleuropas. Zunächst gedieh diese eifersüchtig gehütete Kostbarkeit freilich nur in den Gärten der Reichen. Doch mit der Zeit wurde die Blume »volkstümlich« und hielt schließlich auch Einzug im Bauerngarten. Heute ist sie daraus nicht mehr wegzudenken.

**Steckbrief** Die Kaiserkrone gehört zur Familie der Liliengewächse (Liliaceae). Auf günstigen Standorten kann sie bis zu 100 cm hoch wachsen. Ihre Zwiebel ist gelblich gefärbt und verbreitet einen starken Geruch, der auf manche Menschen abstoßend wirkt. Der fleischige, dicke Stengel ist nur in seinem mittleren Teil mit quirlartig angeordneten, lanzenförmigen Blättern besetzt. Die kahlen Stengelteile sind rötlich überlaufen. Von April bis Mai öffnen sich die großen, hängenden, feuerfarbenen Blütenglocken. Sie sind zu einem Kranz geordnet und werden von einem darüberstehenden dichten Blätterschopf gekrönt. Die Blüten dienen den Bienen als vielbesuchte Nahrungsquelle.

**Gartentips** Wie alle Liliengewächse liebt die Kaiserkrone einen sonnigen Standort und lockere Böden, in denen das Wasser gut abfließt. Damit die starke, saftstrotzende Pflanze keinen Hunger leidet, braucht sie kräftige Düngergaben. Auf keinen Fall aber dürfen Sie frischen Stallmist verwenden. Das verträgt die Zwiebel nicht, sie beginnt dann leicht zu faulen. Mit gut verrottetem Kompost können Sie dagegen – wie immer – nichts falsch machen. Ansonsten ist die Kaiserkrone ein sehr genügsamer Gartenbewohner. Je weniger man sich um sie kümmert, desto besser gedeiht sie. Suchen Sie ihr einen Platz, an dem sie möglichst viele Jahre ungestört wachsen darf. Und lassen Sie auch nach der Blüte die welken Pflanzenteile so lange stehen, bis sie von selbst einziehen. Wenn Sie die Kaiserkrone in die Nachbarschaft von später blühenden Stauden und Sommerblumen setzen, fallen ein paar trockene Stengel gar nicht auf. Kaiserkronen kaufen Sie sich am besten beim Gärtner. Auch später lohnt sich die Eigenvermehrung durch Seitenzwiebeln kaum. Bis sich die ersten Blüten zeigen, dauert es oft mehrere Jahre. Die beste Zeit zum Pflanzen der Kaiserkrone ist der Herbst. Am eindrucksvollsten wirkt die majestätische Blume, wenn man sie in größeren Gruppen zusammensetzt. Auch können Sie sie als natürliche Barriere um wühlmausgefährdete Pflanzen setzen, um die lästigen Nager auf diese Weise »auszutricksen«. Denn die Zwiebeln enthalten Bitterstoffe, die die Wühlmäuse nicht mögen.

**Verwendung** Die prächtigen, ziegelroten Glockenblüten der Kaiserkrone kommen auch in der Vase gut zur Geltung. Lassen Sie ihr aber soviel Laub wie möglich am Stengel, sonst wirkt die stolze Blume doch ein wenig steif. Wie alle Vasenblumen hält die Kaiserkrone länger, wenn man sie morgens so früh wie möglich schneidet.

**Verwandte** Schachbrettblume *(Fritillaria meleagris)*: Sie bekam ihren Namen durch die schachbrettartig gezeichneten, leuchtend roten oder weißen Blütenglocken. Ihre Blüten entfalten sich von April bis Mai. Am besten setzen Sie die ausdauernden Zwiebelblumen in kleinen Gruppen zusammen.

**Alte Weisheiten** »Wann sie groß genug gewachsen seyn/ so hangen sie unter sich/ den Stengel herab/ wie ein Glöcklein/ an Farb wie ein schöner Pomerantz/ doch etwas bleicher.« So beschrieb Tabernaemontanus die Blüten der Kaiserkrone. Ansonsten weiß er mit dem »neumodischen« Gewächs noch nicht so viel anzufangen: »Es seyn gar ausländische Kräuter/ und fremd in Teutschland/ sie werden aber nunmehr auch in Lustgärten gezielet. Ihre Natur und Eigenschaft ist noch unbekannt: Sie blühen im April.«

## Madonnenlilie
### *Lilium candidum*

**Volksmund** Weiße Lilie, Gilge, Ilge, Antoninilge, Illing, Josefslilie, Lüling, Jüling

**Herkunft** Die Madonnenlilie stammt ursprünglich aus dem östlichen Mittelmeerraum. Bereits vor 3000 Jahren wurde sie von den Ägyptern wegen ihrer Schönheit und Heilkraft in den Gärten gezogen. Die alten Römer schätzten sie so sehr, daß sie sogar auf Münzen verewigt wurde. Die heilkundigen Mönche des frühen Mittelalters verwendeten sie bei Schwellungen, Quetschungen und Verbrennungen. In der Landgüterverordnung von Karl dem Großen wird sie vor allen anderen Pflanzen an erster Stelle genannt. Schon seit uralter

# Bauerngartenblumen

Zeit – im heidnischen wie im christlichen Glauben – gilt die Madonnenlilie als Sinnbild der Reinheit.

**Steckbrief** Die Madonnenlilie gehört zur Familie der Liliengewächse (Liliaceae). Sie hat eine kompakte Zwiebel mit vielen, dicht übereinander gelagerten Schuppen. Sie sind tropfenartig geformt und von weißer bis gelblicher Farbe. Zahlreiche, fadenförmige und unverzweigte Wurzeln versorgen die Lilie mit den nötigen Nährstoffen. Vor Winterbeginn treibt die Pflanze eine Anzahl fleischiger Blätter, die eine Rosette bilden. Im Frühjahr wächst aus der Zwiebelmitte ein 60–150 cm hoher, runder und violett überhauchter Stengel. Er ist reich beblättert. Von Mai bis Juli entfalten sich an seiner Spitze große, schneeweiße, trichterförmige Blüten. Zusammen bilden sie eine Traube. Die unteren Blumen sind dabei leicht erdwärts gerichtet, die oberen stehen aufrecht. Die Blüten verströmen, besonders am Abend, einen starken, lieblichen Duft. In unserem Klima reifen ihre Samen allerdings kaum aus. Die Madonnenlilie enthält reichlich Stärke und ungewöhnlich viel Bor – über ihre weiteren Inhaltstoffe ist bisher nur wenig bekannt. Sie wirkt wundheilend, antiseptisch, regelfördernd und harntreibend und hilft außerdem bei Gicht.

**Gartentips** Die Madonnenlilie stellt einige Ansprüche an den Boden. Er muß nährstoffreich, locker und kalkhaltig sein und darf nie ganz austrocknen. Deshalb sollten Sie bei trockenem Wetter gründlich gießen. Flachwurzelnde Bodendecker in der näheren Umgebung sind besonders praktisch – sie beschatten den Boden und sorgen für gleichmäßige Feuchtigkeit. Andererseits verträgt die Weiße Lilie aber auch keine Staunässe. Oberirdisch braucht die Pflanze viel Wärme und Sonne. Im Windschutz von Sträuchern fühlt sie sich deshalb am wohlsten. Am besten pflanzen Sie die Zwiebeln bereits im September. Denn sie müssen noch vor dem Winter ihre grundständigen Blätter austreiben, sonst gibt es im kommenden Jahr keine Blüte. Vor dem Pflanzen wird der Boden tief umgegraben und reichlich mit gut verrottetem Gartenkompost versetzt. Verwenden Sie aber keinen frischen Stallmist, die Zwiebeln faulen sonst. Damit sich die Pflanzen richtig entwickeln, ist eine gute Dränage aus wasserdurchlässigem Material wichtig. Am besten eignet sich dafür Ziegelsplitt, Kies oder Blähton. Schwere Böden werden zusätzlich mit Sand vermischt. Legen Sie die Zwiebeln nur knapp unter die Oberfläche, so daß sie 2–3 cm hoch mit Erde bedeckt sind. Am besten pflanzen Sie die Madonnenlilien truppweise – dann wirken sie besonders dekorativ. Wühlmäuse schätzen die Zwiebeln als besondere Delikatesse. Diesen lästigen kleinen Nagern können Sie ein Schnippchen schlagen, wenn Sie einen alten Eimer ohne Boden in die Erde versenken und die Lilie dort hineinpflanzen.

**Ernte und Verwendung** Ein altbekanntes Heilmittel können Sie zur Blütezeit der Madonnenlilie herstellen. Füllen Sie eine Handvoll der zerkleinerten Blüten in eine Flasche und gießen Sie ¼ l Olivenöl darüber. Die Mischung bleibt ungefähr 4 Wochen in der Sonne stehen und wird dann durchgeseiht. Einreibungen mit dem Lilienöl wirken schmerzlindernd bei Insektenstichen, Quetschungen, Brandwunden und Rheumatismus.

**Verwandte** Feuerlilie *(Lilium bulbiferum):*

Die hübsche Pflanze mit ihren auffallenden feuerroten Blüten wächst wild auf Bergwiesen und an sonnigen Hängen. Im Bauerngarten ist sie schon so lange heimisch, daß sie den Namen »Bauernlilie« erhielt.

Türkenbund (*L. martagon*): Seine großen hellrotbraun gefärbten Blüten sind dunkel gefleckt und haben zurückgerollte Blumenblätter. Er liebt kalkhaltige, humose Böden und wächst wild im Schatten von Bergwäldern. Auch er ist schon lange im Bauerngarten zu Hause.

**Alte Weisheiten** Die Madonnenlilie hat ihr Aussehen nicht verändert. Sie sieht heute noch genauso aus wie vor Jahrtausenden, als sie die Gärten der Ägypter, Griechen und Römer zierte. Nur die botanische Fachsprache hat sich im Lauf der Zeit ziemlich gewandelt, wie eine Beschreibung aus dem 15. Jahrhundert deutlich macht:»das kraut ist gar wol erkant und hat schön weiß plumen mit sechs pletern und zu mittel ist ein gelbes nägel und im umbstand kleine dingel mit gelben hewtlein ... sie verjagt die slangen und ist gut für des scorpion hecken. dy lilgen wurtz machet die antlütz schon, wen man sy domit wäscht und vertreibt die rünczel.« Doch sie diente nicht nur der Schönheit. Matthiolus kennt noch eine Vielzahl von Verwendungsmöglichkeiten:»Andere sagen: Weiß Lilgenwasser getrunken/ sey gut für die entzündte Lebern/ eröffne die Wassersucht/ treibe die Geburt ohne Schaden/ vnnd miltere die schmertzen. Das best von diesen blumen oder Lilgen/ ist das Oel/ dann es wärmet die kalten glieder vnnd Sennadern/ erweycht allerley Härtigkeit/ stillet den schmertzen/ dienet also wider den Krampff/ Lähme/ Padagra vnnd Geschwülste.«

## Monarde, Indianernessel
### *Monarda didyma*

**Volksmund** Bienenbalsam, Etagenblume, Scharfe Melisse, Indianerfeder, Scharlachgoldmelisse, Riesenbalsam, Rote Melisse

**Herkunft** Die Monarde stammt aus Nordamerika. Nach der Entdeckung der Neuen Welt gelangte sie im 17. Jahrhundert nach Europa. Hier fand man schnell an der hübschen Blume Gefallen und im Lauf der Zeit entstanden neue Züchtungen in vielen Farben. Charakteristisch für den Bauerngarten ist aber die ursprüngliche Form.

**Steckbrief** Die Monarde zählt zur Familie der Lippenblütler (Labiatae). Ein starker, verfilzter Wurzelstock sorgt für festen Halt im Boden. Aus ihm wachsen kantige Stengel, die eine Höhe von 80–130 cm erreichen. Die Blätter sind spitzeiförmig, am Rande gezähnt und auffallend rot geädert. Sie duften stark aromatisch, ähnlich wie das Laub der Minze. Von Juni bis September schmückt sich die Monarde mit weithin leuchtenden, roten Blüten, die in mehreren Etagen kranzartig um den Stengel stehen. Sie locken in großer Zahl Bienen und Schmetterlinge an.

**Gartentips** Für die Indianernessel findet sich immer ein Platz im Garten, denn sie stellt kaum Ansprüche. Sie wächst auf trockenen Böden genauso wie auf feuchten. Sogar im Schatten entwickelt sie sich noch gut. Allerdings ist sie hier etwas empfindlicher gegen Nässe. Die Monarde fühlt sich am wohlsten, wenn man sie ganz ungestört wachsen läßt. Außer den üblichen anfallenden Gartenarbeiten benötigt sie sonst keine Pflege. Die Anzucht aus Samen können Sie ganz leicht selbst übernehmen. Die Aussaat erfolgt im April direkt ins Freiland. Etwa 14 Tage dauert es, bis sich die ersten grünen Triebe zeigen. Sobald die Pflänzchen kräftig genug sind, werden sie auf ihre endgültigen Plätze verpflanzt. Denken Sie daran, daß die »Etagenblume« auf fruchtbaren Böden sehr umfangreich werden kann. Deshalb sollten Sie einen Pflanzabstand von 50 cm einhalten. Natürlich können Sie die Pflanze auch in Staudengärtnereien kaufen – später ist die Vermehrung durch Stockteilung oder Stecklinge ganz einfach.

**Ernte und Verwendung** Frische Blätter und junge Triebe können laufend gepflückt werden. Sie eigenen sich zum Aromatisieren von Obstsalaten und Eingemachtem. Bei erfrischenden Sommergetränken sind sie eine hübsche Dekoration. Auch in getrockneter Form

bewahren sie ihr intensives Aroma und ergeben einen nach Zitrone schmeckenden Tee.

**Alte Weisheiten** Nordamerikanische Indianer sammelten seit langem das Monardenkraut, um daraus einen aromatischen Tee zu bereiten. Nach dem Bostoner Teesturm im Jahre 1773 – dem Auftakt des amerikanischen Unabhängigkeitskrieges – kamen schließlich auch die Kolonisten auf den Geschmack. Sie boykottierten den aus England importierten Tee und tranken stattdessen den würzigen indianischen Kräutertee.

## Mutterkraut
### *Chrysanthemum parthenium*

**Volksmund** Fieberkraut, Mutterkamille, Hemdknöpferl, Bröselkraut, Weihnachtsbrosamen, Kronenwucherblume, Mettram, Meter, Jungfernkraut, Elfenbeinknöpfchen, Matronenkraut, Schneeball

**Herkunft** Wahrscheinlich war das Mutterkraut ursprünglich in Kleinasien zu Hause. Aber schon früh wurde es in Griechenland und Italien eingeführt, wo es bereits in der Antike ein beliebtes Heilmittel bei Frauenkrankheiten war. Im Gepäck der Mönche gelangte das Kraut schließlich über die Alpen nach Norden. Inzwischen hat es sich teilweise aus dem Garten selbständig gemacht und wächst verwildert an Wegen und Schuttplätzen.

**Steckbrief** Das Mutterkraut zählt zur Familie der Korbblütler (Compositae). Es bildet dichte, ausladende Büsche, die an günstigen Standorten bis zu 80 cm hoch werden können. Die einfach gefiederten, lappigen Blätter sind gelblichgrün gefärbt und fühlen sich weich an. Fest und ein wenig holzig sind dagegen die aufrechten Stengel des Mutterkrauts. Sie verzweigen sich erst im oberen Teil. Von Juni bis September schmückt sich die Pflanze mit einer Vielzahl hübscher Blumen. Ihre Mitte besteht aus einer leuchtend gelben Blütenscheibe, die am Rand dicht mit weißen, rundlichen Zungenblüten besetzt ist. Mehrere dieser Blumen setzen sich zu einer Scheindolde zusammen.

Das Mutterkraut entfaltet einen intensiven, streng aromatischen Geruch, der nicht jedermanns Sache ist. Er wird verursacht durch den hohen Gehalt an ätherischem Öl, das unter anderem auch Kampfer enthält. Außerdem gehören Fettsubstanzen, Kohlenhydrate und Mineralsalze zu seinen Inhaltstoffen. Mutterkraut wirkt antiseptisch und wundheilend. Zudem reguliert es die Menstruation und kann Fieber senken.

**Gartentips** Daß das Mutterkraut bei uns zuweilen verwildert in der freien Natur vorkommt, zeigt schon, wie robust es ist. Ein durchlässiger, ein wenig kalkhaltiger Boden und ein warmer, sonniger Platz ist alles, was es zum Gedeihen braucht. Im April können Sie das Mutterkraut direkt ins Freiland säen. Etwa 3 Wochen nach der Aussaat sind die ersten grünen Spitzen zu erkennen. Wenn die Pflänzchen sich kräftig genug entwickelt haben, werden sie auf ihren endgültigen Platz versetzt.

Weil sie nach dem Verpflanzen sehr leicht anwachsen, eignen sie sich ausgezeichnet als »Lückenfüller« im Blumenbeet. Außerdem können Sie mit dem üppig blühenden Kraut eine besonders dekorative Beeteinfassung schaffen. Dazu versetzen Sie die Pflänzchen am besten in einem Abstand von 15 cm.

**Verwendung** Zur Blütezeit ist das Mutterkraut geradezu übersät von hübschen weißgelblichen Blumen. Sie eignen sich sehr gut zum Schneiden für die Vase und halten sich lange frisch. Besonders in den bunten Sommerblumensträußen dürfen sie nicht fehlen. Die Blüten können Sie auch an einem schattigen und luftigen Ort trocknen. So sind sie eine Bereicherung für die winterlichen Trockenblumensträuße.

**Verwandte** Marienblatt *(Chrysanthemum balsamita)*: Ein würzig duftendes, ausdauerndes Kraut, das aus Vorderasien stammt. An warmen, sonnigen Standorten fühlt es sich am wohlsten. Es treibt große, elliptische, ledrige Blätter. Seine gelben Blütenkörbchen stehen am Ende der Zweige in Trugdolden zusammen. Im Mittelalter war das Marienblatt eine sehr beliebte Heil- und Würzpflanze. Seine duftenden Blätter wurden gerne als »Lesezeichen« in die Gebetbücher gelegt.

**Alte Weisheiten** Vom Mutterkraut wissen die alten Kräuterväter viel Gutes zu berichten. Mit Wein und Honig vermischt sollte es jenen helfen, die »melancholisch« sind. Sicher hat aber auch der Wein das seine dazu beigetragen. Ein Kräuterbuch aus dem 17. Jahrhundert gibt weitere Ratschläge: »Das Kraut ohne die Blumen ist auch gut getruncken wider den stein/ kurtzen Athem/ keichen und Dampffe ... Wenn sich die Frawen setzen in das wasser/ das Meterkraut/ in gesotten hat/ so wird die Hartigkeit der beermutter dadurch erweycht/ und die hitzige geschwulst der selbigen gelindert.« Die besondere Heilwirkung bei Frauenkrankheiten brachte dem Mutterkraut auch seinen Namen ein. »Weihnachtsbrosamen« aber heißt es, weil seine Vermehrung nach altem Glauben auf recht geheimnisvolle Weise vor sich ging. Am Heiligen Abend wurden die übriggebliebenen Brotkrümel gesammelt und auf den Schnee im Garten gestreut. Daraus sollten dann im kommenden Jahr neue junge Pflänzchen wachsen. Wenn Ihnen die Aussaat so nicht gelingt, dann liegt es womöglich nur an der Qualität des Brotes ...

## Pfingstrose
### *Paeonia officinalis*

**Volksmund** Pegunie, Päonie, Bauern-, Betonia-, Blut-, Knopf-, Gicht-, Antlaß-, Benedikten-, Pranger-, Kau-, Kirchen- und Klapprose, Kinderperlen, Schreckhorn, Hahn und Henne

**Herkunft** Die Pfingstrose ist in Gebirgsgegenden des Mittelmeerraums und in China heimisch. Jahrtausende lang war sie das Symbol der chinesischen Kaiser. Plinius nennt sie sogar die älteste aller kultivierten Blumen. Aber auch ihre Heilwirkung wurde nicht außer acht gelassen, wie alte griechische Kräuterbücher beweisen. Im 12. Jahrhundert wuchs sie bereits in unseren Gärten. Mit der Zeit entstanden mehrere, auch gefüllte, Zuchtformen. Die alte, unverwüstliche Bauernblume wird heute, sehr zu Unrecht, immer mehr durch moderne Hybrid-Züchtungen verdrängt.

**Steckbrief** Die Pfingstrose ist ein Hahnenfußgewächs (Ranunculaceae). Sie wächst zu

# Bauerngartenblumen

einem breitausladenden, dicht belaubten Busch heran, der bis zu 80 cm hoch wird. Die Pflanze besitzt einen fleischigen, gelbrot gefärbten Wurzelstock. Am biegsamen Stengel sitzen große, doppelt-dreizählig gefingerte Blätter. Ihre Oberseite ist glänzend dunkelgrün, die Unterseite mattgrün. Von Mai bis Juni öffnen sich die großen, duftenden Einzelblüten. In der Regel sind sie dunkelrot gefärbt, manchmal auch weiß oder rosafarben. Die Blumen und die weißfilzigen Samenstände sind leicht giftig.

Medizinisch genutzt wird nur der Wurzelstock der Pflanze. Er enthält ätherisches Öl, ein Glykosid und ein Alkaloid. Die Pfingstrose wirkt vor allem krampflösend. Als Mittel für die Hausapotheke eignet sie sich nicht. Die Droge darf nur unter ärztlicher Aufsicht eingenommen werden – und Schwangere müssen ganz darauf verzichten.

**Gartentips** Unter den ausdauernden Stauden nimmt die Pfingstrose vor allen anderen den ersten Platz ein. Aber sie ist eine »Mimose« unter den Gartenblumen – auf Störungen und Verpflanzungen reagiert sie empfindlich. Läßt man sie dagegen in Ruhe, werden die Blüten von Jahr zu Jahr größer und schöner. Mehrere Jahrzehnte kann die Pflanze auf ihrem Platz verbleiben. Deshalb sollten Sie ihren Standort besonders sorgfältig auswählen. In sonniger Lage und auf tiefgründigen, nährstoffreichen und lockeren Böden gedeiht sie am besten. Sie wächst aber auch noch im Halbschatten. Gleichmäßige Feuchtigkeit im Wurzelbereich ist wichtig. Versorgen Sie die Pflanze mit viel Kompost und gut verrottetem Kuhmist. In Einzelstellung ist die buschige Pfingstrose mit ihren schönen großen Blüten am wirkungsvollsten. Deshalb pflanzen sie viele Bäuerinnen – fern von den anderen Blumen – einfach ins Gemüsebeet. Setzen Sie die Pfingstrose nicht zu tief, sonst wird sie blühfaul. Die Wurzelstöcke sollten nicht mehr als 5 cm hoch mit Erde überdeckt werden. Eine Vermehrung der Pflanze erweist sich als ziemlich schwierig. Die beste Jahreszeit für die Teilung der Wurzelstücke ist der Herbst, wenn das Laub völlig vertrocknet ist. Mindestens

2 Triebknospen sollte das abgetrennte Wurzelstück besitzen. Häufig kommt es aber erst im 2. oder 3. Jahr zur Blüte. Mit jungen Exemplaren aus der Staudengärtnerei haben Sie sicher schneller und leichter Erfolg. Die gefüllten Zierformen der Bauernpfingstrose sind überall im Handel erhältlich. *Paeonia officinalis* 'Rubra Plena' blüht dunkelrot, 'Rosea Plena' besitzt rosarot gefärbte Blüten, bei 'Alba Plena' sind sie dagegen weiß. Die ursprüngliche und ungefüllte »Echte Pfingstrose« erhalten Sie nur in Spezialgärtnereien. Doch die Suche danach lohnt sich bestimmt. Starker Regen drückt die gefüllten Pfingstrosensorten leicht zu Boden – die Blüten werden verwaschen und unansehnlich. Die einfachblühende »Päonie« hält dem Wasser leichter Stand und an den attraktiven Samenständen haben Sie auch nach der Blüte noch monatelang Freude.

**Verwendung** Die Pfingstrose ist eine beliebte Schnittblume. Da sie aber nicht allzu lange haltbar ist, sollte sie unbedingt knospig geschnitten werden.

**Alte Weisheiten** »Pfingstrosen sein ein gutes Mittel für die nachtforcht, unnd Phantasey/ Fallendsucht (Anm.: Epilepsie)/ Schwindel/ schwermen der Mucken vor den Augen/ und alle Gebrechen des Hirns zu ringern«, so angesehen war die Pfingstrose bei den alten Kräutervätern. Gegen die »Fallendsucht« war die Pflanze sogar bis zum 19. Jahrhundert in Gebrauch. Ziemlich ungewöhnlich ist hierzu eine Anwendungsmethode aus dem 15. Jahrhundert: »sein sam (Anm.: Same) ist für das vallende laid, das zu latein Epilecia, man hat das gesechen, wen man die kerner einem siechen an den halß, hat gehangen, daß es hilft für den siechtumb.« Auf dem Land wußte man noch einen anderen Verwendungszweck für die Samen der Pfingstrose. Sie wurden zu Kettchen aufgereiht und »zahnenden« Kleinkindern zum Kauen gegeben. In Bayern nannte man die Samen deshalb Appoloniakörner – zu Ehren der heiligen Appolonia, der Patronin der Zahnleidenden. Noch heute kennt man den Brauch, zu Fronleichnam mit Pfingstrosenblüten die Altäre zu schmücken und die Wege zu bestreuen.

## Alte, fast vergessene Kulturpflanzen

Einmal ehrlich – haben Sie schon etwas von Waid, Krapp, Bilsenkraut oder Herzgespann gehört? Vermutlich nicht, und das ist auch weiter gar nicht verwunderlich. Bei den Kräutern mit den geheimnisvoll klingenden Namen handelt es sich um alte Bauerngartengewächse, die heute so gut wie verschwunden sind. Sie alle waren einst wichtig – als Heil- und Gewürzpflanzen, als vitaminreiches Gemüse, zum Herstellen und Färben von Stoffen und für vieles andere mehr. Einige von ihnen wurden einfach durch neu eingeführte Pflanzen, die besser schmeckten oder sonst irgendwelche Vorzüge hatten, ersetzt. So verdrängte der im 16. Jahrhundert aus dem Orient eingeführte Spinat den Guten Heinrich und die Gartenmelde. Andere Gewächse wurden überflüssig, weil es inzwischen viele Dinge billig zu kaufen gab, die früher auf dem Bauernhof erst mühsam hergestellt werden mußten. Wer wollte schließlich noch Flachs anbauen und verarbeiten, wenn es fertige Stoffe im Laden um die Ecke gab. An den alten Färbepflanzen hatte dann erst recht niemand mehr Bedarf.

Dabei wäre es aber wirklich jammerschade, wenn man die einst so wichtigen Pflanzen für immer aus dem Garten verbannen würde. Denn manche alten Techniken und Gebräuche sind heute schon wieder »in«. Selbstgestrickte Pullover aus eigenhändig gefärbter Wolle sind der allerneueste Hit. Und wie wäre es denn, wenn Sie Ihr selbstgebackenes Brot mit Brotkleesamen aus dem eigenen Garten würzen würden?

Außerdem sind einige der alten Gewächse durchaus keine »Mauerblümchen«. Ihre hübschen Blüten können mit den Zierpflanzen durchaus konkurrieren.

Ein paar schöne alte Möbelstücke geben einer modernen Wohnung das gewisse Etwas. »Möbeln« Sie doch einfach auch Ihren Garten mit einigen dieser grünen Antiquitäten auf. Angesichts der dekorativen Blüten von Färberwaid und Flachs wird jeder Besitzer eines Gartens »von der Stange« vor Neid erblassen.

Die Beschaffung der alten Kulturpflanzen ist manchmal gar nicht so einfach. Einige erhalten Sie in den Spezialgärtnereien, deren Adressen Sie im Anhang finden. Andere Kräuter wachsen wild oder verwildert in der freien Natur. Die bringen Sie sich dann vom Sonntagsausflug mit. Auch an die botanischen Gärten können Sie sich mit Ihrem Anliegen wenden. Außerdem haben heute schon viele Bauernhofmuseen Bauerngärten angelegt. Sprechen Sie doch einfach einmal mit dem zuständigen Gärtner. Vielleicht hat er sogar ein paar Samen oder einen Steckling für Sie übrig – zumindest kann er Ihnen aber sagen, woher er die alten Gewächse bezogen hat.

Sicher erhalten Sie die gewünschten Pflanzen nicht alle von heute auf morgen. Aber schließlich bringt das Sammeln selbst auch Spaß. Und die Freude ist umso größer, wenn man endlich eine langgesuchte Rarität ergattert hat.

| | |
|---|---|
| Andorn | – *Marrubium vulgare* |
| Benediktenkraut | – *Cnicus benedictus* |
| Betonie | – *Stachys officinalis* |
| Bilsenkraut | – *Hyoscyamus niger* |
| Bockshornklee | – *Trigonella foenumgraecum* |
| Brotklee | – *Trigonella caerulea* |
| Buchweizen | – *Fagopyrum esculentum* |
| Eisenkraut | – *Verbena officinalis* |
| Färberröte, Krapp | – *Rubia tinctorum* |
| Färberwau | – *Reseda luteola* |
| Flachs | – *Linum usitatissimum* |
| Gartenmelde | – *Atriplex hortensis* |
| Guter Heinrich | – *Chenopodium bonushenricus* |
| Herzgespann | – *Leonurus cardiaca* |
| Katzenminze | – *Nepeta cataria* |
| Nachtschatten | – *Solanum nigrum* |
| Odermennig | – *Agrimonia eupatoria* |
| Rainfarn | – *Chrysanthemum vulgare* |
| Rauke | – *Eruca vesicaria* |
| Seifenkraut | – *Saponaria officinalis* |
| Stechapfel | – *Datura stramonium* |
| Waid | – *Isatis tinctoria* |
| Weberdistel, Weberkarde | – *Dipsacus sativus* |
| Zaunrübe | – *Bryonia alba, B. dioica* |

# Herzgespann
## *Leonurus cardiaca*

Schon an dem volkstümlichen Namen Herz-
heil erkennt man den Wert der Pflanze, und
Löwenschwanz wird sie wegen ihres Aussehens genannt. Wahrscheinlich kam das ausdauernde Kraut im frühen Mittelalter aus den
gemäßigten Zonen Asiens nach Europa. Lange Zeit wurde es in den Bauerngärten kultiviert. Heute findet man es manchmal noch an
Dorfrändern, an Hecken, Zäunen, alten Mauern und Wegrändern.
Bis 150 cm hoch können die steifen, vierkantigen Stengel werden. Sie sind bis zur Spitze
beblättert. Das handförmig gelappte Laub ist
auf der Oberseite dunkelgrün gefärbt und unterseits aschgrau. Die ganze Pflanze ist behaart. Von Juni bis September erscheinen entlang des Stengels bis zur Spitze rosa bis purpurrot getönte Lippenblütchen. Sie stehen in den
Blattachseln in dichten Quirlen zusammen.
Der starke Duft der Blüten zieht die Bienen
an. Auf manche Menschen wirkt er dagegen
eher unangenehm. Bereits in der Antike verschrieben Ärzte das Herzgespann als Mittel
gegen Herzkrankheiten. Sogar die »Fallsucht«
(Epilepsie) versuchte man damit zu heilen.
Tatsächlich hat das Kraut eine beruhigende,
krampflösende und blutdrucksenkende Wirkung, die sich günstig bei nervösen Herzbe-
schwerden (Herzklopfen) auswirkt. Zu seinen
Wirkstoffen gehören ätherisches Öl, Glykoside, Alkaloide, Gerb- und Bitterstoffe.
In speziellen Staudengärtnereien können Sie
das Herzgespann kaufen. Bieten Sie ihm in
Ihrem Garten einen möglichst sonnigen, eher
trockenen Standort. Erst bei näherem Betrachten entdeckt man den stillen Reiz dieses
uralten Gartengewächses. In der Nachbarschaft von farbenprächtigen Blütenpflanzen
kommt es nicht so recht zur Geltung. Am
besten pflanzen Sie das Herzgespann – sozusa-
gen »außer Konkurrenz« – zu den Sträuchern
am Zaun.

# Odermennig
## *Agrimonia eupatoria*

König-aller-Kräuter und Heil-aller-Welt – das
sind besonders eindrucksvolle Namen, die der
Volksmund dieser Pflanze gab. Die ausdauernde Staude ist in ganz Europa, an Weg- und
Gebüschrändern und auf Trockenwiesen heimisch. Aus dem kriechenden Wurzelstock
wächst ein rauhhaariger, bis zu 120 cm hoher
Stengel. Die Fiederblättchen sind unterschiedlich groß und unterseits graufilzig. Von Juni bis
September entfalten sich viele sattgelb gefärbte Blüten, die zusammen eine lange Ähre bilden. Die Früchte entwickeln klettenartige
Borsten, mit denen sie im Fell von Tieren
hängenbleiben und sich so verbreiten.
Der Artname *eupatoria* erinnert an den König
Mithridates Eupator von Pontus (123 bis 63
v. Chr.), der als erster die Heilkraft des Oder-
mennigs entdeckt haben soll. Man schätzte die
Pflanze vor allem als Mittel gegen Augenleiden. Aber auch bei Gedächtnisschwund und
sogar gegen Schlangenbisse sollte sie helfen. Außerdem gewann man gelben Farbstoff

Von links nach rechts:
Herzgespann,
Odermennig, Rainfarn,
Seifenkraut, Waid.

aus dem vielseitigen Gewächs und verwendete es zusätzlich zum Gerben. Während des ganzen Mittelalters war der Odermennig als Gartenpflanze ausgesprochen beliebt, doch dann geriet er langsam in Vergessenheit. Inzwischen hat sich erwiesen, daß das Kraut tatsächlich eine heilende Wirkung bei verschiedenen Augenkrankheiten hat. Außerdem wirkt es wundheilend, fiebersenkend und blutreinigend. Wegen seiner guten Wirkung auf Verdauungsorgane und Leber ist er auch heute noch in vielen Teemischungen enthalten. Zu seinen wichtigsten Inhaltstoffen gehören ätherisches Öl, Kieselsäure, Gerb- und Bitterstoffe. Wie in der Natur, so gedeiht der Odermennig auch im Garten am besten auf lockeren, eher trockenen Böden in geschützter Lage. Mit seinen der Königskerze ähnlichen Blüten ist er ein hübscher Blickfang.

# Rainfarn
## *Chrysanthemum vulgare*

Wurmkraut, Viehwermut, Kraftkraut, Heilwurz, Dreifuß, Donner- und Blitzkraut – das sind nur einige der phantasievollen Namen, die der Rainfarn im Lauf der Zeit erhielt. Er wächst in ganz Europa und Westasien wild, an Feldrainen, Bachläufen und unter Gebüsch. Die ausdauernde Staude kann mit ihren derben, kantigen Stengeln, die sich erst im oberen Teil verzweigen, eine Höhe von über 100 cm erreichen. Ihre gefiederten Blätter ähneln ein wenig dem Farnkraut. Von Juli bis September erscheinen die goldgelben Körbchenblüten.

Im Mittelalter war der Rainfarn als Heil- und Würzkraut sehr geschätzt. Die hl. Hildegard bezeichnete ihn sogar als heilige Pflanze und pries ihn als Heilmittel gegen »nasenboz« (Katarrh) und zwar in »Cuchen« gebacken oder mit Fleisch gegessen. Aber auch noch aus einem anderen Grund verwendete man dieses würzig-bittere Kraut in den Speisen: Es sollte den abstoßenden Geruch und Geschmack von nicht mehr ganz frischen Lebensmitteln überdecken. Zu einer Zeit ohne Kühlschrank und Gefriertruhe eine wichtige Aufgabe! Außerdem wurde der Rainfarn erfolgreich gegen Darmparasiten eingesetzt. Im 16. Jahrhundert glaubte man, daß der Rauch des Krauts Kinder gegen »alle zufelligen suchten und alle bösen gespenster des teufels« schütze.

Aus der Küche wurde der Rainfarn inzwischen verbannt – er entspricht nicht mehr unserem heutigen Geschmack. Sein ätherisches Öl enthält Kampfer, das auf manche Leute sogar abstoßend wirkt. Und durch den Thujon-Gehalt sind größere Mengen des Krauts giftig.

Aber im Garten ist der Rainfarn sehr nützlich, denn Ameisen und Fliegen meiden seine Nähe. Seine hübschen Blüten sind eine besondere Zierde und lassen sich auch gut für Trockensträuße verwenden. In Wohnräumen vertreiben sie Mücken und Motten. Sie können die Pflanze in Staudengärtnereien und Spezialbetrieben kaufen oder am Wegrand ausgraben. Später ist sie dann leicht durch Teilung des Wurzelstocks zu vermehren. Am besten gedeiht der Rainfarn auf einem nährstoffreichen, lehmhaltigen Boden, der feucht, aber frei von stauender Nässe ist.

# Alte Kulturpflanzen

## Seifenkraut
### *Saponaria officinalis*

Volkstümliche Namen wie Waschkraut und Seifenwurzel deuten schon an, wozu die Pflanze verwendet wurde. Die ausdauernde Staude stammt ursprünglich aus Südeuropa, ist aber inzwischen in ganz Europa verbreitet. Sie wächst auf Kiesbänken an Flußufern, Wegrändern und in der Nähe von Mauern.

Aus dem stark verzweigten, kriechenden Wurzelstock des Seifenkrauts wachsen flaumig behaarte Stengel, die häufig rötlich bis violett angelaufen sind. Die länglichen, spitzen Blätter zeigen 3–5 ausgeprägte Nerven, die über die gesamte Blattlänge verlaufen. Von Juni bis September krönen hübsche, hellrosa gefärbte Blütenbüschel die bis zu 70 cm hohe Pflanze. Sie verströmen einen angenehmen Duft und locken vor allem Nachtfalter an. Seit dem Altertum wird das Seifenkraut als Heilpflanze – besonders bei Hauterkrankungen – verwendet. Der Wurzel-Absud diente Jahrhunderte lang als Waschmittel für Wolle. Aber auch Seide und andere empfindliche Stoffe, die heiße Seifenlauge nicht vertragen, wurden mit Hilfe des »Waschkrauts« wieder sauber. Der seifenartige Schaum im Waschwasser entsteht durch den hohen Saponingehalt. Der Wurzelaufguß lindert hartnäckigen Husten und wirkt schweißtreibend und blutreinigend.

In Spezialbetrieben mit einem großen Staudensortiment können Sie das Seifenkraut kaufen. Auch seine Verwandten, das Rote Seifenkraut *(Saponaria ocimoides)* und das Niedrige Seifenkraut *(S. pumilio)* bekommen Sie dort. Diese reichblühenden niedrigen Polsterstauden eignen sich besonders gut als Beeteinfassung. Durch Stecklinge aus Triebspitzen läßt sich das Seifenkraut später problemlos vermehren. Ein Standort in voller Sonne mit lockerem, kalkhaltigem Boden ist ideal. Hat die Pflanze erst einmal im Garten Fuß gefaßt, verbreitet sie sich schnell durch unterirdische Ausläufer. Wenn Sie rund um die Pflanze Platten in den Boden senken, können Sie das wuchernde Kraut aber ganz einfach »im Zaum« halten.

## Waid
### *Isatis tinctoria*

Von der volkstümlichen Bezeichnung Färberwaid läßt sich leicht auf die einstige Verwendung schließen. Seine ursprüngliche Heimat sind die Steppengebiete von Südosteuropa und Westasien. Bei uns ist er inzwischen verwildert und wächst in Weinbergen, auf Halbtrockenrasen und an Wegrändern.

Auf günstigen Standorten kann die ausdauernde Pflanze eine Höhe von 140 cm erreichen. Der gerillte Stengel verzweigt sich erst im oberen Teil. Er wird von den pfeilförmigen, blaugrün gefärbten Blättern umfaßt. Von Mai bis Juli entfalten sich zahlreiche, leuchtend-gelbe Blütchen, die sich zu Blütentrauben zusammensetzen. Danach entwickeln sich die einsamigen, hängenden Schoten, die sobald sie reif sind eine dunkelviolette Farbe annehmen.

Im Jahr 54 v. Chr. berichtet Cäsar von seinem Feldzug nach Britannien, daß sich dort die Krieger mit Waid die Haut blau färben, um Feinde durch ihr wildes Aussehen zu erschrecken. Während des Mittelalters gehörte der Waid bei uns zu den wichtigsten Färbepflanzen, und ganze Städte gelangten durch den Handel mit ihm zu Reichtum und Wohlstand. Um 1300 berichtet Konrad von Megenberg, daß um Erfurt besonders viel »Waittkraut« angebaut werde. Der begehrte Farbstoff wurde aus den Blättern gewonnen, die man vor der Blüte erntete. Als schließlich der Seeweg nach Indien entdeckt wurde, bekam der Waid durch die Indigo-Pflanze gefährliche Konkurrenz. Obwohl man ihn mit allen Mitteln zu schützen versuchte – in Sachsen wurde sogar die Todesstrafe auf die Verwendung von Indigo ausgesetzt – konnte er auf die Dauer dem Wettbewerb nicht standhalten und verschwand.

Aber als reichblühende Zierpflanze verdient er auch heute einen Platz im Garten. Am besten besorgen Sie sich den Waid in einer Spezialgärtnerei. Die wärmeliebende Pflanze fühlt sich an einem sonnigen und geschützten Platz am wohlsten. Lockere, eine wenig kalkhaltige und stickstoffreiche Böden sind für ihre Entwicklung ideal.

# Gehölze im Bauerngarten

## Sträucher und Koniferen

Ein Bauernhof ohne blühenden Holunderbusch – das war früher gar nicht denkbar. Den robusten Strauch mußte man nicht erst pflanzen – die Vögel lieferten ihn »frei Haus«. Und wenn er nicht gerade im Weg war, durfte er sich ungehindert entfalten. Denn er lieferte heilkräftige Medizin gegen die vielen kleinen Beschwerden des Alltags. Mit seinen getrockneten Blüten, Blättern, Früchten und Rindenstückchen konnte man schon allein eine ganze Hausapotheke füllen. Außerdem brachte der Holunder, nach altem Glauben, Glück und Segen auf den Hof. Auch andere nützliche Gehölze siedelten sich von selbst auf dem Bauernhof an, etwa die Hasel mit ihren nahrhaften Nüssen oder die Weide, deren Zweige zum Korbflechten verwendet wurden. Nur im Bauerngarten selbst wurden Sträucher nicht geduldet. Denn schließlich brauchen sie viel Platz, und ihr Schatten schadet den sonnenhungrigen Gartengewächsen. Am Rande des Gartens aber hatten die Gehölze von Anfang an eine wichtige Aufgabe. Als schier undurchdringliche, dornenbewehrte Hecke boten sie Schutz vor Mensch und Tier. Und sie bewahrten empfindliche Gartenpflanzen vor rauhen Winden.

Es dauerte viele Jahrhunderte, bis neben den nützlichen Gehölzen auch Ziersträucher auf dem Bauernhof ein Zuhause fanden. Sie durften dann einfach nur schön sein. So wie der im 17. Jahrhundert aus Persien eingeführte Flieder mit seinen zierlichen Blüten und der Falsche Jasmin, der sich im Juni in eine betörend duftende, weiße Blütenwolke verwandelt. Aber auch die Ziersträucher waren nur »Zaungäste«. Eine Ausnahme dieser strengen Regel gibt es allerdings beim Bauerngarten nach barockem Muster. Eibe und Buchs dürfen hier sogar im Zentrum der Anlage wachsen. Dabei sind sie aber mit Hilfe der Heckenschere so in Form geschnitten, daß sie gewiß keinem der Gemüsebeete zu nahe kommen.

Auch wenn Sie nur ein kleines Gärtchen besitzen, findet sich für einen einzelnen blühenden Strauch in einer Gartenecke bestimmt noch Platz. Besonders schön anzusehen ist natürlich gleich eine ganze Hecke – und Nutzen bringt sie auch. Früher waren es wilde Wölfe und Bären, vor denen sie Schutz bot – heute dient sie als Schirm gegen Lärm, Staub, Abgase und manchmal auch gegen allzu neugierige Blicke. So ändern sich die Zeiten! Aber Windschutz brauchen die Gartenpflanzen heute noch genauso wie vor Jahrtausenden. Außerdem ist eine Hecke ein kleines Paradies für Tiere. Vögel nisten gerne in ihren Zweigen, und auch der Igel findet hier Unterschlupf.

Nadelgehölze sollten – mit wenigen Ausnahmen – im Bauerngarten strengstens verboten werden. Nur die buschige Eibe mit den hübschen roten Früchten, der Wacholder und der malerisch gewachsene Sadebaum passen zur fröhlich-bunten Pflanzengesellschaft im Innern des Gartens. Thujen- und Fichtenhecken sehen das ganze Jahr über gleich eintönig und düster aus. Von den Jahreszeiten spürt man hier gar nichts. Am schlimmsten aber sind all die hochgezüchteten Nadelholz-Raritäten. Sie stehen starr und steif im Garten herum – wie kurz abgestellt und vergessen. Und sie wirken dabei etwa so natürlich und belebend wie eine Litfaßsäule. Trotz aufwendiger Pflegemaßnahmen bleiben sie doch ewig Kümmerlinge und verursachen nur Ärger. Wählen Sie für Ihren Garten lieber »pflegeleichte« Sträucher und keine »Exoten«, die mit unserem Klima und unserem Boden nicht zurecht kommen. Was bei uns paßt, wächst von allein und bringt auf die Dauer viel mehr Freude.

## Heckenpflanzen für den Bauerngarten

Eine Hecke braucht natürlich mehr Platz als ein Gartenzaun. Und Jungpflanzen aus der Baumschule wachsen bald zu stattlichen Büschen heran. Das müssen Sie bedenken, bevor Sie sich mit Eifer ans Pflanzen begeben. Wenn Sie nicht soviel Platz zur Verfügung haben, wählen Sie am besten besonders robuste Sträucher, die auch zwei Schnitte im Jahr vertragen.

# Gehölze im Bauerngarten

| Buchsbaum | – *Buxus sempervirens* |
|---|---|
| Faulbaum | – *Rhamnus frangula* |
| Feldahorn | – *Acer campestre* |
| Hainbuche | – *Carpinus betulus* |
| Hartriegel | – *Cornus sanguinea* |
| Liguster | – *Ligustrum vulgare* |
| Pfaffenhütchen | – *Euonymus europaea* |
| Weißdorn | – *Crataegus monogyna* |
| Wolliger Schneeball | – *Viburnum lantana* |

## Ziersträucher für den Bauerngarten

Freiwachsende Blütenhecken sind besonders schön anzusehen. Allerdings beanspruchen die Sträucher mit ihren ausladenden Zweigen viel Platz. Und schneiden dürfen Sie diese Hecken nicht, wenn Sie auf Blüten und Früchte Wert legen.

Sie können sich aber auch einen einzelnen Strauch aus dieser Gruppe auswählen und in eine Gartenecke pflanzen. Wenn Sie noch eine Bank dorthin stellen, haben Sie bald ein »lauschiges« Plätzchen, wo es sich gut sitzen und träumen läßt.

| Buchsbaum | – *Buxus sempervirens* |
|---|---|
| Eibe | – *Taxus baccata* |
| Flieder | – *Syringa* |
| Gemeiner Schneeball | – *Viburnum opulus* |
| Goldregen | – *Laburnum vulgare* |
| Haselnuß | – *Corylus avellana* |
| Holunder | – *Sambucus nigra* |
| Kornelkirsche | – *Cornus mas* |
| Pfeifenstrauch, Falscher Jasmin | – *Philadelphus coronarius* |
| Sadebaum | – *Juniperus sabina* |

## Buchsbaum
### *Buxus sempervirens*

Der immergrüne, buschige Strauch ist in Süd- und Mitteleuropa zu Hause. Er liebt kalkhaltige, trockene Böden an Berghängen und in lichten Wäldern. Bei uns wächst er von Natur aus nur im Moselgebiet und im südlichen Baden-Württemberg. Der Buchsbaum ist ein stark verzweigter, dicht belaubter Busch, der im Alter die Ausmaße eines kleinen Baumes erreichen kann. Auf günstigen Standorten wird er bis zu 8 m hoch. Allerdings braucht er viel Zeit dafür, denn er wächst ausgesprochen langsam. 400–500 Jahre alte, wildwachsende oder in Parks stehende Buchsbäume sind keine Seltenheit. Die kantigen, olivgrünen Äste des Strauchs verzweigen sich schon dicht am Boden. Sie sind mit einer Vielzahl von glänzenden, lederartigen, länglich-ovalen Blättern belaubt. Die wachsige Blattoberseite ist dunkelgrün, die Unterseite hellgrün gefärbt. Von März bis April erscheinen in den Blattachseln die unauffälligen, gelblich-grünen, dichten Blütenknäuel. Als Früchte entwickeln sich harte, schwarz-braune Kapseln mit 3 Hörnern. Jedes dieser Hörner birgt 2 schwarze, glänzende, eckig geformte Samen.

Neben Gerbstoff, Vitamin C und ätherischem Öl enthält die Pflanze das Alkaloid Buxin, das

126

in höherer Dosierung giftig wirkt. Deswegen wird Buchs inzwischen kaum mehr medizinisch genutzt. In früheren Zeiten war er als Heilmittel noch sehr beliebt. Sogar gegen Schlangenbisse und Kahlköpfigkeit verordneten ihn die alten Kräuterväter. Auf Obstbäume soll der Strauch einen besonders guten Einfluß haben, denn es heißt, in seiner Nähe tragen sie besser. Im Palmbuschen, der am Palmsonntag zur Weihe in die Kirche gebracht wird, durfte der Buchs früher nicht fehlen. Ein Teil der Buchs- und Palmzweige wurden dann zu kleinen Kreuzen zusammengesteckt. Sie sollten Haus und Stall, Wiesen und Felder vor Unglück bewahren und reiche Ernte garantieren. Lange Zeit galt Buchs als Sinnbild des Lebens, der treuen Liebe und der Hoffnung. Deshalb trug man besonders bei Taufen, Hochzeiten und Beerdigungen ein Sträußlein davon. Das hellgelbe, harte und sehr wertvolle Holz des Buchsbaums war vor allem für Schnitz- und Drechslerarbeiten begehrt.

Im Garten gedeiht die robuste Pflanze fast überall und unter den verschiedensten Bedingungen. Sie nimmt mit Sonne genauso wie mit Schatten vorlieb und findet sich auch auf armen Böden noch zurecht. Kaum ein Strauch ist so vielseitig wie der Buchsbaum. Er verträgt das Schneiden gut und eignet sich deshalb zum Anlegen regelmäßiger, immergüner Hecken. Für die niedrigen Einfassungen im Bauerngarten wählen Sie am besten den sehr langsam wachsenden *Buxus sempervirens* 'Suffruticosa'. Er wird nicht höher als 1 m und kann ohne Schaden besonders kurz gehalten werden. Der buschige, dicht belaubte Buchsbaum läßt sich auch ohne Schwierigkeiten in beliebige Formen ziehen und schneiden. Mit runden und kegelförmigen Büschen können Sie dann in Ihrem Garten »grüne Geometrie« betreiben. Und wenn Sie mehr ein Freund von »undressierten« Pflanzen sind, dann lassen Sie Ihren Buchsbaum in einer Gartenecke einfach wachsen. So kann er sein dichtes, dunkelgrünes Blattwerk frei entfalten und ist ein besonders dekorativer Blickfang. Die Pflanze läßt sich durch Stecklinge leicht vermehren. Die beste Zeit dafür ist von August bis September.

## Schwarzer Holunder
### *Sambucus nigra*

Als Holder, Holler, Hollerbusch oder Schwarzer Flieder ist der robuste Strauch bei uns überall bekannt. Er ist in ganz Europa in lichten Wäldern, an Waldrändern, in Gebüschen und Hecken verbreitet. Er wächst zu einem kleinen Baum mit krummem Stamm und hellgrauer, rissiger Borke oder zu einem buschigen Großstrauch heran. Selten erreicht er mehr als 6 m Höhe. Seine langen, kräftigen Wurzeln streichen nur flach im Boden hin. Die holzigen, bogenförmig gekrümmten Zweige brechen leicht ab. Sie enthalten im Innern ein weißes, schwammig-weiches Mark. Das Holunderblatt setzt sich in der Regel aus 5 Fiederblättchen zusammen. Sie sind eiförmig, zugespitzt und am Rande grob gesägt. Ihre Oberseite ist dunkelgrün gefärbt, die Unterseite heller und leicht behaart. Von Juni bis Juli öffnet sich eine Vielzahl winziger, weißer, süß duftender Blütensternchen, die sich zu fla-

chen, schirmartigen Trugdolden zusammensetzen. Auf dunkelroten Stielen entwickeln sich später die kleinen, kugeligen Beeren. Im reifen Zustand sind sie glänzend schwarz gefärbt.

In »heidnischen« Zeiten war der Holunder der Erdgöttin Holla geweiht. Viele Jahrhunderte lang sah man in ihm den Wohnsitz der guten Hausgeister – deshalb galt er auch als Glücksbringer und bot Schutz vor Dämonen und Hexen. Kein Wunder, daß man es für gefährlich hielt, den Hollerbusch umzuhacken. Auf der Schwäbischen Alb sollte das sogar den Tod eines Hausbewohners nach sich ziehen. Auch verbrennen durfte man das Holz nicht, wollte man dadurch nicht Unglück im Stall heraufbeschwören. Bei einer Vielzahl von Krankheiten galt der Holunder als wirksame Medizin. Sämtliche Teile des Strauches fanden dabei Verwendung. Deshalb wurde er sogar als »Apotheke des Einödbauern« bezeichnet. Und ein alter Bauernspruch lautet: »Vor dem Holler sollst du den Hut abnehmen«. So groß war die Ehrfurcht vor dem heilkräftigen Strauch. Der Holunder enthält viele wichtige Inhaltstoffe, wie ätherische Öle, Gerb- und Fruchtsäuren, Zucker, Schleimstoffe, Rutin und die Vitamine A und C. Die Pflanze wirkt schweißtreibend und damit fiebersenkend, blutstillend, blutreinigend, harntreibend und krampflösend. Ein altes Hausmittel gegen Erkältungskrankheiten ist der Holunderblütentee. Pro Tasse benötigen Sie 1 Teelöffel Holunderblüten, die Sie mit kochendem Wasser übergießen. Nach 10 Minuten ist der Tee durchgezogen und Sie können ihn abseihen. Zur Blütezeit des Holunders sind auch die »Hollerküchel« – in Teig getauchte und herausgebackene Blütendolden – sehr beliebt. Im August werden die Holunderfrüchte erntereif. Man kann sie entsaften und in Flaschen abfüllen. Im Sommer lassen sich daraus erfrischende Kaltschalen »zaubern«, im Winter trinkt man den Saft heiß gegen Erkältungen. Die Beeren, mit der selben Menge Zucker dick eingekocht, werden zum Hollermus, das man mit Zwetschgen, Äpfeln oder Birnen noch geschmacklich variieren kann. Die Verwendungsmöglichkeiten des Holunders in der Küche sind so groß, daß man damit noch mühelos einige Seiten füllen könnte.

Für den dekorativen Nutzstrauch ist ein kalkhaltiger, nahrhafter Boden ideal, aber auch auf ärmeren Plätzen wächst er noch gut. Er ist sehr anpassungsfähig und verträgt Sonne genauso wie tiefen Schatten – allerdings blüht er dann nur wenig. Jungpflanzen können Sie sich kaufen oder am Waldrand ausgraben. Auch Hartholzstecklinge, die 20–30 cm lang sind, treiben leicht Wurzeln. Mehr Geduld müssen Sie aufbringen, wenn Sie im Herbst die Beeren aussäen wollen. Ist der Holunder in Ihrem Garten erst einmal heimisch, dann kann er sogar lästig fallen. Denn häufig wird er durch den Weg über Vogelmägen verbreitet. An den verschiedensten Stellen tauchen dann junge Pflänzchen auf. Wo sie stören, müssen sie bald entfernt werden, denn ihre Wurzeln verankern sich schnell fest im Boden.

## Sadebaum
*Juniperus sabina*

Segenbaum, Stinkwachholder, Seelenbaum und Jungfrauenrosmarin – so lauten die beziehungsreichen volkstümlichen Namen des Sadebaums. Er ist in den Gebirgslagen der Mittelmeerländer und in den Alpen heimisch und gedeiht auf trockenen, steinigen Berghängen und Felsfluren. Er ist ein naher Verwandter des Wachholders. Meist hat er einen am Boden kriechenden Stamm mit aufrechten, buschigen Zweigen und erreicht dabei eine Höhe von 1–2 m. Nur selten wächst er zu einem 3–4 m hohen Bäumchen heran. Die kräftigen, zähen Wurzeln des Sadebaums sind sehr anpassungsfähig und finden selbst auf felsigem Untergrund noch genügend Halt. Sein wohlriechendes Holz ist besonders dauerhaft und hat einen typischen rot gefärbten Kern. Im Gegensatz dazu verströmen die immergrünen Zweige des »Stinkwachholders« beim Zerreiben einen widerlichen Geruch. Er wird durch ätherisches Öl verursacht. Die zahlreichen, eng an den Zweigen anliegenden Schuppen-

blätter sind dachziegelartig angeordnet und glänzend dunkelgrün gefärbt. Gelegentlich, vor allem bei jungen Pflanzen, können sie auch mit nadelförmigen, abstehenden Blättern durchsetzt sein. Der Sadebaum ist zweihäusig, es entwickeln sich immer nur männliche oder weibliche Blüten an einer Pflanze. Die Blütezeit dauert von April bis Mai. Die kugeligen, erbsengroßen Früchte – wegen der beerenähnlichen Form Beerenzapfen genannt – benötigen 2 Jahre, um auszureifen. Sie sind schwarzbraun gefärbt, blau bereift und hängen an gekrümmten, kurzen Stielen. Zu den wichtigsten Wirkstoffen des Sadebaums gehören Gallussäure, Calciumsalze und Harze, außerdem ist er reich an ätherischem Öl. Der darin enthaltene Alkohol Sabinol ist äußerst giftig. Deshalb hat die Pflanze inzwischen keine medizinische Bedeutung mehr.

Früher war sie eine beliebte Medizin zum Heilen von Tierkrankheiten. Die getrockneten Zweigspitzen dienten seit uralter Zeit auch als Mittel zum Abtreiben. Die Anwendung endete aber häufig tödlich. Deshalb durfte der Sadebaum auch Ende des 16. Jahrhunderts in Nürnberger Apotheken nicht mehr verkauft werden. In verschiedenen Gegenden Deutschlands wurde später sogar ein Anbau in Anlagen und Privatgärten gesetzlich untersagt. Doch auf dem Land hielt man trotzdem noch lange an dem »Segenbaum« fest – denn nach altem Glauben schützte er vor bösem Zauber. Vor allem Hexen konnten seinen Geruch nicht ertragen.

Inzwischen ist der Sadebaum recht selten geworden. Sicher hat auch mit dazu beigetragen, daß er dem Gitterrost, der die Birnbäume befällt, als Zwischenwirt dient. Im Garten braucht der Strauch einen sonnigen Platz und durchlässige, lockere Böden. Sonst stellt er keine besonderen Ansprüche und entwickelt sich mit der Zeit zu einem weitausladenden, stattlichen Strauch. Daran müssen Sie denken, wenn Sie nur ein kleines Gärtchen besitzen. Dann sollten Sie ihn möglichst außerhalb des Gartens an den Zaun pflanzen. Hier kann er sich ungestört ausbreiten und kommt den anderen, weniger wuchskräftigen Gartenpflanzen nicht ins Gehege. Junge Sadebaumpflanzen bekommen Sie in den Baumschulen.

# Beerenobst

## Beerenobst – »Neulinge« im Bauerngarten

Praktische Überlegungen spielten im Bauerngarten schon immer eine große Rolle. Nutzpflanzen, die vor der Gartentüre von selbst wuchsen, wurden gar nicht erst hereingeholt. So verursachten sie keine Arbeit und der ohnehin stets knappe Platz im Garten blieb für empfindlichere Gewächse frei. Auch das wildwachsende Beerenobst blieb draußen. Denn »Mutter Natur« hielt im nahen Wald den Tisch immer reichlich gedeckt. Der Boden war übersät mit süßen, aromatischen Walderdbeeren und in den Himberschlägen konnte man die reifen Beeren gleich kübelweise einsammeln.

Erst die Kulturformen mit wesentlich größeren Beeren waren auch für die Bäuerin interessant. Zuerst – vermutlich im 18. Jahrhundert – wurden Johannis- und Stachelbeeren in den Gärten auf dem Land heimisch. Viel später folgte dann das andere Beerenobst.

Auch wenn Sie nur wenig Platz erübrigen können – auf gartenfrische Beeren müssen Sie trotzdem nicht verzichten. Wenn es auch für volle Vorratsschränke vielleicht nicht reicht, zum Naschen finden Sie allemal genug. Johannis- und Stachelbeeren setzen Sie einfach an den Gartenrand – damit sorgen Sie gleichzeitig für Windschutz. Auch unter Ziersträucher dürfen Sie die früchtetragenden Büsche ruhig mischen. Mit ihrem schönen, dichten Laub und den farbigen Beeren können sie bei jeder »Schönheitskonkurrenz« im Garten mithalten. Oder lassen Sie doch einfach eine rankende, dornenlose Brombeere an einem Blumen-

| | |
|---|---|
| Brombeere | – *Rubus fruticosus* |
| Erdbeere | – *Fragaria* |
| Himbeere | – *Rubus idaeus* |
| Rote Johannisbeere | – *Ribes rubrum* |
| Schwarze Johannis-beere | – *Ribes nigrum* |
| Stachelbeere | – *Ribes uva-crispa* |

bogen den Gartenweg überspannen. Das ist nicht nur praktisch, sondern sieht gleichzeitig hübsch aus.

Auch ein mit kletternden Brombeeren »garnierter« Holzzaun oder eine dicht bewachsene Laube sind eine Zierde für jeden Garten. Während die Kultursorten der Erdbeeren möglichst viel Sonne brauchen, können Sie Walderdbeeren getrost in den lichten Schatten von Bäumen und Sträuchern setzen. Jedes noch so keine Fleckchen Erde trägt dann süße Früchte.

## Rote Johannisbeere
*Ribes rubrum*

Der buschige, dichtbelaubte Strauch ist auch unter den volkstümlichen Namen Ribisel und Fürwitzlein bekannt. Von Natur aus kommt die Pflanze in den Auwäldern Nord- und Mitteleuropas vor. Durch ihre ausgesprochen kleinen Beeren kann man die Wildform aber leicht von den herausgezüchteten Kulturformen unterscheiden.

Die flachwurzelnde Johannisbeere wächst, je nach Standort und Sorte, 1–2 m hoch. Ihre graubraune Rinde schält sich an älteren Ästen in ganzen Streifen ab. Die langgestielten, dunkelgrünen Blätter sind handförmig gelappt und am Rand stumpf gezähnt. Ihre hellgrün gefärbte Unterseite ist mit einem weichen Haarflaum überzogen. Die kleinen, gelblichgrünen, glockenförmigen Blütchen erscheinen von April bis Mai in locker hängenden Trauben. Sie entstehen an den seitlichen Kurztrieben des zwei- und mehrjährigen Holzes. Die glänzend roten, kugeligen Beerenfrüchte werden meist Ende Juni, um Johanni, reif. Das hat ihnen auch zu ihrem Namen verholfen. In dem saftigen Fruchtfleisch sitzen mehrere Samen.

Die leuchtend roten Beeren mit dem erfrischenden, säuerlichen Geschmack enthalten reichlich Apfel-, Zitronen- und Weinsäure, sowie Vitamin C und Schleimstoffe. Sie regen den Appetit an, fördern die Verdauung und wir-

# Beerenobst

ken zudem blutreinigend sowie harntreibend. Reife Johannisbeeren müssen Sie entweder mit einem engmaschigen Kunststoffnetz schützen oder möglichst bald pflücken, wenn Sie bei der Ernte nicht zu kurz kommen wollen. Denn sie sind auch bei den Vögeln sehr begehrt. Die reifen Beeren können Sie mit Zucker gesüßt roh essen oder als Kuchenbelag verwenden. Sie schmecken als Kompott und Gelee. Zu einem vitaminreichen Saft verarbeitet, löschen sie auf gesunde Art den Durst. Auch zum Einfrieren in der Tiefkühltruhe sind sie gut geeignet. Und die roten Beeren können Sie sogar – bei milder Hitze – im Backofen trocknen. Im Winter bereiten Sie sich dann einen delikaten Tee daraus, der gleichzeitig für gute Verdauung sorgt.

Die Johannisbeere liebt humusreiche, tiefgründige und feuchte Böden, die frei von Staunässe sind. Geben Sie dem Strauch einen sonnigen oder auch leicht schattigen Platz, der möglichst vor Spätfrösten sicher ist. Junge Büsche bekommen Sie in den Baumschulen. Am besten setzen Sie die Sträucher im Herbst, weil sie schon zeitig im Frühjahr austreiben. Der Pflanzabstand sollte etwa 2 m betragen, sonst gestaltet sich die Ernte leicht zur Turnübung. Weil Johannisbeeren einen großen Nährstoffbedarf haben, sollten Sie schon beim Pflanzen die Erde mit reichlich gut verrottetem Stallmist oder Kompost anreichern. Auch später sind regelmäßige Düngergaben wichtig. Die Pflanzennahrung darf aber nicht eingeharkt werden, das könnte die flachen Wurzeln schädigen. Eine 5 cm starke Mulchdecke aus Kompost oder auch aus gemähtem Gras erhält die Bodenfeuchtigkeit und liefert gleichzeitig wichtige Nährstoffe. Nur das zwei- bis vierjährige Holz ist fruchtbar, ältere Zweige tragen kaum noch Beeren. Schneiden Sie deshalb ältere Triebe und schwaches oder überzähliges junges Holz knapp über dem Boden ab. Die Pflanze treibt aus dem Wurzelstock immer wieder von neuem aus. Im Gegensatz zur Roten Johannisbeere verjüngt sich die Schwarze nur aus dem bereits vorhandenen Holz. Deshalb werden hier die älteren Triebe nur zur Hälfte gekürzt.

## Stachelbeere
### *Ribes uva-crispa*

Der stachelige Nutzstrauch wird im Volksmund auch Kräuselbeere, Klosterbeere, Reichling oder Rauchbeere genannt. Er wächst fast in ganz Europa wild – mit Ausnahme der Mittelmeerregion. Er gedeiht vor allem in lichten Wäldern und Gebüschen. Aus der wilden Stachelbeere mit ihren kaum mehr als erbsengroßen Beeren wurden im Lauf der Zeit viele besonders reichtragende und großfrüchtige Kulturformen herausgezüchtet. Manche Sorten haben bereits Früchte in Zwetschgengröße. Die Stachelbeere ist mit der Johannisbeere eng verwandt. An einem günstigen Standort kann der buschige Strauch eine Höhe von 1,50 m erreichen. Zähe, flachwachsende Wurzeln sorgen für eine feste Verankerung im Boden. Die mit spitzen Stacheln bewehrten Äste verzweigen sich stark. Das Laub der Stachelbeere ist mit weichen Härchen überzogen und oberseits glänzendgrün gefärbt. Die Blätter sind handförmig gelappt und am Rand grob gekerbt. Von März bis Mai öffnen sich die unscheinbaren, grünlich-gelben oder roten, meist einzelstehenden Blüten. Sie werden auch besonders von Hummeln umschwärmt. Die Früchte sind – je nach Sorte – grün, gelblich oder rötlich gefärbt und weich bis borstig behaart. Sie können kugelig oder länglich geformt sein und haben, wenn sie ausgereift sind, einen süßlichen Geschmack.

Die Beeren enthalten organische Säuren, Mineralsalze und Fettsubstanzen. Außerdem sind sie reich an Zucker und Vitaminen. Sie wirken wie die Johannisbeeren appetitanregend, verdauungsfördernd und blutreinigend.

Die ersten Stachelbeeren pflücken Sie am besten schon, wenn sie etwas größer als Erbsen sind. Dann können sich die am Strauch verbliebenen umso besser entwickeln und voll ausreifen. Die Beeren schmecken besonders gut als Kompott und Konfitüre. Und Stachelbeerwein ist bei Kennern sehr beliebt. Säuerliche Früchte eignen sich auch ausgezeichnet als Tortenbelag. Als Wintervorrat können Sie die vielseitigen Stachelbeeren sogar einfrieren. Der robuste Strauch stellt im Garten nur wenig Ansprüche. Er gedeiht in der Sonne genauso wie im Halbschatten. Ein humusreicher, lockerer und stets ein wenig feuchter Boden ist für die Stachelbeere ideal. Jungpflanzen sollten Sie im Herbst kaufen, dann ist die beste Pflanzzeit. Das Erdreich wird vor dem Setzen der Sträucher mit gut verrottetem Stallmist oder Kompost angereichert. Später dürfen Sie nur noch oberflächlich düngen – mit einer Hacke beschädigen Sie sonst die flachen Wurzeln. Wie bei den Johannisbeeren ist auch hier eine Mulchdecke vorteilhaft. Stachelbeeren brauchen viel Licht und Luft, wenn sie reichlich tragen sollen. Lassen Sie deshalb nur 5–7 Haupttriebe am Strauch stehen. Das alte, überständige Holz erkennen Sie leicht an der dunklen, fast schwarz gefärbten Rinde. Auch bei einer Neupflanzung ist der Rückschnitt wichtig. Damit die Stachelbeere leicht anwächst, lassen Sie zunächst nur 4–5 kräftige Triebe übrig und auch sie werden etwa um die Hälfte gekürzt. Stachelbeer-Hochstämmchen tragen weniger Früchte als die Buschform, aber dafür sind sie besonders groß. Die Kronen der Bäumchen müssen jedoch rechtzeitig vor der Ernte mit Pfählen gestützt werden – sonst brechen sie leicht ab. Hochstämmchen liefern ihre Früchte in bequemer Höhe und Sie brauchen sich beim Beerensammeln nicht mehr zu bücken. Durch einen allgemeinen jährlichen Rückschnitt können Sie die Krone immer wieder zu neuer Triebbildung anregen. Das garantiert eine gute Ernte. Entlang der Wege gepflanzt, sind die Stachelbeer-Bäumchen eine Zierde für jeden Garten. Bei den stachelbewehrten Sträuchern und Hochstämmen sollten Sie mindestens einen Pflanzabstand von 1,50 m einhalten, wenn Sie sich bei der Ernte nicht wie ein Nadelkissen fühlen möchten. Gegen Ende des Winters sind die Knospen von Stachel- und Johannisbeeren ein beliebter Leckerbissen für Vögel. Mit Hilfe von Netzen können Sie die Sträucher aber vor größerem Schaden bewahren.

# Bauernrosen

## »Bauernrosen« – Augen- und Nasenfreude

Seit Beginn des 19. Jahrhunderts ist die Rose unsere beliebteste Blume. Und heute gibt es wohl kaum einen Garten, in dem die »Königin der Blumen« noch nicht regiert.

Unendlich viele Rosensorten wurden inzwischen herausgezüchtet und jährlich kommen neue hinzu. Es gibt Rosen für jeden Geschmack, in allen nur erdenklichen Farben und Formen. Doch die makellose, elegante Schönheit hat auch ihren Preis. Viele moderne Rosen haben den sprichwörtlichen Duft schon lange eingebüßt. Und sie sind empfindlich geworden – gegen Kälte und Schädlinge. Es ist wirklich rührend zu sehen, was Gartenbesitzer an teuren Säften und Pulvern für ihre Lieblinge kaufen. Die Regale in den Gartencentern sind ja schließlich voll davon. Doch häufig ist alle Mühe vergebens und die erschöpften, verbrauchten Rosen müssen bald durch neue ersetzt werden.

Im traditionellen Bauerngarten ist das anders. Hier sind noch uralte Rosenstöcke zu finden, die über Generationen weitervererbt werden. Es sind »altmodische« Rosen, die hier wachsen. Rosen, die schon vor langer Zeit so aussahen wie heute und die mit dem inzwischen modernen Edelrosentyp so gar nichts gemein haben. Deshalb wurden sie auch aus den meisten Hausgärten verbannt. Nur in den alten Bauerngärten durften sie ungehindert weiterwachsen und blühen. Richtige Schätze sind darunter – uralte Rosen, die man längst verschollen glaubte und andere, deren Namen selbst Experten nicht mehr bekannt sind. Aber zum Glück gibt es sie noch, die alten Rosen. Denn inzwischen lernen wir sie wieder zu schätzen. Die robusten Blumen benötigen nur wenig Pflege. Die schönen Blüten muß man sich nicht teuer erkaufen, denn sie sind kaum anfällig für Schädlinge und Krankheiten. Und jedes Jahr sind die kräftigen Pflanzen geradezu übersät mit den wunderschönen Rosen – ein Blütentraum in warmen Farben und mit betörendem Duft. Ein Duft, der den Zauber der alten Rosengärten zu uns zurückbringt.

## Rosen für den Bauerngarten

Hier sind eine Reihe von typischen »Bauerngartenrosen« genannt. Adressen, wo Sie die »altmodischen« Blumen beziehen können, finden Sie im Anhang.

| | |
|---|---|
| Bibernellrose | – *Rosa pimpinellifolia* |
| Damaszener Rose | – *Rosa × damascena* |
| Essigrose | – *Rosa gallica* |
| Heckenrose | – *Rosa canina* |
| Kapuzinerrose | – *Rosa foetida* |
| Kartoffelrose | – *Rosa rugosa* |
| Weiße Rose | – *Rosa × alba* |
| Weinrose | – *Rosa rubiginosa* |
| Zentifolie | – *Rosa centifolia* |
| Zimtrose | – *Rosa majalis* |

Die Rose ist wahrscheinlich schon länger auf der Erde als der Mensch. Und als Kulturpflanze hat sie schon eine Jahrtausende alte Geschichte. Vor 4000 Jahren wurde sie bereits in den Gärten Chinas gehalten. Die älteste bekannte Rosendarstellung Europas entstand 2000 v. Chr. auf der Insel Kreta. Auch den alten Römern war die Blume bekannt – sie schwelgten geradezu in Rosen. Bei Festgelagen schmückten sie die Tische mit unzähligen Blüten und auch in den Bädern wurden riesige Mengen der duftenden Blütenblätter benötigt, um das Wasser damit zu parfümieren. Karl der Große schätzte die Rose so sehr, daß er sie in seiner »Capitulare« gleich hinter der Lilie an zweiter Stelle nannte. Und in den mittelalterlichen Burggärten war die Blume – als Sinnbild der Liebe – geradezu unentbehrlich. Allerdings gab es bei uns damals nur wenige Arten. Albertus Magnus berichtet im 13. Jahrhundert von weißen und roten Gartenrosen. Insgesamt kannte er nur 4 verschiedene Arten. Auch während der folgenden Jahrhunderte stieg die Zahl der bekannten Gartenformen nur sehr langsam an. Erst im 19. Jahrhundert kam es zu einem starken Aufschwung in der Rosenzucht. Dazu trug vor allem auch die Rosenleidenschaft der französischen Kaiserin Joséphine bei. In ihrem Garten in Malmaison hatte sie über 250 verschiedene Sorten gesammelt und

Üppig blühende Wildrosen und die dichtgefüllten,
alten Gartenrosen mit ihrem betörenden Duft sind für
den Bauerngarten »maßgeschneidert«.
Essigrose (oben), Bibernellrose (Mitte links), Zentifolie
(Mitte rechts), Damaszener Rose (unten links),
Trauerrose mit weit herabhängenden, langen Trieben
(unten rechts).

# Bauernrosen

außerdem bei den Rosenzüchtern Tausende von neuen Kreuzungen veranlaßt.

In vergangenen Jahrhunderten wurde die Rose nicht nur wegen ihrer Schönheit gepflanzt. Sie war auch in der Küche und vor allem als Heilmittel sehr geschätzt. Fast jedes dritte pflanzliche Rezept bestand aus Rosen oder war damit gemischt. Und für beinahe jede Krankheit gab es eine Rosen-Medizin. Rosenzucker und Rosenwasser wurden zur Stärkung des Herzens und bei Lungenkrankheiten verwendet. Rosenhonig half gegen Fieber und Rosenessig brachte Ohnmächtige wieder zu Bewußtsein. Eine aus der Hundsrose gewonnene Arznei hielt man sogar für wirksam gegen Tollwut. Und was die Schönheit anbelangt, sollte die Rose wahre Wunder wirken. Man brauchte nur das Wasser, in dem ein neugeborenes Kind das erstemal gebadet wurde, unter einem Rosenstrauch auszuschütten. Dadurch bekam das Kind für alle Zeit schöne rote Wangen.

Auch heute noch, wie vor Jahrhunderten, wird die Rose in der Küche gerne verwendet. Aus den Hagebutten kann man Gelee und Marmelade herstellen. Hagebuttenmark paßt ausgezeichnet zu Wildbret und verfeinert vor allem auch die Soßen. Die Samen der Früchte werden getrocknet und zu einem schmackhaften, gesunden Tee aufbereitet. Und die Blütenblätter der Rose verleihen eingekochtem Obst und den verschiedensten Konfitüren einen besonderen Geschmack.

Im Bauerngarten dürfen Rosen auf keinen Fall fehlen. Die »Bauernrosen« mit den gefüllten Blüten kommen am besten zur Geltung, wenn sie einzeln stehen. Dafür bietet sich eine Gartenecke an oder ein Blumenrondell in der Mitte. Für das Rondell sollten Sie aber eine schwachwüchsige Sorte wählen, die Sie beim Vorbeigehen nicht behindert. Die einfach blühenden Wildrosen können Sie am Gartenrand zu einer duftenden Blütenhecke zusammenpflanzen. Ein hübscherer Windschutz läßt sich gar nicht denken!

Auf den folgenden Seiten finden Sie eine genauere Beschreibung von einigen typischen Bauerngartenrosen.

## Bibernellrose
### Rosa pimpinellifolia

Sie ist in Europa und Zentralasien zu Hause und bevorzugt trockene, sandige Plätze. Weitere Namen sind Dünenrose und Stachelige Rose. Bei uns findet man sie vor allem auf den Dünen der Nordseeküste, aber auch im Bodensee-, Rhein- und Maingebiet. Sie wächst zu einem kompakten, buschigen Strauch heran, der bis zu 1 m hoch wird. Die dünnen, aufrechten bis leicht überhängenden Zweige sind dicht mit Stacheln und Borsten besetzt. Das zierliche, im Austrieb hellgrüne Laub der Bibernellrose setzt sich aus 5–11 Fiederblättchen zusammen. Die Blütezeit beginnt besonders früh. Schon im Mai ist die Pflanze übersät von unzähligen, einfachen, duftenden Rosen, die zumeist einzeln stehen. Fast immer sind sie weiß oder hellgelb, nur selten rosafarben. Die kleinen flachkugeligen, langhaftenden Hagebuten zeigen eine bräunliche, nahezu schwarze Färbung.

## Damaszener Rose
### Rosa × damascena

Über ihre Herkunft weiß man nur wenig. Vielleicht ist sie durch Kreuzung aus Essig- und Hundsrose entstanden.

Schon im Jahre 50 v. Chr. wurde sie von Virgil erwähnt und wahrscheinlich ist sie auch die »Rose von Pompeji«, die auf alten Fresken zu erkennen ist. Zu uns kam sie vermutlich im 13. Jahrhundert durch die Kreuzritter, die sie aus der Gegend um Damaskus zu uns mitbrachten.

Zu den Damaszener Rosen gehört auch die echte »Ölrose des Orients« (Rosa × damascena 'Trigintipetala'). Aus ihren Blüten wird schon seit langem wertvolles Rosenöl und -wasser gewonnen. Die mittelgroßen Blumen sind gefüllt, rosarot gefärbt und verströmen einen herrlichen Duft. An günstigen Standorten kann der Strauch eine Höhe von 2 m erreichen. Es gibt aber auch weniger hochwachsende Sorten in verschiedenen Farbtönen.

## Essigrose
### *Rosa gallica*

Sie wird auch noch Gallische Rose und Provins-Rose genannt. Ihre ursprüngliche Heimat ist Westasien, aber sie kam schon früh nach Europa. Wie Plinius berichtet, wuchs sie bereits in den Gärten des alten Roms. Die Mönche sorgten für ihre Verbreitung nördlich der Alpen. Seit uralter Zeit pflanzte man die Blume zur Gewinnung von Duftstoffen an. In besonders großen Mengen wurde sie vom 13. bis 18. Jahrhundert in der Gegend um Provins, südlich von Paris, kultiviert. Im Jahre 1848 gab es allein in Frankreich über 2000 verschiedene Sorten der Essig-Rose. Von ihr stammen die meisten unserer Gartenrosen ab. Die ursprüngliche Form der Essig-Rose wächst etwa 1 m hoch. Sie hat derbe Blätter, deren einzelne Fiederblättchen elliptisch bis fast kreisrund geformt sind. Ihre Unterseite ist auffallend hell gefärbt. Die großen einfachen Blüten öffnen sich von Juni bis Juli. Sie stehen einzeln und sind hellrot bis dunkelpurpurrot getönt.

Der Handel hält aber auch noch andere Essigrosen-Sorten für Sie bereit – passend für jeden Garten und Geschmack. Sie haben die Wahl zwischen 50 cm hohen Sträuchern und solchen, die 2 m hoch wachsen, außerdem zwischen gefüllten und ungefüllten Blumen in vielen Farbtönen.

Für kleine Gärten ist das Burgunderröschen (*R. gallica* 'Pompon de Bourgogne') besonders gut geeignet. Die rundbuschige Pflanze wird nur 60 cm hoch und hat reizende kleine, gefüllte, rosafarbene Blüten, deren Rand weiß getönt ist.

## Zentifolie
### *Rosa centifolia*

Sie ist die »Bauerngartenrose« schlechthin und auch noch unter den Namen Kohlrose und Provence-Rose bekannt. Über ihre Abstammung gibt es die unterschiedlichsten Angaben. Vielleicht aber ist sie im 15. Jahrhundert in Holland entstanden. Auf Gemälden niederländischer Meister kann man die schöne Blume noch heute bewundern. Früher waren über 200 verschiedene Sorten bekannt, die meisten von ihnen sind jedoch inzwischen verlorengegangen. Die vorwiegend aufrechten, teils auch ein wenig überhängenden Triebe des Strauchs sind mit feinen Stacheln bewachsen. Die ganze Pflanze wird 1–1,50 m hoch. Während der Blütezeit verströmt die Rose einen intensiven, weitreichenden, edlen Duft. Er geht von den meist nur halbgeöffneten, reichgefüllten Blüten aus. Sie sind zylindrisch geformt, oben flach und stehen einzeln oder nur zu wenigen vereint. Zentifolien gibt es in unterschiedlichen Farben – am häufigsten sind aber Rosa- und Rottöne.

Eine besondere Zuchtform der Zentifolie ist die stark duftende Moosrose (*Rosa centifolia* 'Muscosa'). Ihre Kelchblätter und Blütenstiele sind mit borstigen, drüsigen Auswüchsen überzogen. Auch auf den Stielen und Hauptnerven der Blätter ist dieses eigenartige »Moos« zu sehen.

**Rosenbäumchen** Sie haben erst seit dem 19. Jahrhundert einen Platz im Bauerngarten. Die Hochstammrosen mit ihren schlanken, zierlichen Stämmen und der üppigen Blütenfülle in Augenhöhe sind eine besondere Zierde. Man verwendet dazu etwa 1 m hohe Wildrosenstämme, auf die Beet- oder Edelrosen aufgepfropft werden.

Die Trauerrosen erkennen Sie an den herabhängenden, langen Trieben. Hier wurde als Pfropfreisig eine Kletterrose verwendet. Dafür ist dann schon eine Stammhöhe von 1,50 m nötig.

Besonders dekorativ sind die Rosenbäumchen, wenn sie in der Reihe zu beiden Seiten des Hauptweges stehen. Falls Sie nur wenig Platz zur Verfügung haben, können Sie eine Hochstammrose oder auch eine Trauerrose in ein Blumenrondell in die Mitte des Gartens pflanzen. Ebenfalls hübsch anzusehen sind zwei Rosenbäumchen, die ihren Platz links und rechts vom Garteneingang haben.

**Kletterrosen** Sie hielten gegen Ende des 19. Jahrhunderts Einzug in den Bauerngarten. Auch wenn sie nicht zu den »alteingesessenen«

Dicht gefüllte, neuere Rosenzüchtung.

Gewächsen des Bauerngartens gehören, so
sind sie doch inzwischen nicht mehr daraus
wegzudenken. Mit Kletterrosen an einem Blumenbogen können Sie den Garteneingang anziehend gestalten. Auch am Gartenzaun wirken die langen, biegsamen Triebe mit den
vielen Blüten sehr dekorativ.
Bei Rosenbäumchen und Kletterrosen ist es
sehr schwierig, »alte« Zuchtformen zu bekommen. Sie können sich aber auch gut mit neuen
Sorten behelfen. Achten Sie nur beim Kauf auf
eine möglichst runde Knospenform und eine
kräftige Füllung der Blüte. Daß die Rosen
auch intensiv duften sollten, versteht sich von
selbst.

## Pflanzung und Pflege

Zuletzt noch ein paar Tips, wie Sie mit den
verschiedenen Rosentypen umgehen müssen:

Alle Rosen brauchen möglichst viel Licht und
Luft zum guten Gedeihen. Ein Platz an der
Sonne ist die beste Garantie für üppige Blüten.
Der Boden sollte humusreich und locker sein –
stauende Nässe ist schädlich. Versorgen Sie
die Pflanzen reichlich mit Kompost oder mit
gut verrottetem Stallmist. Beim Gießen der
Rosen sollten Sie darauf achten, daß die Blätter möglichst trocken bleiben – nasses Laub
wird leicht von Pilzen befallen.
Die beste Pflanzzeit für Rosen ist der Herbst,
von Oktober bis November. Achten Sie aber
darauf, daß der Boden weder gefroren noch zu
naß ist. In besonders rauhen Gebieten warten
Sie mit dem Pflanzen besser bis zum Frühjahr.
Bevor Sie »zur Tat schreiten«, sollten Sie die
Rosen für ein paar Stunden in einen Eimer mit
Wasser stellen. Mit einer Baumschere oder
einem scharfen Messer können Sie beschädig-
te oder schwache Triebe entfernen. Auch ka-
putte oder zu lange Wurzeln werden gekürzt.
Das Pflanzloch sollte so groß sein, daß die
Wurzeln, ohne geknickt zu werden, bequem
darin Platz finden. Rosenbüsche und Kletterrosen setzen Sie so tief, daß sie bis zum Ansatz
der Verzweigung hineinpassen. Bei den ver-
edelten Rosen muß dabei die Veredlungsstelle
(das ist der knubbelige Teil am Ende des Wur-
zelhalses) unbedingt 5 cm tief unter der Erdoberfläche liegen, sonst bilden sich Wildtrie-
be. Halten Sie beim Pflanzen die Rose mit
einer Hand fest und füllen Sie mit der anderen
die Erde nach. Wenn Sie die Pflanze dabei ein
wenig schütteln, fällt auch Erde in die Hohl-
räume zwischen den Wurzeln. Sobald das
Pflanzloch locker gefüllt ist, wird der Boden
vorsichtig festgetreten. Dadurch entsteht ein
flacher Gießrand, der so lange mit Wasser
aufgefüllt wird, bis die Wurzeln kräftig einge-
schlämmt sind. Bis die Pflanze Fuß gefaßt hat,
sollten Sie auch die oberirdischen Teile, etwa
15 cm hoch, mit Erde anhäufeln – das schützt
sie vor Austrocknung durch Sonne und Wind.
Hochstammrosen werden wie Buschrosen gepflanzt. Aber sie brauchen einen Pfahl, der
ihnen zusätzlichen Halt gibt. Schlagen Sie die
Stütze fest in den Boden der Pflanzgrube ein,
oben sollte sie etwa 15 cm über die Vered-

Schöne Zuchtform der Heckenrose.

lungsstelle des Rosenbäumchens hinausragen. Und sorgen Sie dafür, daß die Pflanze 10 cm Abstand zum Pfahl bekommt. Mit Hilfe eines Gummi- oder Sisalbandes aus dem Fachhandel können Sie den Rosenstamm daran befestigen. Am Fuß der Pflanze ist meist noch deutlich zu erkennen, wie tief sie bisher in der Erde stand. Genauso sollte sie auch auf ihrem neuen Platz gepflanzt werden. Strauchrosen benötigen, je nach Wuchsstärke, 1–1,50 m Abstand voneinander. Bei Kletterrosen müssen Sie mit einer Pflanzweite von 2–3 m rechnen und bei Rosenbäumchen halten Sie am besten einen Abstand von 1,50–2 m ein.

Der richtige Rosenschnitt ist eine kleine Wissenschaft für sich. Bei den Strauchrosen können Sie das Problem aber getrost vergessen – sie brauchen keinen Schnitt. Lediglich erfrorenes oder trockenes, totes Holz wird im Frühjahr entfernt. Auch bei den Kletterrosen brauchen Sie nur abgestorbene und überalterte Triebe direkt an der Basis abzuschneiden. Genauso ist es bei den Trauerrosen, die ja nichts anderes als auf Hochstamm veredelte Kletterrosen sind. Die übrigen Stammrosen schneiden Sie wie Beet- und Edelrosen. Grundsätzlich werden schwache Triebe mehr gekürzt als starke. Erfrorene Triebe müssen Sie natürlich ganz entfernen, die anderen kürzen Sie auf etwa 5–8 Augen. Setzen Sie den Schnitt schräg an und zwar so, daß er zum Auge hin ansteigt. Gehen Sie dabei aber nicht näher als 5 mm an das Auge heran, damit es nicht beschädigt wird. Die beste Zeit für den Pflegeschnitt ist von Februar bis März. In rauhen Lagen warten Sie damit aber besser bis Mitte April.

Strauchrosen kommen in der Regel gut über die kalte Jahreszeit. Um kein Risiko einzugehen, können Sie die Rosenstöcke im Herbst etwas anhäufeln. Im ersten Jahr nach der Pflanzung sorgt locker über die Pflanze gelegtes Fichtenreisig für zusätzlichen Schutz. Das ist vor allem bei langanhaltenden Frösten und bei starker Sonneneinstrahlung wichtig. Kletterrosen bewahren Sie in rauhen Gegenden so ebenfalls vor Schaden. Am besten bringen Sie die Fichtenzweige wie Dachplatten übereinander an, damit die langen Rosentriebe über die gesamte Länge geschützt sind. Auch hier dürfen Sie das Anhäufeln nicht vergessen. Rosenbäumchen gehören, was die Frostempfindlichkeit angeht zu den »Sorgenkindern«. Solange das Stämmchen noch jung und elastisch ist, wird es vor Wintereinbruch vom Stützpfahl losgebunden und vorsichtig zur Erde niedergebogen. Mit Hilfe einer großen Astgabel können Sie es am Boden feststecken und ganz mit Erde bedecken. Vergessen Sie aber nicht, vorher alles Laub zu entfernen. Bei älteren Stämmen ist die Bruchgefahr durch das Umbiegen zu groß. Hier binden Sie die Krone zusammen und umwickeln Sie mit Holzwolle oder Stroh. Auch den verdickten Veredlungsknoten unterhalb der Krone schützen Sie auf diese Weise. Um die Nässe abzuhalten, werden außenherum Fichtenzweige gebunden. Plastiktüten sind als Schutz ungeeignet, denn sie »atmen« nicht. Und so ein »Plastikbäumchen« ist auch nicht gerade eine Zierde für den winterlichen Garten.

# Wildkräuter im Bauerngarten

## Wildkräuter als Zaungäste

Wenn sich eine Blume im Garten sichtlich wohl fühlt und sich ausbreitet, dann heißt es gleich abwertend »sie wächst wie Unkraut«. Und alles, was nicht in den Pflanzenkatalogen zu finden ist, kommt vielen Gartenbesitzern erst recht verdächtig vor. Ein Gewächs, das sich von selbst aussamt und dann auch noch ohne Pflege gedeiht, kann einfach nichts Gescheites sein. Es ist eben »Unkraut« und damit jedem ordnungsliebenden Gärtner ein Dorn im Auge. Und mit Gift oder roher Gewalt wird es schnellstens aus dem Garten geekelt.

Im Bauerngarten ist das anders – dort finden sogar die Wildkräuter noch Platz. Denn die Bäuerin hat einfach nicht genügend Zeit, um jedes »Unkraut« mit Stumpf und Stiel auszumerzen. Und in dem liebenswerten Pflanzen-Durcheinander fällt es sowieso kaum auf. Wildkräuter im Bauerngarten – das ist auch ein kleiner, privater Beitrag zum Naturschutz. Bunte Bauernwiesen und mit Blüten übersäte Feldraine gibt es heute kaum mehr. Kunstdünger und Unkrautvernichtungsmittel haben die Blütenpracht vertrieben. Und mit den Blumen verschwanden auch unsere schönsten Schmetterlinge. Ihre Raupen fanden keine Nahrungspflanzen mehr. Wissenschaftliche Untersuchungen haben jetzt ergeben, daß die seltenen Falter eine neue Zufluchtsstätte im Bauerngarten gefunden haben.
Seien Sie also ruhig auch ein wenig tolerant gegenüber den »ungebetenen Gästen« in Ihrem Garten. Lassen Sie »Mutter Natur« bei der Gartengestaltung mitwirken! Das soll nicht heißen, daß Sie untätig zusehen müssen, wie sich eine Löwenzahninvasion auf dem Salatbeet breitmacht, oder sich Ihr Garten in ein Brennessel-Paradies verwandelt. Doch ein paar Brennesselstengel in der Gartenecke sind schließlich auch noch keine Katastrophe. Manche Wildkräuter sind sogar ausgesprochen dekorativ. Und die Blüten des Gilbweiderichs und der Wilden Malve sind echte kleine Kostbarkeiten. Viele der hübschen Pflanzen zählen noch obendrein zu den nützlichen

Raupen des Kleinen Fuchs auf einer Brennessel.

Heilkräutern. Sie helfen Ihnen bei den kleinen Unpäßlichkeiten des Alltags.
Manche der wilden Blumen halten sich zunächst bescheiden im Hintergrund. Man muß sie aus der Nähe betrachten, um ihren Reiz zu entdecken. Das macht sie für kleine Gärten besonders wertvoll. Durch Wildkräuter wird Ihr Garten zum Abenteuer, in dem es immer wieder Neues zu entdecken gibt.
Sie müssen aber nicht unbedingt darauf warten, bis sich die Kräuter von selbst in Ihrem Garten einstellen. Bringen Sie sich doch die dekorativen Blumen – sofern sie nicht geschützt sind – vom Sonntagsspaziergang mit. Sehen Sie sich dabei den natürlichen Standort der Pflanzen genau an und geben Sie ihnen einen entsprechenden Platz im Garten.
Nachfolgend finden Sie eine Auswahl dekorativer und heilkräftiger Wildkräuter.

| | |
|---|---|
| Beinwell | – *Symphytum officinale* |
| Feldrittersporn | – *Delphinium consolida* |
| Frauenmantel | – *Alchemilla vulgaris* |
| Gilbweiderich | – *Lysimachia vulgaris* |
| Pfirsichblättrige Glockenblume | – *Campanula persicifolia* |
| Johanniskraut | – *Hypericum perforatum* |
| Klatschmohn | – *Papaver rhoeas* |
| Wilde Malve | – *Malva sylvestris* |
| Ruprechtskraut | – *Geranium robertianum* |
| Schafgarbe | – *Achillea millefolium* |
| Wegwarte | – *Cichorium intybus* |
| Weidenröschen | – *Epilobium angustifolium* |
| Zaunwinde | – *Calystegia sepium* |

## Beinwell
### *Symphytum officinale*

Volkstümliche Namen wie Heilwurzel oder Beinbruchwurzel machen schon deutlich, wozu die Pflanze früher gebraucht wurde. Sie ist in ganz Europa verbreitet und wächst mit Vorliebe auf feuchten Standorten. An Bachufern, Wassergräben und auf sumpfigen Wiesen ist sie deshalb häufig zu finden.

Die ausdauernde Staude erreicht an günstigen Standorten eine Höhe von .120 cm. Sie ist ganz mit steifen, borstigen Haaren überzogen. »Schwarzwurzel« wird der Beinwell wegen seiner dunkelgefärbten, innen gelblich-weißen und schleimigen Wurzeln genannt, die tief in die Erde wachsen. An den kantigen, verzweigten Stengeln sitzen elliptisch geformte Blätter, die weit am Stengel herablaufen. Von Mai bis August ist der Beinwell eine besondere Attraktion für die Bienen. Denn zu dieser Zeit öffnen sich die hübschen, nach unten hängenden Glockenblüten. Häufig sind sie rosa oder violett, bisweilen auch weiß gefärbt.

Schon den alten Griechen und Römern war der Beinwell als Heilpflanze bekannt. Und Jahrhunderte später zählte er zu den wichtigsten Kräutern der mittelalterlichen Klostergärten. Besonders beliebt war er als Medizin bei schlecht heilenden Wunden und Knochenbrüchen.

Tatsächlich enthält die Pflanze in den Wurzeln den Wirkstoff Alantoin, der eine wichtige Funktion bei der Zellbildung hat und die Wundheilung beschleunigt. Außerdem finden sich in der »Heilwurzel« Zucker, Gerb- und Schleimstoffe, Asparagin, Kieselsäure, Gummi, Harz und ein wenig ätherisches Öl. Beinwell wirkt entzündungshemmend, wundheilend und bekämpft den Husten.

Die Wurzeln können Sie frisch oder getrocknet verwenden. Sie werden geraspelt oder pulverisiert und mit ein wenig Olivenöl verrührt. Anschließend streicht man den Breiumschlag auf ein sauberes Leinentuch und wickelt es um die betroffene Körperstelle. Das hilft bei leichten Verbrennungen, Verstauchungen, Quetschungen, Blutergüssen und Wunden. Auch

junge Blätter können Sie verwenden – solange ihre Haare noch nicht borstig und steif sind. Fein geschnitten geben sie Frühlingssalaten eine pikante Note.

Ein Standort im Halbschatten und stets ein wenig feuchte Böden sind für den Beinwell die richtige Lebensgrundlage. In der Nähe des Schöpfbeckens oder im Schutz von Sträuchern fühlt er sich darum besonders wohl. Wenn das robuste Kraut erst einmal in Ihrem Garten heimisch geworden ist, brauchen Sie sich kaum noch darum zu kümmern.

## Frauenmantel
### *Alchemilla vulgaris*

Marienkraut, Taurosenkraut, Frauentrost und Löwenfußkraut – so lauten die phantasievollen Namen, die der Volksmund der Pflanze gab. Das ausdauernde Kraut wächst fast in ganz Europa auf feuchten Wiesen, Weiden, an Waldrändern und in Gebüschen. Von der Ebene bis zur Hochgebirgsregion ist die robuste Pflanze zu finden.

# Wildkräuter im Bauerngarten

Frauenmantel

Ein kräftiger, verholzter und dunkel gefärbter Wurzelstock sorgt für genügend Halt im Boden. Die hellgrünen, dünnen Stengel sind häufig rötlich überlaufen. Sie verzweigen sich stark und werden bis zu 50 cm lang. Die großen, behaarten Blätter sind handförmig gelappt und nahezu kreisrund. Sie erinnern an einen weiten, fächerartigen Mantel. Im Jugendstadium sind die Blätter zierlich gefaltet. Die zusätzlich vorhandenen, gefiederten Nebenblätter bleiben wesentlich kleiner. Von Mai bis Oktober erscheinen unzählige, winzigkleine Blütchen in doldigen Rispen. Sie überziehen die buschige Pflanze wie ein zarter, gelblichgrüner Schleier.

Eine interessante Erscheinung können Sie am Frauenmantel selbst beobachten. In Nächten mit hoher Luftfeuchtigkeit scheidet die Pflanze an den Blatträndern reichlich Wasser aus. Bis zum Morgen sammelt es sich in Form großer Tropfen in der trichterartigen Vertiefung der Blattmitte. Diesem geheimnisvollen »Himmlischen Wasser« wurden während des Mittelalters große Zauberkräfte zugeschrieben. Deshalb verwendeten es auch die Alchemisten bei ihren Versuchen, Gold herzustellen. Seit vielen Jahrhunderten ist die Pflanze als Kräutermedizin in Gebrauch. Organische Säuren, Gerbstoffe, Fettsubstanzen, Saponin und Harz gehören zu ihren wichtigsten Inhaltsstoffen. Das Kraut wirkt blutreinigend, entzündungshemmend und wundheilend. Deshalb waren die gequetschten Blätter auch ein beliebtes Hausmittel bei Insektenstichen und sogar bei offenen Beinen. Frauenmanteltee hilft bei Magen- und Darmbeschwerden. Übergießen Sie einen gestrichenen Eßlöffel Kraut mit $\frac{1}{4}$ l Wasser und erhitzen Sie es bis zum Siedepunkt. Nachdem der Tee 10 Minuten gezogen hat, können Sie ihn abseihen.

Der Frauenmantel braucht im Garten einen tiefgründigen, gut durchlässigen, aber feuchten Boden. Er gedeiht in der Sonne oder im Halbschatten. Die buschige, dekorative Pflanze eignet sich auch besonders gut als Bodendecker. Sobald der Frauenmantel in Ihrem Garten heimisch geworden ist, sorgt er durch Selbstaussaat eigenständig für Nachwuchs. Aber auch durch Teilung des Wurzelstocks ist er problemlos zu vermehren.

## Wilde Malve
### *Malva sylvestris*

Käse- oder Roßpappel heißt die Blume mit den zarten Blüten im Volksmund. Sie ist in ganz Europa heimisch und gedeiht mit Vorliebe an Waldrändern und Wegen, auf Schuttplätzen und in Dörfern. Die zweijährige oder ausdauernde Pflanze ist wollig behaart und wächst 30–100 cm hoch. An den rundlichen, teils am Boden liegenden, teils aufsteigenden Stengeln sitzen langgestielte Blätter. Sie sind handartig gelappt und haben einen gesägten Rand. Vom Mai bis in den Herbst hinein öffnen sich die rosavioletten Blumen in großer Zahl. Sie sitzen in kleinen Büscheln in den Blattachseln. Ihre zarten Blütenblätter sind nach unten keilförmig verschmälert und mit dunkel gefärbten, feinen Adern durchzogen.

Schon zur Zeit der alten Römer und Griechen war die Wilde Malve als Gemüsepflanze und Heilmittel sehr geschätzt. Früher bereitete man aus der Pflanze vor allem einen leicht verdaulichen, gesunden Brei für kleine Kinder. Wegen des hohen Schleimstoffgehalts wurde aber eine richtige »Pappe« daraus – das brachte der Malve dann auch den Namen »Pappel« ein. Außerdem besitzt die Pflanze einen hohen Gehalt an Vitaminen. Sie wirkt magenanregend, schleimlösend und hilft gegen Husten. Und so können Sie heilsamen Malventee selbst herstellen: Etwa 2 Teelöffel geschnittene Blüten oder Blätter werden mit ¼ l lauwarmen Wasser übergossen. Lassen Sie das Ganze dann unter gelegentlichem Umrühren einen Tag lang ziehen. Nach dem Abseihen ist der Tee fertig. Bei Entzündungen in Mund und Rachen ist er ein gutes Gurgelmittel. Junge, frische Blätter der »Käsepappel« liefern außerdem ein schmackhaftes Gemüse, das Sie wie Spinat zubereiten können.

Die Malve braucht viel Sonne und lockere, nährstoffreiche Böden zum guten Gedeihen. Direkt am Gartenzaun wirkt ihr Blütenschmuck besonders reizend. Lassen Sie die biegsamen Stengel ruhig nach außen wuchern. Ein derart »verkleideter« Zaun ist auch von außen ein hübscher Anblick.

Wilde Malve

Wegwarte

# Wildkräuter im Bauerngarten

## Wegwarte
### *Cichorium intybus*

Verzauberte Jungfrau, Zichorie, Wegleuchte und Sonnenwedel wird die hübsche Blume genannt. Sie blüht fast überall in Europa auf Weideflächen, Brachland und an Wegrändern. Die Wegwarte ist die Stammpflanze des Zichories und auch mit der Endivie eng verwandt. Bis zu 130 cm Höhe kann die sperrige Pflanze erreichen. Aus einer Pfahlwurzel, die bitteren Milchsaft enthält, wächst eine Rosette aus löwenzahnähnlichen Blättern. Sie sind dunkelgrün gefärbt und auf der Unterseite mit borstigen Haaren überzogen. Auch die kantigen, steifen und stark verästelten Stengel sind fein behaart. An ihnen sitzen kleinere, lanzenförmige, buchtig gezähnte Blätter, die den Stengel umfassen. Von Juni bis September ist die Pflanze übersät von himmelblauen Zungenblüten. Die Blumen öffnen sich meist nur vom frühen Morgen bis gegen Mittag.

Wahre Wunder traute man der Wurzel der »Verzauberten Jungfrau« zu, wenn sie am St. Peterstag mit einem Hirschgeweih ausgegraben wurde. Wer sie bei sich trug, verfehlte beim Schießen niemals das Ziel und war selbst vor jeder Kugel sicher. Und sogar wenn man im Schlafe mit Stricken gebunden wurde, fielen sie beim Erwachen sofort ab.

Schon Plinius rühmte die Wegwarte als wertvolle Speisepflanze. Die geröstete Wurzel diente lange Zeit – auch während der beiden Weltkriege – als bitterer Kaffeersatz. Neben Inulin enthält die Pflanze Gerb- und Mineralstoffe, Eiweiß, Kautschuk und den Bitterstoff Intybin. Sie wirkt appetitanregend, blutreinigend und fördert die Gallensekretion. Übergießen Sie einen Teelöffel getrockneter Blätter und Blüten mit $\frac{1}{4}$ l kochendem Wasser und lassen Sie das Ganze vor dem Abseihen etwa 10 Minuten ziehen. Sie können auch im Herbst gesammelte und getrocknete Wurzelstückchen verwenden. Diese brauchen aber mehr Zeit, bis sie ihre Wirkstoffe abgegeben haben. Deshalb sollten sie den Wurzeltee 15–20 Minuten ziehen lassen. Frische, junge Blätter der Wegwarte können auch als würziger Salat gegessen werden. Die leuchtend blauen Blumen der Wegwarte sind eine Zierde für jeden Garten. Ideal ist für sie ein trockener Standort in voller Sonne. Sie wirkt besonders dekorativ in Verbindung mit Schafgarbe, Mohn und Königskerze.

Eine hübsche Bereicherung für den Garten – Wildkräuter, die sich von selbst angesiedelt haben.

## Pflanzen rund um den Bauerngarten

Die kunterbunte Pflanzenwelt ist mit dem Zaun des Bauerngartens noch lange nicht zu Ende. Große Obst- und Hausbäume bilden einen dichten, grünen Mantel um den Bauernhof. Das Haus selbst ist häufig eingerahmt von blühendem, früchtetragenden Spalierobst. Und manchmal wirkt es wie eingesponnen in einem dichten Netz aus Efeu, Weinlaub oder blütenübersäten Waldreben.

Aber auch sonst treibt die Phantasie Blüten – Blumen schmücken Fenster und Balkon des Bauernhauses. Und vor der Haustür gedeiht in allen nur erdenklichen Behältern – von der ausgedienten Emailleschüssel bis hin zum ehemaligen Schmalztopf – ein bunter Blütenflor.

Diese grüne Welt außerhalb des Gartens macht die Harmonie erst perfekt. Sie rundet das Gesamtbild ab, ist gewissermaßen das »Tüpfelchen auf dem i«. Vergessen Sie also nicht bei der Gestaltung Ihres Gartens, die unmittelbare Umgebung miteinzubeziehen.

## Kübel- und Fensterpflanzen – das »mobile« Grün

Einige besonders schöne Zierpflanzen eigenen sich auf die Dauer nicht für unser Klima. In den Garten gepflanzt, würden die frostempfindlichen Gewächse aus dem sonnigen Süden den Winter nicht überstehen. Deshalb werden die Stauden, Büsche und Bäumchen in Behältern gezogen. Diese transportablen »Mini-Gärten« lassen sich so ganz einfach vor dem Frost in Sicherheit bringen.

Auch sonst haben die beweglichen Pflanzen viele Vorteile. Für begeisterte Hobby-Gärtner in Raumnöten sind sie geradezu ideal. Denn der Garten muß nicht zwangsläufig dort zu Ende sein, wo die Erde aufhört. Auch gepflasterte Flächen können Sie leicht in ein grünes Paradies verwandeln. Und in eines mit vielen Varianten noch dazu. Denn das »mobile« Grün dürfen Sie ruhig umstellen, wenn Ihnen der Sinn nach einer Veränderung steht. Sie

**Beliebte bäuerliche Kübelpflanzen**

| | |
|---|---|
| Engelstrompete | – *Datura suaveolens* |
| Fuchsie | – *Fuchsia hybrida* |
| aufrechte Geranie, Gürtelpelargonie | – *Pelargonium zonale* |
| Glockenblume | – *Campanula fragilis* |
| Hortensie | – *Hydrangea macrophylla* |
| Myrte | – *Myrtus communis* |
| Oleander | – *Nerium oleander* |
| Palmlilie | – *Yucca gloriosa* |
| Passionsblume | – *Passiflora caerulea* |
| Rosmarin | – *Rosmarinus officinalis* |
| Schildblume, Sternschild, Schusterpalme | – *Aspidistra elatior* |
| Schmucklilie | – *Agapanthus africanus* |
| Spindelstrauch | – *Euonymus japonica* |
| Wandelröschen | – *Lantana camara* |
| Zierspargel | – *Asparagus sprengeri* |
| Zitronengeranie | – *Pelargonium citriodorum* |

müssen nur darauf achten, daß die Pflanzen einen windgeschützten, sonnigen Platz erhalten. Ein Standort vor der Hauswand oder unter einem Balkon eignet sich besonders gut dafür. Auch der Hauseingang wird auf dem Land häufig durch größere Kübelpflanzen betont. Am besten wählen Sie zu diesem Zweck zwei gleichartige Gewächse – wie z. B. Oleander – die Sie zu beiden Seiten der Haustüre aufstellen. Mit Hilfe der beweglichen Pflanzen können Sie auch den Platz um die Hausbank reizvoll gestalten. Umgeben von den blühenden, duftenden Gewächsen läßt sich hier der Feierabend so richtig genießen. So ein lauschiges Plätzchen ist leicht zu zaubern. Sie müssen dabei nur als wichtige Grundregel beachten, daß das »mobile« Gärtchen nicht in einer Ebene angelegt werden sollte. Denn in »preußisch-strenger Marschordnung« verlieren die Pflanzen viel von ihrer Wirkung. Kombinieren Sie statt dessen lieber unterschiedlich hohe und breite Gewächse miteinander. Selbstverständlich müssen die starkwüchsigen Pflanzen in den Hintergrund gerückt werden. Dadurch schaffen Sie einen stufenartigen Aufbau. Das ist wichtig, damit alle Gewächse genügend

Licht und Luft erhalten und sich nicht gegenseitig ins Gehege kommen. Außerdem können Sie bei so einem »Terrassen-Gärtchen« alles gut überblicken – vom kleinsten Topfpflänzchen im Vordergrund bis zu den dahinterstehenden Büschen und Bäumchen.

Nach den Ansprüchen der jeweiligen Pflanze werden die Pflanzgefäße ausgewählt. Große, buschige Gewächse benötigen auch entsprechend geräumige, tiefgründige Behälter. Die großen Gefäße können Sie meist in zwei »Etagen« bepflanzen. Setzen Sie einfach zu Bäumchen und Büschen kleine, einjährige »Untermieter« mit flachen Wurzeln. Steinkraut *(Alyssum maritimum)*, Lobelien *(Lobelia erinus)* und Studentenblumen *(Tagetes)* sind u. a. dafür geeignet.

In Pflanzgefäßen aus natürlichem Material kommt das »mobile« Grün am besten zur Geltung. Gut zum Bepflanzen eignen sich Holzkübel und halbierte Fässer mit Tragegriff, die Sie in allen möglichen Größen kaufen können. Wenn sie aus Eichenholz gefertig wurden, halten sie viele Jahre. Auch alte Steintröge sind zum Bepflanzen ideal. Aber nur die kleinen Exemplare sind dann noch einigermaßen »mobil«. Die großen, schweren Tröge bepflanzen Sie am besten mit winterharten oder einjährigen Gewächsen. Die handgeformten, frostbeständigen italienischen Terrakotta-Gefäße mit ihrer warmen, rotbraunen Erdfarbe sind von besonderer Schönheit. Die Erinnerung an Gärten längst vergangener Zeit erwacht beim Anblick der stilvollen Gefäße. Terrakotten können Sie entweder direkt aus Norditalien,

zum Beispiel Florenz, beziehen oder – allerdings teurer – im Gartenfachhandel kaufen. Für einen Hauch von Nostalgie sorgen auch bepflanzte alte Tontöpfe oder geflochtene Weidenkörbe. Lassen Sie Ihrer Phantasie bei der Gestaltung Ihres »mobilen« Gärtchens ruhig einmal freien Lauf. Vergessen Sie dabei aber auch die praktische Seite nicht! Sämtliche Pflanzgefäße müssen unbedingt Abzugslöcher im Boden haben, damit überschüssiges Wasser leicht abfließen kann. Mit einer Schicht Kies oder Blähton am Grund des Behälters können Sie für zusätzliche Dränage sorgen. Alte Tontöpfe aus Großmutters Küche – die natürlich kein Loch im Boden haben – verwenden Sie am besten als Übertöpfe. Was an Wasser zuviel ist, können Sie dann leicht abgießen.

Bis zum Herbst bleiben die frostempfindlichen Pflanzen im Freien, dann müssen sie vor der Kälte in Sicherheit gebracht werden. Sorgen Sie für einen kühlen, aber frostfreien Standort, der gleichzeitig hell und luftig sein muß. Irgendeine dunkle Kellerecke ist für diesen Zweck keinesfalls geeignet. Ein ungeheiztes Schlafzimmer oder ein Flur mit einer großen Fenstertür sind als Winterquartier ideal. Während der Ruhezeit in den dunklen Monaten müssen die Pflanzen »mit Gefühl« gegossen werden. Der Wurzelballen darf weder strohtrocken noch tropfnaß sein. Wie überall ist auch hier der »goldene Mittelweg« genau das Richtige. Mit der Zeit entwickeln Sie aber bestimmt ein Gespür dafür, wie Sie Ihre Topf- und Kübelpflanzen sicher über die schwierige Winterzeit bekommen.

Rosmarin und Myrte werden von den Bäuerinnen schon seit vielen Jahrhunderten als Topfpflanzen gepflegt. Die anderen »mobilen« Gewächse, wie Engelstrompete und Oleander, sind auf dem Bauernhof noch nicht so lange zuhause. Auch der Brauch, das Bauernhaus mit blühenden Pflanzen zu schmücken, ist noch recht »neu«. Erst ab Mitte des 18. Jahrhunderts wurden die meisten dafür geeigneten einjährigen oder ausdauernden Blumen bei uns bekannt. Und dann dauerte es noch eine ganze Weile bis sie für jeden erschwinglich und damit »volkstümlich« wurden. Erst in unserem Jahrhundert kamen dann die »hängenden Gärten« vor den Fenstern und auf dem Balkon so richtig in Mode. Und besonders im Alpenvorland sind die farbenprächtigen Blumen als lebendiger Schmuck der Bauernhäuser nicht mehr wegzudenken.

### Beliebte bäuerliche Fenster- und Balkonpflanzen

| | |
|---|---|
| Fleißiges Lieschen | – *Impatiens walleriana* |
| aufrechte Geranie, Gürtelpelargonie | – *Pelargonium zonale* |
| Hängegeranie, Efeugeranie | – *Pelargonium peltatum* |
| Knollenbegonie | – *Begonia hybrida* |
| Pantoffelblume | – *Calceolaria hybrida* |
| Petunie | – *Petunia hybrida* |

Zum wettergebräunten Holz alter Bauernhäuser passen einfache Holzkästen als Behälter für die Blumen am besten. Aber auch sonst sind sie sehr empfehlenswert. Kästen aus Kunststoff oder Asbestzement haben zwar eine längere Lebensdauer, aber die Pflanzen kommen darin nicht so gut zur Geltung. Und auch wenn Sie kein »genialer« Tüftler sind, können Sie sich die Blumenkästen aus gehobelten Brettern leicht selbst zusammenbasteln. Oder stellen Sie – wie es früher üblich war – Geranien und andere Zierpflanzen doch einfach einzeln in Tontöpfen auf den Fenstersims. Allerdings müssen Sie die Blumen durch festangebrachte Leisten zusätzlich sichern – sonst fallen sie beim nächsten starken Wind womöglich herunter. Besonders für kleine Fenster sind einzelstehende Blumentöpfe praktisch. Denn sie lassen trotzdem noch genügend Licht ins Zimmer.

Mit der üppig-bunten Blumengesellschaft der »hängenden Gärten« können Sie nach Herzenslust in Farben und Formen schwelgen. Experimentieren Sie dabei ruhig ein wenig herum. So finden Sie am schnellsten Ihren ganz persönlichen Stil heraus. Mit etwas Phantasie können Sie Ihr Haus auf diese Weise förmlich »zum Blühen« bringen.

# Kletterpflanzen

## Pflanzen am Haus

Unsere Gärten heute sind klein und sie werden immer kleiner. Aber selbst auf wenig Raum können Sie ein Gartenparadies zaubern. Denn Paradiese sind bestimmt nicht von der Größe abhängig. Und es kommt nicht nur auf die Grundfläche des Gartens an – Sie dürfen auch die Höhe nicht vergessen! Sie steht Ihnen (fast) unbegrenzt zur Verfügung. Gehen Sie also bei der Planung Ihres Gartens auch ruhig »in die Luft«. Kletter- und Schlingpflanzen sind für solche Zwecke ideal. Alte Bauernhäuser liefern dafür die besten Beispiele. Hier kann man sehen, wieviel Reiz und Atmosphäre diese Pflanzen bringen. An einem warmen Platz an der geschützten Hauswand gedeiht oft ein uralter, knorriger Weinstock. *Clematis,* Glyzinen oder Kletterrosen ranken anmutig an den Stützen des Balkons hinauf. Und selbst im tiefen Schatten der Nordseite klimmt noch ein Efeu in die Höhe. Dieser grüne, blühende »Mantel« aus Pflanzen ist mit ein Grund, warum sich alte Bauernhäuser so gut in die Land-schaft einfügen. Denn die »Kletterkünstler« bringen die Natur bis ans Haus, direkt bis zur Eingangstür. Und sie verbinden Haus und Garten miteinander. Die sonst so scharfen Gegensätze zwischen Architektur und Garten werden »verwischt«, sie gehen fließend ineinander über. Manchmal ist bei alten Bauernhäusern die »Durchmischung« so gut gelungen, daß sich kaum mehr feststellen läßt, wo nun eigentlich der Garten aufhört und das Haus beginnt. Diese Häuser sind förmlich in ihre Umgebung »eingewachsen«.

Es muß aber nicht unbedingt ein Bauernhaus sein, das mit Kletterpflanzen berankt wird. Selbstverständlich steht auch allen anderen Haustypen so ein natürlicher, blütenübersäter »Vorhang« gut zu Gesicht. Und besonders einem Neubau nimmt der schnellwachsende Knöterich, eine reichblühende Kletterrose oder eine Waldrebe die Härte. Deshalb sollte vor der Hauswand auch immer ein Streifen Erde bleiben, damit die Pflanzen Platz finden. Und um ihren Fuß herum können Sie bunte Blumen und Kräuter setzen. Das sieht nicht

nur schön aus, sondern bringt gleichzeitig auch Nutzen. Denn einige der sonnenhungrigen »Kletterkünstler«, wie *Clematis* und Glyzine, haben es im Wurzelbereich gerne feucht und kühl. Und am besten gedeihen sie, wenn sie hier überhaupt nicht von den Sonnenstrahlen erreicht werden.

Das »Märchen«, daß Kletterpflanzen die Mauer schädigen, können Sie getrost vergessen. Eingehende Forschungen haben bewiesen, daß mit Pflanzen bewachsenes Mauerwerk keineswegs feuchter ist als freistehendes. Und die Haftwurzeln zerstören auch nicht den Verputz, wie so oft behauptet wird. Außerdem muß es ja nicht unbedingt eine der selbstklimmenden Pflanzen mit Haftwurzeln sein. Wie wär's denn mit einer Rankpflanze am Spalier? Wenn das Klettergerüst etwa 5 cm Abstand zur Wand erhält, dürften selbst die allerletzten Bedenken zerstreut sein. Noch dazu ist so ein Spalier besonders praktisch. Wenn Sie einmal die Wand neu streichen wollen, können Sie es mit der Kletterpflanze daran einfach zurückklappen. So kommen Sie problemlos an die dahinterliegende Fläche heran, ohne die Pflanze zu schädigen.

Neben dem Spalier aus Holzlatten ist auch eine Rankhilfe aus kunststoffummantelten Drähten möglich, die entlang der Mauer gezogen werden. Sie sind freilich nicht so dekorativ wie ein Klettergerüst aus Holz. Schwachwüchsige Schlinger, wie die großblütigen Clematissorten, finden sogar an Nylonfäden noch eine »Aufstiegsmöglichkeit«. Eine Rankhilfe benötigen die Kletterpflanzen ohne Haftwurzeln aber in jedem Fall, wenn sie glatte Wände begrünen sollen.

Selbstverständlich können die »Kletterkünstler« auch im Garten gepflanzt werden. Besonders der Gartenzaun wird durch die Pflanzen zur Augenweide. Und rostige Drahtzäune kann man unter dem dichten Blattwerk und der Blütenfülle leicht verstecken. Einjährige Kletterpflanzen sind für diesen Zweck sehr gut geeignet. Und wenn Sie öfter mal eine andere Art wählen, erhält Ihr Gartenzaun immer wieder ein neues »Gesicht«. Aber auch die ausdauernde Waldrebe ist häufig am Zaun der

Bauerngärten zu finden. Oder wie wäre es, wenn Sie einfach eine üppig blühende Kletterrose oder eine Trichterwinde in einen Obstbaum hineinwachsen lassen? Eine mit Kletterpflanzen überwucherte Gartenlaube ist ein besonders gemütlicher und heimeliger Sitzplatz. Wer sich ein wenig umsieht, entdeckt bestimmt noch viele weitere Verwendungsmöglichkeiten.

Folgende Kletter- und Schlingpflanzen sind zur Begrünung von Bauerngarten und Haus geeignet:

---

**ausdauernde Kletterpflanzen**

| | |
|---|---|
| Blauregen, Glyzine | – *Wisteria sinensis* |
| Clematis, Waldrebe | – *Clematis*-Hybriden (großblumig) *Clematis montana* (kleinblumig) |
| Efeu | – *Hedera helix* |
| Geißblatt, Jelängerjelieber | – *Lonicera caprifolium* |
| Knöterich | – *Polygonum aubertii* |
| Platterbse | – *Lathyrus latifolius* |
| Echter Wein | – *Vitis vinifera* |
| Wilder Wein, Jungfernrebe | – *Parthenocissus tricuspidata* 'Veitchii' *Parthenocissus quinquefolia* |
| Trompetenblume | – *Campsis radicans* *Campsis grandiflora* |

**einjährige Kletterpflanzen**

| | |
|---|---|
| Edelwicke | – *Lathyrus odoratus* |
| Glockenrebe | – *Cobaea scandens* |
| Kapuzinerkresse | – *Tropaeolum majus* |
| Schwarzäugige Susanne | – *Thunbergia alata* |
| Trichterwinde | – *Ipomoea purpurea* *Ipomoea tricolor* |

---

Kletter- und Schlingpflanzen sind nicht nur besonders dekorativ – mit ihrer Hilfe läßt sich auch dieser oder jener Mangel gnädig verbergen und vielleicht sogar zu einem besonders reizvollen Anziehungspunkt umgestalten. Das trifft nicht nur für den Garten zu, sondern auch für Häuser. Nicht umsonst ist zum Beispiel der Schlingeknöterich auch unter dem Namen »Architektentrost« bekannt.

# Der Baumgarten

## Obstbäume – Nutzen und Zierde

Früher waren die Bäume heilig – nach altem Glauben lebten in ihren Kronen Götter und Schutzgeister. Und zu den Obstbäumen hatten unsere Vorfahren eine ganz besondere Beziehung. So einen Baum pflanzte man zur Hochzeit und zur Geburt eines jeden Kindes. Das war dann der »Schicksalsbaum« – von seinem mehr oder weniger guten Gedeihen schloß man auf die Entwicklung des jungen Menschen. Obstbäume waren kein seelenloses Stück Holz, sondern Lebewesen mit Anteil am Leben auf dem Hof. So war es Brauch, daß der Tod des Bauern nicht nur dem Vieh im Stall, sondern auch den Obstbäumen verkündet wurde. Denn von jeher war allein der Bauer für ihre Pflege zuständig, während der Garten das Reich der Bäuerin ist.

Daß Obstbäume besonders geachtet waren, zeigt sich auch in den alten Volksrechten. Nach dem »Lex Salica« (um 500 n. Chr.) wurde Obstdiebstahl streng bestraft. Der Übeltä-

ter mußte Schadenersatz leisten und obendrein noch 15 Schilling Buße zahlen. Das Eindringen in einen Gemüsegarten war anscheinend weniger schlimm – das kostete nur 3 Schilling Strafe. Auch im »Lex Baiuvariorum« (8. Jahrhundert n. Chr.) wurde Obstfrevel als gravierendes Vergehen angesehen. Dort heißt es übersetzt: »Von Obstgärten und ihrer Buße: 1. Wenn einer einen fremden Garten aus Neid umgräbt oder Fruchtbäume aushaut, wo deren 12 oder mehr standen, der büße zunächst 40 Schilling; 20 dem Eigentümer des Obstgartens und die anderen 20 dem Fiskus, weil er gegen das Gesetz gehandelt und er pflanze dort andere gleichwertige Bäume an, und büße jeden (abgehauenen) Baum mit einem Schilling, bis jene Bäume selbst Frucht tragen, die er gepflanzt hat.«

Schon zur damaligen Zeit waren Baumgarten und Gemüseland streng voneinander getrennt. Und das ist bis heute auf dem Land so geblieben. Aber häufig schließt sich der Obstgarten direkt an den Bauerngarten an. Weil die Bäume meist locker und in größeren Abständen zusammenstehen, wächst unter ihren Kronen viel saftiges Gras. Es kann gemäht werden, oder es dient Kälbern und Schafen als Weide. Und auch das Federvieh hat hier häufig seinen Auslauf.

Das traditionelle »Bauernobst« kann vom Aussehen her mit unseren hochgezüchteten Edelsorten kaum konkurrieren – es ist um einiges kleiner. Noch dazu hat es hier und da ein paar Flecken und vielleicht auch mal einen Wurm – weil es in der Regel nicht gespritzt wird. Dafür haben sich die alten Obstsorten über viele Generationen – manchmal sogar Jahrhunderte lang – bewährt. Leder-, Zwiebel-, Spitz- und Schlotterapfel, sowie Wasser-, Mehl-, Butter-, Honig- und Muskatellerbirne gehören zu den alten Sorten, die man auch heute noch auf dem Bauernhof finden kann. Das »Bauernobst« ist äußerst anspruchslos und besonders widerstandsfähig gegen Schädlinge und Krankheiten. Außerdem ist es weniger frostempfindlich als die Edelsorten und bringt regelmäßig reiche Ernte.

Aber auch die robusten Obstbäume gedeihen nicht überall gleich gut. Sorten, die an einem Ort sehr ertragreich sind, können schon ein paar Kilometer weiter – durch andere Klima- und Bodenverhältnisse – ziemlich enttäuschen. Daran sollten Sie denken, wenn Sie Obstsorten für Ihren Garten auswählen. Am besten erkundigen Sie sich bei einem älteren Bauern nach den Namen von bewährten Sorten, die für Ihre Gegend typisch sind. Vielleicht stehen diese Bäume sogar in seinem Obstgarten und Sie dürfen die Früchte einmal probieren, bevor Sie sich endgültig entscheiden. Sicher kann Ihnen auch der örtliche Gartenbauverein bei der Auswahl behilflich sein. Zum Glück sind jetzt viele robuste, altbewährte Sorten auch wieder im Angebot der Baumschulen zu finden.

Typisch für den Baumgarten des Bauernhofs ist das Hochstammobst. Kriechendes Buschobst ist eine »Erfindung« unserer Tage – für den Anbau in großen Plantagen. Für solche Bäumchen braucht man natürlich keine Leiter mehr, man spart dadurch Zeit und Geld. Aber schon nach wenigen Jahren haben sie sich so verausgabt, daß sie ersetzt werden müssen. Hochstämme wachsen langsam und es dauert länger, bis sie das erste Mal Früchte tragen. Aber dafür wird so ein Baum auch uralt. Und er ist nicht bloß zum Obstlieferanten »degradiert«, sondern hat »Familienanschluß«. In seiner Krone unternehmen Kinder ihre ersten Kletterversuche und es findet sich vielleicht sogar Platz für ein Baumhaus. Und an einen besonders starken Ast kann man eine Schaukel hängen. Außerdem läßt es sich unter seinem schützenden Blätterdach herrlich faulenzen und träumen. Und pflückfrisches Obst aus dem eigenen Garten gibt es noch obendrein. Besonders den Kindern macht das Ernten und Naschen großen Spaß. Wenn Sie genügend Platz im Garten haben, könnten Sie Ihrem Kind, nach dem alten liebenswerten Brauch, einen Baum schenken. Einen Obstbaum, der ihm ganz allein gehört, der mit ihm wächst und groß wird. Das ist bestimmt ein schöneres Geschenk als das soundsovielte Spielzeug, das doch bald zerbrochen in der Ecke liegt. Die großen Obstbäume beanspruchen natür-

# Der Baumgarten

lich eine Menge Platz. Wenn Ihr Garten dafür nicht ausreicht, dann pflanzen Sie doch einfach Spalierobst direkt an die Hauswand. Das nimmt nur wenig Platz ein. Ein weiterer Vorteil ist, daß im Schutz der Wand sogar frostempfindliches Obst noch gut gedeiht. Auch in rauherem Klima können Sie so Pfirsiche und Aprikosen ernten. Allerdings muß dieses Obst dann unbedingt in Südlagen gepflanzt werden. Birne, Sauerkirsche und Apfel entwickeln sich auch im Südwesten und Osten der Hauswand noch sehr gut. Auf der »Wetterseite«, also im Westen, wachsen in der Regel nur noch frühe Birnensorten zufriedenstellend. Doch das Spalierobst ist nicht nur wegen der Früchte beliebt. Mit seinem grünen Laub und den zahlreichen Blüten im Frühjahr ist es außerdem noch ein besonders hübscher Blickfang.

## Der Hausbaum

Früher gehörte zu jedem Bauernhof auch ein Hausbaum. Heute stehen viele Häuser nackt und bloß – jede »Bausünde« sticht sofort ins Auge. Dabei können große Bäume viel Negatives verschleiern und verdecken. Langweilige, öde Fassaden werden durch sie aufgelokkert, hochgeschossene Silos und »klotzige« Wirtschaftsgebäude in die Landschaft eingebunden und verstreut stehende Bauten optisch zusammengerückt. Und ein schönes Haus wird durch einen Hausbaum noch hervorgehoben. Zu den typischen Hausbäumen auf dem Land gehören:

| | |
|---|---|
| Bergahorn | – *Acer pseudoplatanus* |
| Spitzahorn | – *Acer platanoides* |
| Roßkastanie | – *Aesculus hippocastanum* |
| Esche | – *Fraxinus excelsior* |
| Stieleiche | – *Quercus robur* |
| Traubeneiche | – *Quercus petraea* |
| Winterlinde | – *Tilia cordata* |
| Sommerlinde | – *Tilia platyphyllos* |
| Bergulme | – *Ulmus glabra* |
| Feldulme | – *Ulmus carpinifolia* |
| Walnuß | – *Juglans regia* |

Wenn Sie einen größeren Garten besitzen, empfiehlt sich ein Walnußbaum *(Juglans regia)*. Besonders in Altbayern ist er schon lange Tradition. Er liefert nicht nur schmackhafte Nüsse, sondern hält auch Fliegen und andere lästige Insekten fern. Wenn Sie mit dem Platz sparen müssen, können Sie auch Obst- und Hausbaum miteinander kombinieren. Ein großkroniger Apfel- oder Birnbaum eignet sich für diesen Zweck besonders gut und es gibt nur wenige Zierbäume, die so schön blühen. Nicht so groß werden Quitte und Mispel *(Mespilus germanica)*. Sie sind deshalb besonders gut für kleine Gärten geeignet. Ihre Früchte können Sie zu Gelee und Marmelade verarbeiten. Verhältnismäßig wenig Platz benötigen auch Eberesche *(Sorbus aucuparia)*, Weißdorn *(Crataegus monogyna)* und Rotdorn *(Crataegus oxyacantha* 'Paul's Scarlet'), die aber dann ungeschnitten bleiben.

Für welchen Hausbaum Sie sich auch entscheiden – wählen Sie auf jeden Fall einen Laubbaum. Nadelbäume passen besser in den Wald. Denn sie werfen auch im Winter Schatten, wenn man sich über jeden Sonnenstrahl freut. Laubbäume bringen Abwechslung und Leben in den Garten. Sie haben zu jeder Jahreszeit ein neues »Gesicht«. Bei den vielen Vorzügen fallen ein paar Stunden, die man für das Zusammenrechen des Laubes »opfern« muß, bestimmt nicht ins Gewicht. Und wertvollen Kompost gibt es damit noch obendrein.

# Hausgärten nach Bauerngarten-Art

## Der neuangelegte Bauerngarten

Gehören Sie vielleicht zu den glücklichen Besitzern eines schönen alten Bauernhauses und möchten sich einen dazu passenden Garten anlegen? Dann halten die folgenden Seiten sicher noch einige interessante Anregungen für Sie bereit. Damit fällt es Ihnen bestimmt nicht mehr schwer, Ihre Gartenträume in die Tat umzusetzen.

Aber auch, wenn Sie nicht auf einem Bauernhof zu Hause sind, können Sie getrost die Grundideen des Bauerngartens für Ihre Gartenanlage übernehmen. Denn ein wenig heile Welt paßt schließlich überall. Und warum sollte man auf Weisheiten, die sich in vielen Jahrhunderten angesammelt und bewährt haben, verzichten? Außerdem hat ja auch der Bauerngarten im Laufe der Zeit bei anderen historischen Gärten Anleihen genommen. Kloster-, Burg- und Bürgergärten, genauso wie die noblen Gärten des Adels haben ihn in seiner Entwicklung beeinflußt. Und es ist schließlich noch gar nicht so lange her, daß es »Bauerngärten« mit viel Gemüse und Kräutern auch in den großen Städten gab.

Ohne ein wenig Fingerspitzengefühl kommen Sie allerdings bei der Anlage des Gartens nicht aus. Ein »altmodischer« Bauerngarten mit Blumenrondell und buchsgesäumten Pfaden paßt nun einmal nicht zum supermodernen Flachdachbungalow mit Glasbausteinen und Aluminium. Aber ein paar bunte Blumen und würzige Kräuter aus dem Bauerngarten sind auch hier ein hübscher Blickfang.

Als Besitzer eines größeren Grundstücks könnten Sie beispielsweise Ihren Nutzgarten dem Bauerngarten nachempfinden. Dann bräuchten Sie ihn nicht mehr – wie vielleicht bisher – schamhaft in der hintersten Ecke Ihres Grundstücks zu verbergen.

Auf dem Land greift man jetzt – nach den »Bausünden« der vergangenen Jahre – auch immer häufiger auf altbewährte Bautraditionen zurück. Es gibt glücklicherweise schon viele Neubauten, bei denen wieder alles stimmt – von der richtigen Dachneigung und den Proportionen der Fassade bis hin zu den Sprossenfenstern. Solche Häuser fügen sich harmonisch in das Ortsbild ein. Und ihnen steht auch ein Bauerngarten gut zu Gesicht.

Sogar in der Stadt brauchen Sie auf Ihre Bauerngarten-Träume nicht zu verzichten! Mit Blumen und Kräutern können Sie Ihren Vorgarten in ein duftendes Blütenwunder verwandeln. Oder Sie legen sich Ihren Reihenhausgarten mit Elementen und typischen Pflanzen aus dem Bauerngarten an.

Es gibt also eine ganze Reihe von Möglichkeiten, wie Sie Ihre ganz persönlichen Gartenträume verwirklichen können.

## Vorgarten mit Bauernblumen – liebenswürdig und pflegeleicht

Das Stück Garten vor der Haustür ist – besonders bei Neubauten – meist ziemlich klein geraten. Und oft weiß man dann nichts rechtes mit so einem winzigen Reststück anzufangen. Den vielen Vorgärten mit ein wenig Rasen und den obligatorischen drei Krüppelkoniferen in der Mitte sieht man die Ratlosigkeit ihrer Besitzer deutlich an.

Freilich ist bei der Gestaltung so eines Mini-Gärtchens der Spielraum begrenzt. Aber das ist noch lange kein Grund, dieses Stückchen Boden einfach links liegen zu lassen. Denn mit ein wenig Phantasie läßt sich schon auf ein paar Quadratmetern ein bunter Blütentraum zaubern. So ein Gärtchen trägt dann unverwechselbar die »Handschrift« des Gärtners oder der Gärtnerin, die es angelegt haben. Und die vielen blühenden Blumen sind die reizendste »Visitenkarte«, die man sich denken kann. Darüberhinaus ist so ein farbenfroher Blickfang auch eine Bereicherung für den Straßenraum. Die bunten Blumen aus dem Bauerngarten sorgen für Leben in den grauen Straßen und bringen ein wenig Licht in den Alltag der Vorübergehenden. Durch üppig blühende Vorgärten wird ein Spaziergang durch die Straßen ein richtiges Erlebnis!

Wie verschiedenartig Sie im übrigen Ihr Vorgärtchen gestalten können, zeigen Ihnen die folgenden Vorschläge.

# Hausgärten nach Bauerngarten-Art

## Vorgarten mit Sommerblumen

Wie wäre es denn, wenn Sie Ihr Mini-Gärtchen vor dem Haus ganz allein mit Sommerblumen gestalten? Diese Gartenidee ist besonders für Menschen gedacht, die gerne »aus dem Vollen schöpfen« und einen Sinn für das »Wildromantische« haben. Hier können Sie einmal nach Herzenslust in den Farbtopf von Mutter Natur greifen und mit Blumen malen. Anstelle des Pinsels verwenden Sie einfach Samentüten. Es müssen natürlich besonders robuste Sommerblumen – wie Mohn, Lein, Königskerze, Ringelblume und Kamille – sein, die Sie hier ausstreuen. Also solche, die ohne Vorkultur auskommen. Auch sonst sind kaum Pflegemaßnahmen nötig. Diese »pflegeleichten« Blumen wirken besonders natürlich. Man spürt die Menschenhand kaum, die für dieses Feuerwerk an Farben gesorgt hat. Aber ein wenig Ordnung sollte doch sein! Säen Sie die einzelnen Arten gleich in größeren Flecken an. Das wirkt optisch besser und die intensiven, leuchtenden Farben der einzelnen Arten kommen gut zur Geltung. Bei den hohen, ohnehin recht auffälligen Blumen, wie Königskerze und Stockrose, reicht es aber schon aus, wenn ein paar zusammenstehen.

Sommerblumen blühen unermüdlich einige Monate hindurch. Bis zu den ersten Frostnächten im Herbst schmücken sie als bunte Farbtupfer den Garten. Allerdings setzt ihre Blüte erst Ende Mai ein. Mit Frühlingsblühern wie Krokus, Tulpen, Narzissen, Hyzinthen, Stiefmütterchen und Maßliebchen können Sie zuvor schon in Ihrem Vorgarten farbenfrohe Akzente setzen. Eine Bordüre aus himmelblauen Vergißmeinnicht sorgt zusätzlich für eine fröhliche Note. Die Zwiebelgewächse ziehen schon bald nach der Blüte ein, so daß sie in dem Meer von Sommerblumen bestimmt nicht störend wirken. Und anstelle der verblühten Vergißmeinnicht tritt im Sommer eine Reihe aus gelben und orangefarbenen Ringelblumen. So eine lebende Einfassung ist ein besonders hübscher Rahmen für das Mini-Gärtchen vor dem Haus. Dahinter blüht und gedeiht es nach Bauerngarten-Manier in vielen bunten Farben. Resede und Kamille sorgen mit ihrem intensiven Duft für zusätzliche Nasenfreuden.

Einen Vorschlag, wie Sie die Sommerblumen zusammenstellen können, finden Sie gleich auf der Seite nebenan.

Ein paar Tricks helfen, die Blütezeit verschiedener Sommerblumen zu verlängern. Lein und Mohn zum Beispiel können Sie – von März bis Mai, in einigen Intervallen, aussäen. So gibt es gleich mehrere Blütenhöhepunkte. Ringelblume und Nigella blühen länger, wenn Verblühtes gleich entfernt wird. Einige Samenstände sollten Sie aber von jeder Art ausreifen lassen, damit sich die Blütenpracht im nächsten Jahr wiederholt.

Münchner Stadtpflaster

Granitmittelpflaster

1 Jungfer im Grünen, *Nigella damascena*, 12 Stück ⊙
2 Kamille, *Matricaria chamomilla* ⊙
3 Königskerze, *Verbascum densiflorum*, 6 Stück ⊙
4 Lein, *Linum grandiflorum*, 22 Stück ⊙
5 Mohn, *Papaver rhoeas*, 29 Stück ⊙

6 Resede, *Reseda odorata*, 10 Stück ⊙
7 Ringelblume, *Calendula officinalis* ⊙
8 Rittersporn, *Delphinium consolida*, 32 Stück ⊙
9 Schleierkraut, *Gypsophila elegans*, 15 Stück ⊙
10 Stockrose, *Alcea rosea*, mit roten, ungefüllten Blüten, 15 Stück ⊙

Lebensdauer der Pflanzen:  ⊙ einjährig  ⊙ zweijährig

# Hausgärten nach Bauerngarten-Art

## Vorgarten mit Stauden und Sommenblumen

Ein reizvoller Blickfang ist auch ein »Gemisch« von vielen Bauerngartenblumen. Langlebige Blütenstauden, bunte Sommerblumen und reichblühende, duftende Rosen fügen sich zu einem harmonischen Ganzen. Die ausdauernden Pflanzen geben bei diesem Mini-Gärtchen den Ton an, denn sie haben auf Jahre hinaus ihren festen, angestammten Platz. Nur die Lücken dazwischen werden mit Sommerblumen gefüllt. So ein Gärtchen ist genau das richtige für Menschen, die neben dem Schönen auch das Beständige lieben. Wenn Sie gerne zusehen möchten, wie sich Pfingstrose und Madonnenlilie von Jahr zu Jahr prächtiger entwickeln, dann sollten Sie Ihren Vorgarten auf diese Weise gestalten. An dem Rosenstrauch vor der Haustüre werden Sie auch nach vielen Jahren noch Ihre Freude haben.

Im folgenden Bepflanzungsplan können Sie sich Anregungen für die Anlage Ihres Vorgartens holen. Setzen Sie ruhig auch mal mittelhohe und hohe Pflanzen weiter nach vorne. Dadurch können überraschende und sehr reizvolle Einblicke entstehen. Wenn alles – ohne Ausnahme – nach der Wuchshöhe gestaffelt wird, sieht es zwar ordentlich, aber dafür auch recht langweilig aus.

Nicht nur Sommerblumen, auch Stauden haben gerne Gesellschaft. Deshalb sollten Sie immer mehrere Pflanzen einer Art zusammensetzen. Nur hohe oder besonders ausladende Stauden wie die Pfingstrose kommen auch einzeln gut zur Wirkung.

Einige Ihrer Lieblingsblumen sollten Sie zum optischen »Leitmotiv« wählen. Das bedeutet, daß diese Gewächse nicht nur einmalig vorkommen, sondern gleich an mehreren Stellen gepflanzt werden. Dadurch entsteht ein gewisser Rhythmus und die Pflanzung wirkt harmonischer.

Recht eindrucksvoll sieht es auch aus, wenn Pflanzen mit unterschiedlicher Wuchsform nebeneinander stehen. Setzen Sie also ruhig einmal eine Blume mit kompaktem, gedrungenem Aussehen neben eine mit filigranartigem Aufbau. Oder pflanzen Sie einfach kleinblättrige Pflanzen neben großblättrige. Je stärker der Kontrast, desto größer kann die Wirkung sein.

Ein wenig Fingerspitzengefühl brauchen Sie für die Zusammenstellung der Farben. Sich »beißende« Farben nebeneinander sind bestimmt kein schöner Anblick. Um eine »Farbenschlacht« auf dem Beet zu vermeiden, sollten Sie beispielsweise nie Orange und Rot zusammenstellen. Auch Gelb und Rot vertragen sich meist nicht. Gut zusammen passen dagegen Blau und Gelb, Blau und Rosa, Violett und Gelb. Weiß können Sie unbesorgt mit allen anderen Farben variieren. Wenn Sie es zwischen zwei sich »beißenden« Farben stellen, wirkt es – ebenso wie Grün – neutralisierend.

100 cm

Klinkerpflaster

1 Bartnelke, *Dianthus barbatus*, 13 Stück ☉
2 Bechermalve, *Lavatera trimestris*, 4 Stück ☉
3 Federnelke, *Dianthus plumarius*, 10 Stück ♃
4 Gänsekresse, *Arabis × arendsii*, 27 Stück ♃
5 Goldrute, *Solidago × hybrida*, 1 Stück ♃
6 Kissenaster, *Aster dumosus*, 8 Stück ♃
7 Kletterrose 'New Dawn', 1 Stück ♃
8 Madonnenlilie, *Lilium candidum*, 14 Stück ♃
9 Margerite, *Chrysanthemum maximum*, 10 Stück ♃

10 Pfingstrose, *Paeonia officinalis* ♃
   'Rosea Plena', 1 Stück
11 Pfirsichblättrige Glockenblume, ♃
   *Campanula persicifolia*, 22 Stück
12 Phlox, *Phlox paniculata*, 8 Stück ♃
13 Polsterglockenblume, *Campanula* ♃
   *poscharskyana*, 32 Stück
14 Rittersporn, *Delphinium × cultorum*, ♃
   7 Stück

15 Salbei, *Salvia nemorosa*, 18 Stück ♃
16 Schafgarbe, *Achillea filipendulina*, 7 Stück ♃
17 Schleierkraut, *Gypsophila paniculata*, 1 Stück ♃
18 Schleifenblume, *Iberis sempervirens*, ♃
   21 Stück
19 Sonnenhut, *Rudbeckia sullivantii*, 5 Stück ♃
20 Vexiernelke, *Lychnis coronaria*, 9 Stück ♃
21 Zentifolie, *Rosa centifolia*, 1 Stück ♃

Lebensdauer der Pflanzen: ☉ einjährig ☉ zweijährig ♃ ausdauernd

# Hausgärten nach Bauerngarten-Art

## Der schattige Vorgarten

Häufig liegt das Gärtchen vor dem Haus auf der Schattenseite. Doch ist das kein Grund es »stiefmütterlich« zu behandeln. Denn auch für schwach besonnte Plätze gibt es schöne Pflanzen. Zwar geht es im Schatten nicht ganz so fröhlich-bunt zu, dafür gibt es – wie bei Akelei und Waldmeister – besonders reizvolle Blattformen zu bewundern. Und zierliche Pflanzengestalten, wie Herzblume und Maiglöckchen, verleihen schattigen Plätzen einen ganz besonderen Zauber. Im folgenden Bepflanzungsvorschlag sind einige Blumen zusammengestellt, die so ein »Schattendasein« nicht übel nehmen. Für optischen Halt sorgt eine Einfassung aus Waldmeister. Dahinter bilden typische Bauerngartenblumen, wie Eisenhut, Christrose, Akelei und Immergrün, eine dekorative Pflanzengemeinschaft. Die meisten Blumen aus dem Bauerngarten sind allerdings richtige »Sonnenanbeter« und daher für den Schatten nicht geeignet. Deshalb können Sie ruhig auch mal auf schattenverträgliche nahe Verwandte ausweichen.

Pflanzen Sie also statt der Marienglockenblume die Waldglockenblume. Und für besonders schattige Stellen eignet sich die Herzblume besser als das Tränende Herz, weil sie mit noch weniger Licht auskommt.

100 cm

Granit-Mosaikpflaster

Granitmittelpflaster

1 Akelei, *Aquilegia vulgaris*, 4 Stück ♃
2 Aurikel, *Primula auricula*, 7 Stück ♃
3 Christrose, *Helleborus niger*, 5 Stück ♃
4 Eisenhut, *Aconitum napellus*, 3 Stück ♃
5 Fingerhut, *Digitalis purpurea*, 15 Stück ☉
6 Frauenmantel, *Alchemilla mollis*, 11 Stück ♃
7 Gemswurz, *Doronicum plantagineum*, ♃
6 Stück

8 Goldfelberich, *Lysimachia punctata*, 5 Stück ♃
9 Herzblume, *Dicentra eximia*, 3 Stück ♃
10 Immergrün, *Vinca minor*, 4 Stück ♃
11 Leberblümchen, *Hepatica angulosa*, 5 Stück ♃
12 Maiglöckchen, *Convallaria majalis*, 13 Stück ♃
13 Purpurglöckchen, *Heuchera × brizoides*, ♃
8 Stück
14 Staudenwicke, *Lathyrus latifolius*, 1 Stück ♃

15 Storchschnabel, *Geranium platypetalum*, 7 Stück ♃
16 Veilchen, *Viola odorata*, 12 Stück ♃
17 Waldglockenblume, *Campanula macrantha*, ♃
18 Stück
18 Waldmeister, *Asperula odorata*, ♃
19 Waldvergißmeinnicht, *Omphalodes verna*, ♃
17 Stück
20 Wurmfarn, *Dryopteris filix-mas*, 1 Stück ♃

Lebensdauer der Pflanzen: ☉ zweijährig ♃ ausdauernd

# Hausgärten nach Bauerngarten-Art

## Der Vorgarten als repräsentativer Außenraum

Ebenso wie ein winziger Vorgarten kann auch ein besonders groß geratener zum gestalterischen Problem werden. Besitzer von Altbauten wissen davon sicher »ein Lied zu singen« – denn gerade die älteren Häuser stehen oft inmitten eines großen Grundstücks. Das hat freilich auch seine Vorteile – das Haus wirkt wie der Mittelpunkt einer grünen Insel und ist mit seinem reizenden, »altmodischen« Charme ein hübscher Blickfang. Und was für seine Bewohner besonders angenehm ist: Die »Lärm-Wellen« des Straßenverkehrs erreichen es nur noch in ziemlich abgeschwächter Form. Aber was, so fragen sich viele Hausbesitzer, soll man bloß mit dem schier endlos langen Vorgarten anfangen? Denn richtig »bewohnt« wird eigentlich nur der hintere, geschützt liegende Teil des Gartens. So greift man eben zu »Verlegenheitslösungen«, die dann aber auch ganz danach aussehen. Schade, denn ein freundliches Entrée bringt so ein hübsches, altes Haus noch viel besser zur Geltung. Warum plant man also nicht den Vorgarten passend zum Haus – als zugehörigen Außenraum? Die harmonische Gliederung des alten Hauses sollte sich dabei im Garten wiederspiegeln. Es darf aber auch seine fröhliche, ein wenig verspielte Note nicht vergessen werden. Was liegt hier näher, als das Stückchen Land vor der Haustüre nach dem uralten Schema des Rondellgartens anzulegen? Wenn es Sie interessiert, wie so etwas aussehen kann, sollten Sie einen Blick auf die folgende Planskizze werfen.

Damit die bunten Bauerngartenblumen auch zur Belebung des Straßenbildes beitragen, wurde der Zaun etwas zurückgenommen. So kann sich die überschwengliche Blütenpracht auch außerhalb des Gartens noch entfalten. Als stimmungsvolle »Ouvertüre« am Garteneingang rankt eine leuchtendrote Kletterrose an einem Blumenbogen empor. Und die Blütenpflanzen auf den Rabatten am Zaun bilden die passende farbenfrohe Gartenkulisse dazu. Elegante Buchsbaum-Bordüren an den Weg-

rändern sorgen zusätzlich für romantische Stimmung. Sie erinnern ein wenig an die noblen Gärten vergangener Zeiten. Die zu Kugeln geschnittenen Buchsbäumchen an den Eckpunkten der Beete verstärken diesen Eindruck. Und mit den beiden rundkronigen Buchsbäumchen vor der Haustüre wurde dieses hübsche Gartenthema noch einmal aufgegriffen.

Bei einem großen Vorgarten ist die Wegeführung ein wichtiges Kapitel. Die längs- und querverlaufenden Wege gliedern das Grundstück in kleinere Teilbereiche – dadurch wird der lange »Schlauch« optisch verkürzt. Der breite, bequeme Mittelweg gibt den Blick auf das Haus frei und führt direkt auf die Haustüre zu – das wirkt großzügig und einladend. Noch mehr verstärkt sich der freundliche Eindruck durch die bunten Blumen, die zu beiden Seiten den Weg säumen. Dabei wirkt es besonders reizend, wenn die einzelnen Arten – auch mal in größerem Abstand voneinander – zu beiden Seiten des Weges gepflanzt werden.

Damit die Distanz zwischen Garteneingang und Haus nicht gar so lang erscheint, wurde im Zentrum der Anlage eine runde »Blumeninsel« angelegt. Eine rosafarbene Trauerrose ist hier als reizender Blickfang gepflanzt. Sie wird dekorativ umrahmt von duftenden, graugrünen Lavendelbüschen. Zur Blütezeit sind sie für einige Wochen eine besondere Attraktion. Gleich danach – also im August – sollten sie zurückgeschnitten werden, damit sich neue Triebe bilden und die Mini-Sträucher schön dicht bleiben. Hübsch anzusehen ist auch der Wegebelag aus rotbraunem Klinker – das »Webmuster« macht ihn besonders lebendig. Für einen weiteren Blütenhöhepunkt sorgen die Bauerngartenblumen vor der Hauswand. Stockrose, Königskerze, Rittersporn, Madonnenlilie und Mohn sind schon von weitem als bunte Farbtupfer zu erkennen. Eine pastellfarbene Kletterrose umrankt die Fenster und bringt das Haus »zum Blühen«.

Beruhigend inmitten dieses sprühenden »Feuerwerks« aus bunten Blumenfarben wirkt der dichte Rasenteppich. Er prangt das ganze Jahr über in angenehmem, sattem Grün.

━━ ━━ ━━ 100 cm

# Hausgärten nach Bauerngarten-Art

## Dekorativer Nutzgarten nach Bauerngarten-Art

Bisher mußte sich der Nutzgarten immer mit einem Platz »auf den hinteren Rängen« begnügen. Weil man ihn nicht für attraktiv genug hielt, sollte er vom Haus und von der Terrasse aus möglichst nicht zu sehen sein. Lieber nahm man lange Wege bei der Gartenarbeit und der Ernte in Kauf. Dabei wäre es doch soviel praktischer, wenn Gemüse, Kräuter und Obst gleich »griffbereit« in Hausnähe wachsen würden. Außerdem läßt sich mit ein wenig Phantasie auch ein Küchengarten sehr anziehend gestalten. Dann bringt er nicht nur praktischen Nutzen, sondern ist gleichzeitig ein richtiger Augenschmaus. So einen Garten brauchen Sie nicht mehr im letzten Winkel Ihres Grundstücks zu verbergen. Im Gegenteil – er wird zur besonderen Attraktion!

Das hier vorgestellte Gärtchen ist vor allem etwas für verspielte Gärtnerinnen, aber auch für Hobby-Gärtner, die einen Hang zum Romantischen haben. Denn auch im Nutzgarten muß es nicht immer so streng zugehen! Am Beispiel dieser Anlage wird deutlich, daß nicht nur Blumen ein hübscher Beetschmuck sind. Ebenso attraktiv können auch Kopfsalat, Bohnen und Tomaten sein. Es kommt eben nur auf die richtige Anordnung bei dieser »gemischten« Gesellschaft an. So entsteht ein reizendes, kleines Garten-Kunstwerk, in dem man sich gerne aufhält. Die »Wände« dieses »grünen Zimmers« werden hauptsächlich von Beerenobst und hochwachsenden Gemüsepflanzen gebildet. Über 2 m ranken zum Beispiel Stangenbohnen in die Höhe. Aber auch Erbsen, Tomaten und Himbeeren sind als lebendiger Rahmen für das Gärtchen gut geeignet. Selbstverständlich sollten die Blumen dabei nicht fehlen. Mit blühenden »Riesen«, wie Alant, Rittersporn, Eibisch, Fingerhut, Sonnenblumen und Stockrosen, ist die Umgebung des Eingangs besonders anziehend gestaltet. Das Gärtchen betreten Sie durch einen Blumenbogen, um den voller Anmut eine Kletterbrombeere rankt. Mit ihren aromatischen Früchten können Sie sich den Aufenthalt im Garten »versüßen«. Der Hauptweg ist etwa 70–80 cm breit gehalten. Damit ist er auch dann noch breit genug, wenn im Sommer die Pflanzen aus den Beeten seitlich hereinhängen. Auf ihm können Sie auch das Wasserfaß und den Komposthaufen bequem erreichen. Als Wegebelag wurden flache, runde Flußkiesel gewählt – das wirkt besonders lebendig. Auf den dreieckigen Beeten am Gartenrand spielt das Gemüse die Hauptrolle. Ein paar Blumen – wie Levkojen, Goldlack, Reseda, Bartnelken und Zinnien – sorgen für eine fröhlich-bunte Note.

Die Gartenmitte wird durch ein Blumenrondell betont. Als bezaubernder Blickfang ist hier eine rosafarbene Zentifolie gepflanzt. Blauer Lavendel rahmt sie ein und duftet mit ihren Blüten um die Wette. Ein Ring aus rotbraunen Klinkern grenzt diesen inneren Kreis ab. Von hier aus führen vier Weglein – aus dem selben Material – kreuzförmig nach außen, so daß vier gleichgroße »Quartiere« entstehen. Hier wachsen aromatische Küchen- und Heilkräuter in Hülle und Fülle.

Zur würzigen Kräutergesellschaft können Sie auch attraktive, heilsame Blumen gesellen. Himmelblaue Schwertlilien, goldene Ringelblumen und die edle Madonnenlilie sehen hier hübsch aus. Reizend wirken an den Beeträndern auch Bordüren aus Schnittlauch, Petersilie und Kapuzinerkresse. Oder, wie wäre es mit einer Einfassung aus Monatserdbeeren, die den ganzen Sommer über aromatische Früchte tragen?

Übrigens können Sie die Gartengröße beliebig variieren. Je kleiner aber das Gärtchen ist, desto mehr müssen Sie die wuchskräftigen Kräuter »im Zaum« halten. Vor allem die strauchartigen Gewächse sollten dann regelmäßig »gestutzt« werden. Wenn Sie viel Platz zur Verfügung haben, können Sie auch eine weiträumige Anlage gestalten. Dann ist in diesem idyllischen »Garten-Zimmer« sogar noch Raum für eine Bank. Dafür bietet sich besonders die Gartenseite an, die dem Eingang gegenüberliegt. Stellen Sie die Bank dabei so auf, daß sie direkt an den Hauptweg angrenzt. Von hier aus haben Sie einen guten Überblick

100 cm

# Hausgärten nach Bauerngarten-Art

über den gesamten Garten. So ein Sitzplatz ist dann genau das Richtige für stille Stunden.

Auch die folgende Gartenidee ist für all jene Gartenfreunde gedacht, die das Nützliche mit dem Schönen verbinden möchten, und die sich gerne vom Zauber alter Gärten gefangennehmen lassen. Allerdings setzt diese Variante des Nutzgartens viel Platz voraus.

Beginnen wir mit unserem Spaziergang durch den Garten an der Rosenpforte. Gleich daran anschließend wölbt sich ein hübscher »altmodischer« Laubengang, der an die Gärten längst vergangener Zeiten erinnert. Dichtes, kräftiggrünes Brombeerlaub bildet Dach und Wände. Ein schmaler Durchgang führt in die beiden Kräutergärtchen. Nach dem Vorbild alter Klosteranlagen sind sie von schützenden Mauern umgeben. Allerdings gibt es hier keine gemauerten, sondern lebendige, grüne und mit Blüten geschmückte »Wände«, die obendrein noch reichlich Früchte tragen. Heilsame Blumen – wie Madonnenlilien, Eibisch, Schwertlilien, Alant und Königskerzen – bilden auf einer Gartenseite einen bunten Schutzschirm. Sie gedeihen hier genauso, wie schon vor Jahrhunderten in den Klostergärten. Beerenobst und Spalierbäumchen lassen auf den anderen Seiten einen dichten, grünen Rahmen entstehen. Der natürliche Wegebelag aus Flußkieseln paßt gut ins romantische Bild. Hübsch anzusehen sind die schmalen Pfade aber auch, wenn sie mit feinem, rundem Gartenkies überworfen werden. Die Gesamtanlage des Gärtchens läßt das uralte Konzept der Kreuzform erkennen. In der Mitte wächst eine »altmodische« Zentifolie oder das zierliche Burgunderröschen. Sie sind eingefaßt von blühendem Mutterkaut und von duftendem, geschnittenen »Garthagen« – der Eberraute. Darumherum wachsen und gedeihen würzige Küchen- und Heilkräuter.

Die gleiche Art der Einteilung wurde auch für den Hauptteil des Küchengartens – durch den uns der Weg nun weiter führt – beibehalten. Zu beiden Seiten des Mittelweges gedeiht – auf säuberlich eingeteilten Beeten – schmackhaftes Gemüse in Hülle und Fülle. Ein großes Frühbeet sorgt dafür, daß die Gartensaison schon zeitig im Frühjahr beginnt. Auch Komposthaufen wurden nicht vergessen. Durch Holunder- und Haselnußbüsche bekommen sie die nötige Beschattung. Die hübsche Form der Gartenanlage wird durch eine Bordüre aus niedrigem, geschnittenem Buchsbaum hervorgehoben. Ebenfalls ein reizender Anblick sind die Stachelbeerbäumchen, die die Mittelachse zu beiden Seiten säumen. Dazwischen blühen in bunter Vielfalt Akeleien, Levkojen, Lilien, Rittersporn und andere Blumen. (Vorschläge, wie Sie die Blütenpflanzen zusammenstellen können, finden Sie auf den folgenden Seiten.) Mitten im Garten, an der Stelle, wo die mit rotbraunen Klinkern gepflasterten Hauptwege in Kreuzform zusammenlaufen, liegt ein steingefaßter, runder Brunnen. Darumherum ranken an einem kreisförmig gebogenem Eisenrahmen leuchtendrote Kletterrosen empor.

Entlang des Mittelwegs geht es nun ebenso »rosig« weiter. Zierliche Rosenbäumchen stehen hier zu beiden Seiten und bezaubern durch ihre herrlich duftenden Blüten. Auf den Rabatten entlang des Zaunes bleibt noch Platz für Beerensträucher und viele bunte Blumen. Dadurch haben Sie dann auch gleichzeitig für Windschutz gesorgt.

Damit man es sich nach der Gartenarbeit so richtig gemütlich machen kann, wurde ganz am Ende des Gartens eine Bank aufgestellt. Von blühenden Sträuchern dekorativ umrahmt, fühlt man sich an diesem Platz so richtig geborgen. Eine Pfeifenwinde rankt an einem Holzrahmen empor und sorgt mit ihrem schönen, dichten Laub dafür, daß der Sitzplatz auch von oben »eingegrünt« wird.

Falls Ihr Grundstück groß genug ist, können Sie an Ihren Bauerngarten noch zusätzlich einen Obstgarten anschließen. Und unter den Baumkronen lassen Sie einfach eine bunte Blumenwiese mit Margeriten und blauen Glockenblumen wachsen. Als fertige Samenmischung gibt es diese Blütenpracht zu kaufen. So eine Wiese muß nur zweimal im Jahr (im Juli und im Herbst) geschnitten werden. Damit ist sie genau das richtige für alle, die es sich lieber im Garten gemütlich machen, als ihre Freizeit dem Rasenmähen zu opfern.

164

1 Rosenbogen
2 Laubengang mit
  Kletterbrombeeren
3 Kräutergärtchen
4 Frühbeet
5 Kompost
6 Brunnen
7 Bank

100 cm

# Hausgärten nach Bauerngarten-Art

## Blumenbordüren für Gemüsebeete und Rabatten

Und nun – wie versprochen – noch einige »blumige« Anregungen zur Gestaltung Ihres Nutzgartens. Die Zusammenstellung der Blumenbordüren entlang der Gemüsebeete und auf den Rabatten am Zaun gehört zu den reizvollsten Überlegungen. Denn die Blütenpflanzen aus dem Bauerngarten kann man besonders vielseitig verwenden. Es sind richtige kleine »Persönlichkeiten«, die – beispielsweise inmitten von Gemüsepflanzen – recht gut für sich alleine wirken. Andererseits lassen sie sich aber ebenso leicht zu einer »gemischten Gesellschaft« zusammenstellen. Denn die Blumen passen auch untereinander ausgezeichnet zusammen und es gibt fast unendlich viele Kombinationsmöglichkeiten. Und so bestätigt sich wieder einmal das alte Sprichwort: »Wer die Wahl hat, hat die Qual«. Wenn Ihnen die Auswahl bei dieser Blumenfülle noch ein wenig schwerfällt, können Sie sich an den folgenden Pflanzplänen orientieren.

Sehen wir uns zunächst die Blumenbordüren für die Gemüsebeete genauer an. Sie sollten in der Regel nicht breiter als 50 cm sein, weil sonst die Nutzpflanzen zu sehr eingeschränkt würden. Damit Sie leichter auf die Weglein zwischen den Gemüsebeeten gelangen, pflanzen Sie davor am besten nur schwachwüchsige Blumen.

Übrigens können Sie die einzelnen Pflanzenskizzen wie »Strickmuster« ganz einfach miteinander kombinieren. Sie passen alle zusammen, und es läßt sich auf diese Weise ein viele Meter langer, abwechslungsreicher Blütensaum zusammenstellen.

Die Blumenrabatten am Zaun sind in der Regel breiter. Hier finden dann auch die »Riesen« unter den Blütenpflanzen Platz. Blumen, die besonders windgefährdet sind, sollten Sie direkt an den Zaun pflanzen. Dadurch haben sie zusätzlich Halt und können notfalls angebunden werden.

Wie Sie die Blumen im einzelnen zusammenstellen können, ersehen Sie aus den Pflanzenskizzen auf Seite 168.

Lebensdauer der Pflanzen: ⊙ einjährig ⊙ zweijährig ♃ ausdauernd

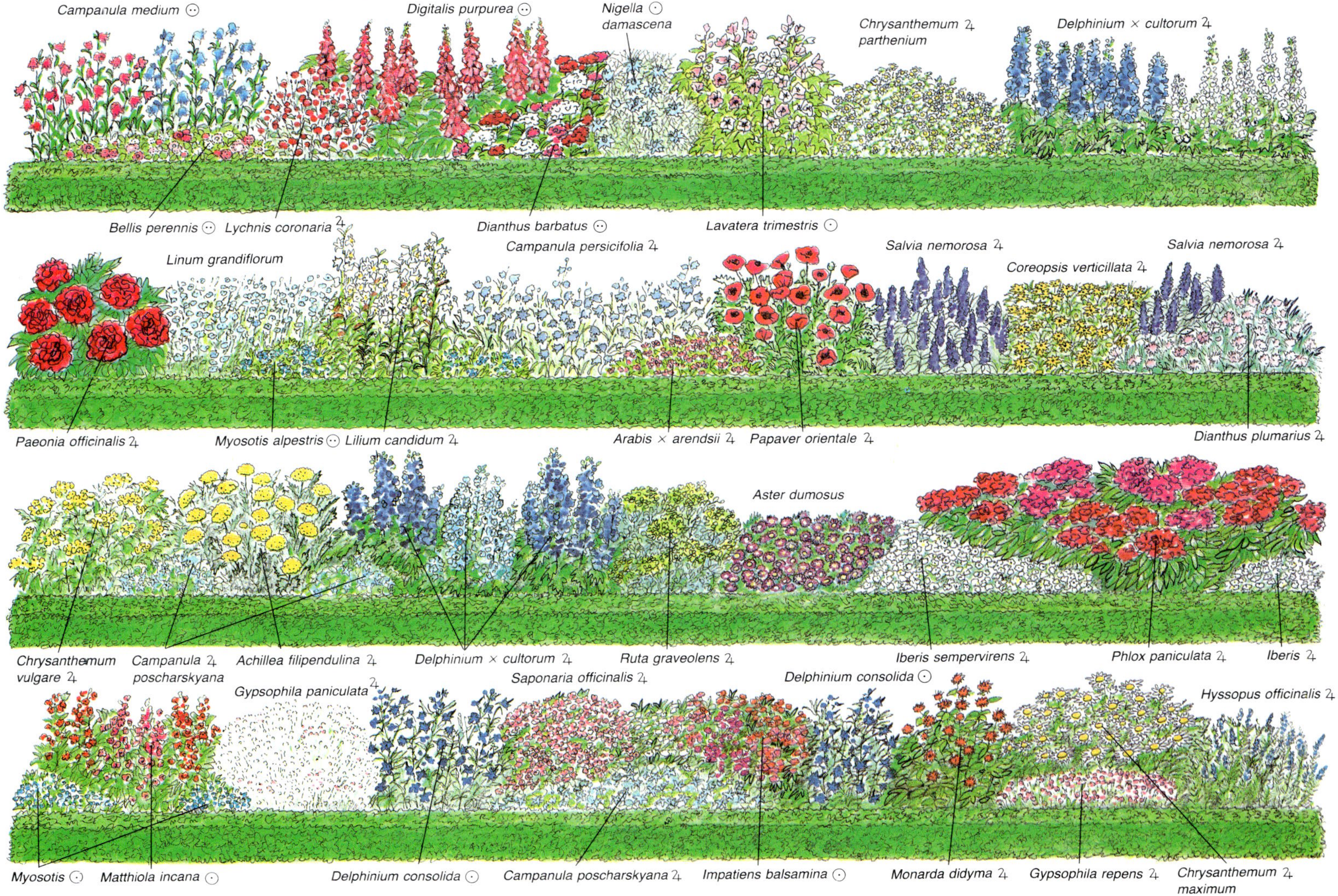

Campanula medium ⊙

Digitalis purpurea ⊙

Nigella damascena ⊙

Delphinium × cultorum ♃

Chrysanthemum parthenium

Salvia nemorosa ♃

Coreopsis verticillata ♃

Dianthus plumarius ♃

Phlox paniculata ♃

Iberis ♃

Hyssopus officinalis ♃

Chrysanthemum maximum

Gypsophila repens ♃

Monarda didyma ♃

Salvia nemorosa ♃

Lavatera trimestris ⊙

Dianthus barbatus ⊙

Campanula persicifolia ♃

Papaver orientale ♃

Aster dumosus

Iberis sempervirens ♃

Delphinium consolida ⊙

Campanula poscharskyana ♃

Impatiens balsamina ⊙

Bellis perennis ⊙ Lychnis coronaria ♃

Linum grandiflorum

Arabis × arendsii ♃

Myosotis alpestris ⊙ Lilium candidum ♃

Ruta graveolens ♃

Delphinium × cultorum ♃

Saponaria officinalis ♃

Delphinium consolida ⊙

Paeonia officinalis ♃

Campanula ♃ poscharskyana

Achillea filipendulina ♃

Chrysanthemum vulgare ♃

Gypsophila paniculata ♃

Matthiola incana ⊙

Myosotis ⊙

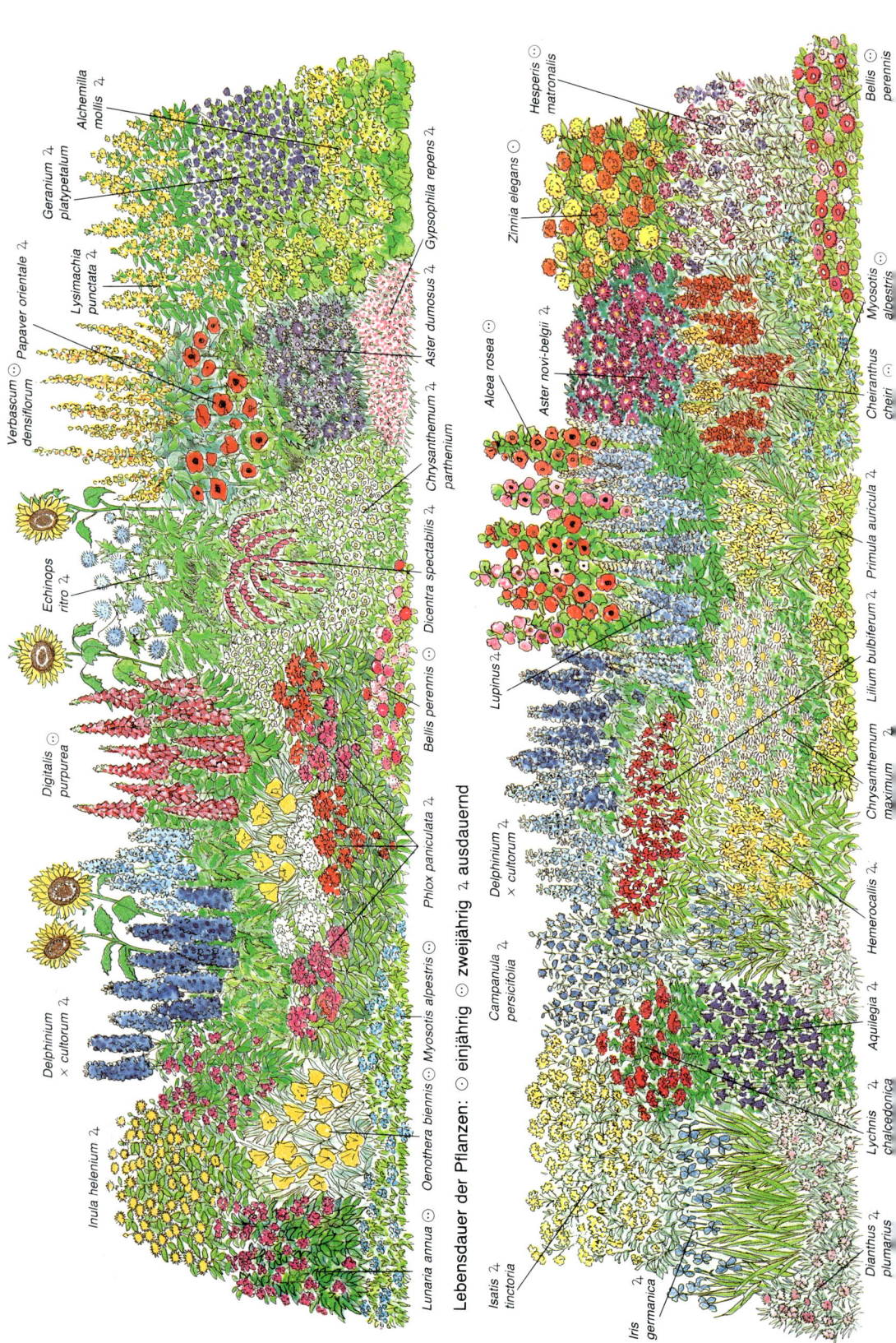

Alchemilla mollis ⌃

Geranium platypetalum ⌃

Papaver orientale ⌃

Verbascum densiflorum ⊙

Lysimachia punctata ⌃

Gypsophila repens ⌃

Aster dumosus ⌃

Chrysanthemum parthenium ⌃

Echinops ritro ⌃

Bellis perennis ⊙

Dicentra spectabilis ⌃

Digitalis purpurea ⊙

Inula helenium ⌃

Delphinium × cultorum ⌃

Oenothera biennis ⊙

Myosotis alpestris ⊙

Phlox paniculata ⌃

Lebensdauer der Pflanzen: ⊙ einjährig ⊙ zweijährig ⌃ ausdauernd

Hesperis matronalis ⊙

Zinnia elegans ⊙

Bellis perennis ⊙

Myosotis alpestris ⌃

Alcea rosea ⊙

Aster novi-belgii ⌃

Cheiranthus cheiri ⊙

Lupinus ⌃

Primula auricula ⌃

Lilium bulbiferum ⌃

Delphinium × cultorum ⌃

Campanula persicifolia ⌃

Chrysanthemum maximum ⌃

Hemerocallis ⌃

Aquilegia ⌃

Isatis tinctoria ⌃

Lychnis chalcedonica ⌃

Iris germanica ⌃

Dianthus plumarius ⌃

# Hausgärten nach Bauerngarten-Art

## Bauerngarten-Romantik – auch in der Stadt

Für die meisten Gärten stehen heute nur wenige Quadratmeter Platz zur Verfügung. Und vor allem die Stadtgärten sind auf »Handtuchgröße« zusammengeschrumpft. Auf diesen winzigen, grünen Inseln zwischen Asphalt und Beton finden Blumen, ein paar Sträucher und ein kleines Fleckchen Rasen Platz. Auf knackige Salate und zarte Bohnen wird verzichtet, weil man die Blumen nicht »opfern« möchte. Für einen Gemüsegarten bleibt eben kein Raum – oder etwa doch? Warum sollte man eigentlich nicht Blumen und Gemüse zusammenpflanzen? Im Bauerngarten wachsen sie ja schließlich schon seit Jahrhunderten einträchtig nebeneinander. Und auch ein Stadtgarten verliert garantiert nichts von seinem Zauber, wenn hier leckeres Gemüse gezogen wird und Kräuter mit den Blumen um die Wette duften. Im Gegenteil – auch die rankenden Erbsen mit ihren zierlichen Blüten stecken voll Anmut. Und die hübsch gerüschten Salate und kraftvollen Kohlköpfe haben ihren eigenen Reiz. Die Trennung in »schön« und »nützlich« ist überhaupt erst eine Erfindung der neuen Zeit. Dabei muß eines das andere wirklich nicht ausschließen. So ein üppig-buntes Gärtchen – ohne »getrennte Verhältnisse« – ist nicht nur ein reizender Anblick. Es liefert Ihnen gleichzeitig gartenfrisches Gemüse und würzige Kräuter, und es versüßt Ihre Spazierwege mit saftigen Früchten und Beeren.

Wenn Sie Lust bekommen haben, sich so ein kombiniertes, nützlich-schönes Gärtchen anzulegen, dann sehen Sie sich den folgenden Plan einmal genauer an.

Unser »Augenspaziergang« durch den Reihenhausgarten beginnt auf der Terrasse (1). In diesem Freiluft-Zimmer verbringt man die meisten und schönsten Stunden im Garten. Damit Sie sich dort auch rundherum wohl fühlen, wurde es entsprechend großzügig geplant. Auch Besuch bringen Sie in dem »grünen Zimmer« spielend unter. Und für ein »mobiles« Gärtchen aus lauter blühenden Sträuchern und Blumen ist hier ebenfalls Platz (2).

Vielleicht wählen Sie auch den kleinen, lauschigen Sitzplatz um die Ecke zu Ihrem Lieblingsplatz (3). Er ist mit bunten Blumen aus dem Bauerngarten umrahmt. Und als Abschluß neigt eine rosafarbene Trauerrose ihre blütenübersäten Zweige fast bis zum Boden. Von diesem idyllischen Plätzchen aus betrachtet, sieht das Haus mit dem von einer kleinblütigen *Clematis* eingesponnenen Balkon sehr hübsch aus (4). Und ab Mitte Juni öffnen sich – an der vorgeschobenen Wand des Nachbarhauses – die Blüten einer Kletterrose (5). Wenn man sich so dicht »auf der Pelle sitzt«, wie in einem Reihenhausgarten, ist ein Schutzzaun aus Holz praktisch (6). Das bewahrt vor allzu neugierigen Blicken und schafft eine gemütliche Atmosphäre. Die Sichtblende ist mit einer dornenlosen, kletternden Brombeere berankt. Dadurch wachsen Ihnen die süßen, saftigen Früchte auf der Terrasse fast in den Mund. Sie brauchen nur noch zuzugreifen! Ein weiterer hübscher Blickfang auf der Terrasse ist das mit Wasser gefüllte Holzfaß (7). Es ist ein wenig in den Boden eingesenkt, damit sich das Gießwasser leichter herausschöpfen läßt. Die Kieselsteine, die um das Faß gelegt sind, verhindern, daß man dabei nasse Füße bekommt. In der nächsten Umgebung wachsen Pflanzen, die es gerne ein wenig feucht haben. Hier gedeihen zum Beispiel viele bunte Primeln und die Sibirische Iris mit ihren leuchtendblauen Blüten. Aber auch bestimmte Heil- und Gewürzkräuter entwickeln sich in Wassernähe prächtig. Das wäre beispielsweise ein Anreiz, um hier eine Sammlung verschiedener Minzen anzulegen. Eine Einfassung aus Katzenminze rundet das Bild ab. Mit einer Reihe weiterer Küchenkräuter, wie Thymian, Weinraute, Salbei, Origano und Lavendel, entsteht – als betörend duftender Abschluß der Terrasse – ein richtiges kleines Kräutergärtchen (8). Mit den reizvollen Blüten sind die Kräuter ein besonderer Augenschmaus, und sie liefern schnell und bequem zu jeder Mahlzeit die passenden, frischen Gewürze. Schließlich liegen zwischen Kräuterbeet und Kochtopf nur ein paar Schritte. Eine Strauchrose mit zauberhaften, weißen Blüten und

# Hausgärten nach Bauerngarten-Art

herrlichem Duft bildet den Hintergrund dieses Würzgärtchens.

Der Bodenbelag der Terrasse besteht aus drei verschiedenen Formaten, der Farbton ist aber einheitlich. In einem gleichmäßigen Muster wechseln sich Felder aus Granitpflaster mit großen und kleinen Betonplatten ab. Dadurch wirkt der Belag ausgesprochen lebendig und die Terrasse erhält mehr Pfiff. Die Steine sind auf Sand verlegt, und zwischen den Plattenfugen liegt Erde, damit Moos und Gräser wachsen können. Dort, wo die Terrasse in den Hauptweg übergeht, verschwinden die großen Platten ganz (9). Dadurch gibt es noch mehr Fugen und der Weg wird »grüner«. Die schmalen Pfade zwischen den einzelnen Pflanzbereichen sind schließlich nur noch mit Granitsteinen gepflastet (10). Durch die weiten Plattenfugen sehen sie ungezwungen und natürlich aus.

Auf die Anlage eines Rasens wurde ganz verzichtet – seine Pflege wäre auf den kleinen Flächen viel zu aufwendig. Und ein makelloser »Rasenteppich« ist in kleinen Hausgärten, in denen viel gewohnt wird, ohnehin nicht zu erreichen. Da sind die pflegeleichten grünen Wege viel strapazierbarer. Die Wege sind so angeordnet, daß der Garten nicht schon mit einem Blick zu übersehen ist. Manchmal weiten sie sich zu kleinen Plätzen, um sich dann – an Stellen, die weniger oft begangen werden – in »wildromantische«, schmale Pfade zu verwandeln. Dadurch entstehen überraschende Ausblicke und immer neue, eindrucksvolle Pflanzsituationen. Der Spaziergang durch den Garten wird zum kleinen Abenteuer. Außerdem sind so alle Pflanzinseln bequem zu erreichen und können von den Wegen aus leicht bearbeitet werden.

Selbstverständlich sollte auch in einem kleinen Gärtchen ein Hausbaum nicht fehlen (11). Allerdings muß er in seiner Größe den Verhältnissen angepaßt sein. Eine Quitte zum Beispiel wäre hier genau das Richtige. Die gelben, apfel- oder birnenförmigen Früchte kann man als Gelee einkochen oder für Quittenbrot verwenden. Und noch dazu ist der Quittenbaum sehr dekorativ. Fingerhut, Goldfelberich,

Eisenhut und Frauenmantel fühlen sich in seinem lichten Schatten besonders wohl.

Auf den Pflanzinseln im Garten gedeihen Gemüse und Blumen in schönster Harmonie. Vor allem viele Sommerblumen finden hier Platz. Nachdem der erste Frühjahrssalat, Kresse und Radieschen abgeerntet wurden, sät und pflanzt man zwischen die sich lichtenden Reihen farbenfrohe Sommerblumen. Löwenmäulchen, Kapzinerkresse, Strohblumen, Zinnien, Ringelblumen und andere garantieren einen bunten Blütenzauber für viele Wochen. Ebenso hübsch wie wohlschmeckend ist eine Beeteinfassung aus aromatischen Monatserdbeeren. Beerenobst, Spalierbäumchen, Gurken, Tomaten, Erbsen und Stangenbohnen bilden einen abwechslungsreichen und nützlichen Sichtschutz am Zaun. Der Garteneingang wird durch Flieder und Pfeifenstrauch (»Jasmin«) – zwei typische Blütensträucher aus dem Bauerngarten – betont (12). Damit immer gesunde Pflanzennahrung zur Verfügung steht, darf ein Komposthaufen im Garten nicht fehlen. Für ihn ist ein etwas versteckter Platz im hinteren Teil des Gartens – auf der größten der Pflanzinseln – reserviert (13). Duftschneeball und Buchsbaum sorgen für die nötige Beschattung. Ein winzig-kleines Rosengärtchen bildet den »krönenden« Abschluß unseres Gartenrundgangs. Hier blühen zauberhafte, altmodische Rosen aus dem Bauerngarten. Eine würzige, duftende Unterpflanzung aus Lavendel, Salbei, Ysop und Weinraute ist eine reizvolle Ergänzung für diesen romantischen Gartenwinkel.

Wenn Sie bis hierher gekommen sind – mit dem Lesen und Betrachten – dann sind auch Sie vielleicht schon vom Zauber des alten Bauerngartens gefangen. Doch von jetzt an ist der Umgang mit seiner bunten Pflanzengesellschaft keine Hexerei mehr. Denn Sie kennen nun das Geheimnis des uralten Gartens mit seiner zeitlosen Schönheit. Sie wissen inzwischen, wie sich Menschenwerk und Natur in schönster Harmonie zusammenfügen lassen. Jetzt steht der Verwirklichung Ihrer Gartenträume nichts mehr im Wege!

# Bezugsquellen

## Samen

H. Bornträger, Heil- und Gewürzpflanzen, 6521 Offstein

Dehner & Co., Alles für den Garten, Postfach 1160, 8852 Rain/Lech

Erfurter Samenzucht KG, 6229 Walluf/Rheingau

Horstmann & Co., Großgärtnerei-Versand, Postfach 540, 2200 Elmshorn

Samen-Mauser, Postfach 1963, CH – 8600 Dübendorf/Zürich (Schweiz)

Wilhelm Pfitzer, Großgärtnerei/Samenzucht, Breitscheidstraße 74, 7000 Stuttgart 1

Gärtner Pötschke, Postfach 2220, 4044 Kaarst

Thompson & Morgan, London Road, GB – Ipswich, Suffolk IP 2 OBA (England)

Albert Treppens & Co., Stresemannstraße 52, 1000 Berlin 61

G. R. Vatter AG, Sägestraße 65, CH – 3098 Köniz-Bern (Schweiz)

Julius Wagner GmbH, Samenzucht, Postfach 1880, 6900 Heidelberg

## Pflanzen

H. Bornträger, Heil- und Gewürzpflanzen, 6521 Offstein

Hagemann, Staudenkulturen, 3001 Krähenwinkel bei Hannover

Kayser & Seibert, Wilhelm-Leuschner-Straße 83–87, 6101 Roßdorf bei Darmstadt 1

Dr. Hans Simon, Gärtnerischer Pflanzenbau, Georg-Mayer-Straße 70, 8772 Marktheidenfeld

G. R. Vatter AG, Sägestraße 65, CH – 3098 Köniz-Bern (Schweiz)

Staudengärtnerei Gräfin von Zeppelin, Laufen/Baden, 7811 Sulzburg 2

Karl Wachter KG, 2081 Appen bei Pinneberg

## »Alte« Rosen

GOOS-Baumschulen, 6908 Wiesloch-Baiertal/HD

Harkness, R. & Co. Ltd., The Rose Gardens, GB – Hitchin, Herts. (England)

Baumschulen Reinhold Hoemann, Alter-Knipprather Weg, 4018 Langenfeld

Rosenschulen Richard Huber, CH – 5605 Dottikon/AG (Schweiz)

Ingwer Jensen, Hauptstraße 18, 2390 Flensburg-Tarup

Louis Lens s. a., Mechelbaan 117, B – 2860 Onze-Lieve-Vrouw-Waver (Belgien)

Mattock, J. Ltd. Rose Growers, Nuneham Courtenay, GB – Oxford (England)

Baumschulen Ernst Wohlt, Wedeler Weg 223, 2080 Pinneberg

## Einige »alte« Rosen im Angebot

W. Kordes' Söhne, Rosenschulen, 2201 Sparrieshoop

Matthias Tantau, Rosenschulen, 2082 Uetersen 1

Rosen-Union, 6353 Steinfurth über Bad Nauheim

# Register

Fett gedruckte Zahlen bedeuten Hauptverweisung, * hinter der Seitenzahl verweisen auf Abbildungen.

# Register

# Register

175